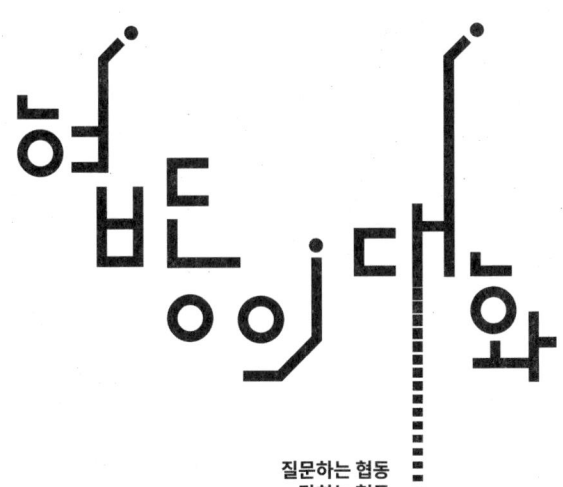

협동의 대화

질문하는 협동
말하는 협동
생각하는 협동

협동의 대화

초판 1쇄 펴낸 날 2021년 8월 16일
지은이 김이경, 신효진, 서동재, 조유성
기획 모심과살림연구소
펴낸곳 도서출판 한살림
펴낸이 윤형근
편집 장순철
디자인 더디앤씨
출판신고 2008년 5월 2일 제2015-000090호
주소 (우 06086) 서울특별시 강남구 봉은사로81길 15 4층
전화 02-6931-3612
팩스 02-6715-0819
누리집 www.salimstory.net
이메일 story@hansalim.or.kr

ⓒ 도서출판한살림 2021
ISBN 979-11-90405-26-3 03300

* 이 책 내용의 일부 또는 전부를 재사용하려면 반드시 저작권자와 도서출판 한살림 양측의 동의를 받아야 합니다.
* 잘못된 책은 구입하신 곳에서 바꾸어 드립니다.
* 책값은 뒤표지에 있습니다.

협동의 대화

질문하는 협동
말하는 협동
생각하는 협동

김이경
신효진
서동재
조유성
지음

한살림

일러두기

- 이 책은 2018년 모심과살림연구소 미래포럼 개최 후 참여자들이 협동조합연구회를 결성해 2019년부터 월 1회 협동조합과 사회적경제에 대한 고민, 담론 등을 논의하여 정리한 결과물이다.
- 이 책 1부와 2부의 일본어 통역은 김형미, 후지타 타다요시 님이 맡아주었다.
- 이 책 2부는 인터뷰이와의 인터뷰를 토대로 글을 재구성하였다.
- 이 책 2부의 노동자협동조합 관련 글은 외부 필진인 김정원 님이 작성하였다.
- 본문의 각주는 독자의 이해를 돕기 위한 집필자의 주이다.
- 본문에서 소비자생활협동조합과 노동자협동조합은 생협과 노협이라는 축약어를 병행하여 사용하였다.

> 협동조합과 사회적경제 영역에서
> 어떻게 존재해야 할까.
> 어떤 방향으로 나아가야 할까.
> 우리는 '협동조합 또는 사회적경제는
> 이래야만 해'라는 고정된 관점에서 벗어나고자 한다.
> 대신, 생명의 존재만큼이나
> 다양한 길을 만들며 유연하고 즐겁게
> 제3섹터 영역에서 활동하고자 한다.

차례

여는 글
생명의 존재만큼이나 다양한 협동의 길을 바라며   008

1부
협동하는 사람들과의 대화

- 협동조합 역사를 기억한다는 것   012
  협동조합의 기원과 기억해야 할 인물들
- 지금 한국 생활협동조합에 필요한 한 가지, '다양성'   040
  한일 협동조합 경험과 한국 협동조합에 바라는 점
- 다시 생각하는 생활협동조합의 정체성   072
  한살림운동의 과거와 현재, 그리고 전망
- 사회적경제·협동조합운동의 사상과 실천   092
  사회적경제 의미 확산과 세계화
- 사회적경제, 운동인가 사업인가?   116
  자본주의 시대에서 사회적경제의 역할

한일 협동조합이 걸어온 길, 그리고 나아갈 길

- 생활협동조합의 규모화와 전략　　　　　　　　128
  일본생활협동조합연합회가 시사하는 생협연합회의 의미
- 생활협동조합연합회 한 걸음 더　　　　　　　146
  우리에게 생활협동조합연합회란?
- 노동자협동조합연합회의 어제와 오늘　　　　　150
  일본 노동자협동조합이 걸어온 길
- 노동자협동조합 한 걸음 더　　　　　　　　　165
  일본 노동자협동조합법 제정에 대한 단상
- 협동조합 아카이빙, 운동의 시간을 연결하다　　172
  협동조합 아카이브
- 협동조합아카이빙 한 걸음 더　　　　　　　　195
  협동조합 아카이브가 우리에게 주는 선물

협동조합, 현장에서 다시 보기

- 협동조합에서 일하는 이들의 위치는 어디인가　202
- 지금, 여기의 생협 활동가　　　　　　　　　　223
- 생활협동조합 경영 혁신의 조건　　　　　　　242
- 불안을 딛고 함께 만드는 돌봄　　　　　　　　264

여는 글

생명의 존재만큼이나
다양한 협동의 길을 바라며

약 2년 전, '협동의 대화'가 시작되었다. 이 대화는 한 행사를 준비하는 과정에서 출발했다. 20~30대가 협동조합과 사회적경제를 어떻게 바라보고 있는지, 이 영역에서 일하는 친구들이 어떤 고민을 갖고 있는지 공유하는 행사였다. 발표자와 토론자를 쉽게 섭외할 수 있을 거라고 생각했다. 그런데 웬걸! 이 친구들이 일회성 행사에서는 발언하지 않겠단다. 여러 행사에서 청년의 목소리를 듣는다는 명목으로 세션을 마련해주었고, 그곳에서 여러 차례 의견을 전했지만 바뀌는 것은 없었단다. 그들은 자신들이 일회성 행사로 소모되기보다 뭐라도 좋으니 지속성 있는 무언가를 만들어 보는 것은 어떠냐고 되물었다.

 행사를 마친 후, 약 7~8명이 주기적으로 만남을 이어갔다. 이 모임은 아무도 기획하지 않았기에 한국과 일본을 오가는 만남을 이어갈 수 있었다. 기획하지 않았다는 것은 형식적으로 진행하지 않았음을 의미한다. 우리는 누군가에게 털어놓아도 이해받지 못하는 고충을 나누고 서로를 위로했다. 한국의 협동조합과 사회적경제 영역은 정부의 정책·지원에 의존하는 측면이 크지만, 한편에서는 운동성과 규범성을 강조한다. 그 과정에서 적절한 관심을 받지 못하는 이들이 이 영역에서 일하는 노동자와 연구자이다. 일하는 이들은 기본적인 직무교육조차 제대로 받지 못한 채 실전에 투입되어 자가발전해야 하고, 연구자들은 현장과 괴리를 느낄 뿐 아니라 학계에서도 애매한 위치에 있다.

우리는 협동조합과 사회적경제 영역에서 어떻게 존재해야 할까, 어떤 방향으로 나아가야 할까? 서로가 서로에게 물었다. 힘듦을 토로하는 시간이 대부분이었다. 하지만 여러 차례 만남을 거치며 깜깜하기만 한 동굴에 작은 반딧불이 들어온 것을 느끼는 순간이 있었다. 홀로 걷는 길이 아니구나, 서로가 서로의 길을 응원했다. 그러다 앞서서 비슷한 길을 걸은 이들도 만났다.

그 만남의 과정을 기록한 결과물이 『협동의 대화』이다. 『협동의 대화』는 세 개의 꼭지로 구성되어 있다. 1부는 한국과 일본, 협동조합과 사회적경제 영역에서 일하고 연구하고 있는 분들과 나눈 대화이다. 19세기 영국, 러시아부터 현재의 한국·일본에 이르는 협동조합 사상과 역사, 그리고 현장에서의 고민을 나눴다. 2부에서는 한국과 일본을 교차하며 협동조합이 걸어온 길과 나아갈 길을 조망했다. 일본 생활협동조합·노동자연합회의 규모화와 대비되는 한국의 상황, 그리고 협동조합 아카이빙과 관련한 한국·일본의 현 상황을 비교하였다. 3부에서는 이 영역에서 일하고 연구하는 당사자들이 노동, 활동가, 경영, 돌봄 등을 주제로 사회에 대화를 건넨다.

이 책은 많은 분의 도움으로 완성되었다. 우선 전폭적으로 모임을 지원해준 모심과살림연구소에 감사드린다. 도서출판 한살림과 디자이너, 일러스트레이터, 인쇄소 등 여러분들이 애써준 덕분에 모임 기록이 책으로 완성되었다. 일본의 협동조합 현장과 연구자를 이어준 김형미 선생님께도 감사한 마음을 전한다. 선생님께서는 바쁜 와중에도 한국의 청년들이 협동조합의 다양한 담론을 접할 수 있도록 인터뷰 자리를 마련해주었을 뿐 아니라 일본 현지 섭외와 통역을 직접 맡아주셨다. 선생님께서 보여주신 선의를 다음 세대에게 꼭 전하려 한다. 여물지 않은 이야기를 듣는 자리였음에도 불구하고 기꺼이 시간을 내어 준 한국과 일본의 협동조합인들에게 다시 한번 감사 인사를 전하고자 한다. 그들이 베푼 호의를 통해 많이 배웠고 나아갈 힘을 얻었다.

  책에 수록된 글은 각자의 지도를 만들어가는 여정이지, 정답이나 결론이 아니다. 우리는 '협동조합 또는 사회적경제는 이래야만 해'라는 고정된 관점에서 벗어나고자 한다. 대신, 생명의 존재만큼이나 다양한 길을 만들며 유연하고 즐겁게 제3섹터 영역에서 활동하고자 한다. 이 책은 그 출발이다. 부디 많은 분이 함께하길 바라며, 함께 즐기길 기대한다.

2021년 8월

저자 일동

1부

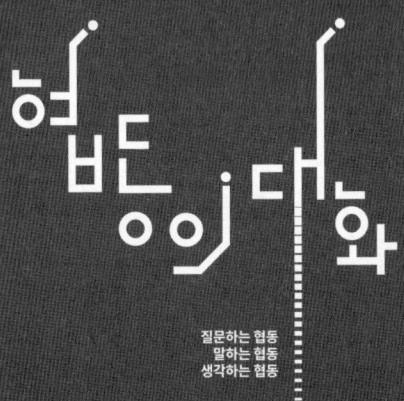

질문하는 협동
말하는 협동
생각하는 협동

협동하는 사람들과의 대화

한국 대학의 경제학과에서 협동조합을 깊이 있게 이해하고 연구하는 학자가 있을까? 이 질문을 갖고 여러 방면으로 대학 내 연구자를 찾아봤지만 쉽게 찾을 수 없었다. 경제학 또한 사상과 역사의 산물이기에 다양한 연구가 진행되어야 하지만 한국 경제학은 그렇지 못한 상황으로 보인다. 경제학과뿐만 아니라 한국에서는 협동조합을 충실히 연구하는 학과 또는 연구자는 소수에 그친다. 반면 일본은 오랜 시간 협동조합과 관련된 연구가 이어졌고, 축적된 시간만큼 깊이도 더해졌다.

이 시간을 40년간 이어온 나카가와 유이치로 선생님을 만났다. 선생님은 일본에서 충분히 다뤄지지 않은 영국 협동조합운동과 기독교 사회주의 연구를 시작했으며, 이후 생협운동과 사회적 경제 등으로 연구 범위를 확장하였다. 경제학자로서 협동조합을 연구하고, 대학을 넘어 현장의 소리를 들었다. 이는 일본 경제학의 범위를 한층 넓히는 작업이었을 테다. 나카가와 선생님과 대화를 하며 그가 걸어온 길을 함께 걷고 고민을 나눠보았다.

협동조합 역사를 기억한다는 것

나카가와 유이치로
메이지대 명예교수

나카가와 유이치로中川雄一郎는 1946년 시즈오카 현에서 태어났다. 메이지대 정치경제학부 교수로 40년 이상 협동조합 사상을 연구한 학자이자 일본 협동조합 및 사회적경제 현장의 담론을 만드는 실천가이기도 하다. 일본로버트오웬학회 회장, 일본협동조합학회 회장을 역임했다. 저서로 『영국 협동조합 사상 연구』(1984), 『기독교 사회주의와 협동조합』(2002), 『사회적기업과 지역사회의 재생 영국의 시도에서 배운다』(2005) 등이 있다. 공저로 『협동조합의 사상과 이론』(1985), 『생협은 21세기에 살아남을 것인가』(2000), 『비영리 협동체제 확산』(2008), 『협동조합을 배운다』(2012), 『협동조합은 미래의 창조자가 될 수 있을까』(2014) 등을 집필했다. 이 외에도 100여 편에 달하는 연구논문을 발표했다.
홈페이지 www.e-kyodo.sakura.ne.jp/nakagawa에서 보다 자세한 연구자료를 확인할 수 있다.

"시간이 지나면 주연만 남고
조연들은 사라지는 역사는
올바른 역사가 아닙니다"

선생님께서는 오랜 기간 협동조합을 연구하고 계신데요, 그 여정을 되짚어본다는 측면에서 협동조합 연구를 막 시작하셨을 때의 이야기부터 들려주실 수 있을까요?

제 연구의 출발은 영국 협동조합운동입니다. 이후 시간이 흐르면서 연구주제를 사회적기업으로 확장했죠. 처음 제가 협동조합을 연구할 당시 저의 주제인 '영국 협동조합운동'은 일본의 현실과 직접 관련 있는 것은 아니었어요. 하지만 협동조합의 역사적 기원에서 영국 협동조합은 빠질 수 없는 주제입니다.

저는 아일랜드 출신 협동조합 사상가이자 실천가인 윌리엄 톰슨[1]을 연구한 후, 1975년 메이지대학에 부임했어요. 제가 연구한 윌리엄 톰슨은 일찍이 로버트 오웬 Robert Owen, 1771~1858, 이하 오웬의 사상에 기반을 두고 커뮤니티를 건설한 사람입니다. 윌리엄 톰슨은 오웬과 함께 활동하면서 그의 커뮤니티 건설에 관한 생각에 동의하게 되었죠. 그러면서 오웬보다 더 본격적으로 커뮤니티 건설 운동 Movement을 실천으로 옮겼

1- 윌리엄 톰슨(William Thompson, 1775~1883)은 아일랜드 출신으로 노동운동과 협동조합운동에 영향을 미쳤다. 로버트 오웬의 사상을 설명한 『부의 분배에 관한 제 원칙』(1824)을 출판하고, 협동조합 설립에 관한 실천적인 저서를 집필했다. 나카가와 선생님은 윌리엄 톰슨과 관련하여 「ウィリアム・タムスンの協同組合思想」, 「ウィリアム・タムスンの共同体構想」 등의 연구를 하였다.

어요. 윌리엄 톰슨은 경제학자였는데요, 그 당시 현실 상황을 잘 이해하는 가운데에서 커뮤니티 건설을 주도하면서 여러 가지 중요한 책도 집필하게 됩니다. 그가 쓴 글 중 중요한 주제는 여성해방운동과 관련된 것입니다. 협동조합운동과 여성해방론이 사실 밀접하게 연결되어 있거든요.

협동조합운동의 탄생, 그리고 윌리엄 톰슨과 로버트 오웬의 논쟁

협동조합운동과 여성해방론의 연결은 처음 들어보는 내용입니다. 당시 영국에서 여성참정권을 제기하는 운동이 일어난 것과 연결되는 건가요?

윌리엄 톰슨은 실제로 여성해방운동의 실천가이기도 했지요. 그가 쓴 『인류 절반의 호소』[2]라는 유명한 책이 있는데요, 원제목은 *Appeal of One Half the Human Race, Women, Against the Pretensions of the Other Half, Men, to Retain Them in Political, and Hence in Civil and Domestic Slavery*[3]입니다. 19세기에 영어로 쓰인 논문이나 책은 문장이 굉장히 길고 간결한 문체가 아니예요. 그런데 윌리엄 톰슨의 글은 구체적으로 자신의 글이 누구를 향하고 있으며, 또 어떤 내용을 전달하려는지 잘 기술하고 있어요.

---

[2] 톰슨은 자신의 이름으로 1825년에 책을 출간했지만, 책의 내용은 사실상 안나 휠러(Anna Wheeler)에게서 나온 것임을 분명히 밝히고 있다. 톰슨은 "이 책은 안나 휠러의 지성과 펜의 유일한 산실이고 나머지는 우리들의 '공동 자산(Joint Property)'이며, 나는 단지 그녀의 필기사이고 설명자에 불과하다"라고 말함으로써, 이 책이 둘 사이의 협력을 통해서 가능한 것임을 강조하였다. (배인성, 2010, 「"평등한 공동체"를 꿈꾸다 - 윌리엄 톰슨과 안나 휠러의 『인류 절반의 호소』를 중심으로」, 『서양사론』104, 343~372면 참고)

[3] 런던정경대학교(LSE) 디지털 라이브러리(digital.library.lse.ac.uk)에서 원문을 확인할 수 있다.

윌리엄 톰슨   로버트 오웬

 윌리엄 톰슨이 왜 『인류 절반의 호소』를 쓰게 되었는지 거슬러 올라가면 존 스튜어트 밀^{John Stuart Mill, 1806~1873}이 등장합니다. J.S.밀의 아버지는 제임스 밀^{James Mill, 1773~1836}이라는 유명한 경제학자이자 정치가인데요, 브리태니커 백과사전의 '정부론^{Government}'을 집필한 사람이기도 하죠. 제임스 밀이 1820년 '산업자본의 정치적 자본을 확고하게 하기 위해 여성의 선거권을 거부한다'라는 글을 썼어요. 영국에서 산업혁명은 1760년 무렵 시작되어 1855년에 완성됩니다. '정부론'을 쓴 1820년이면 대략 산업혁명 중반기죠.
 결론적으로 말하면 제임스 밀은 '노동자들에게 선거권을 주지 않겠다'는 연결고리를 만들기 위해 여성의 선거권 부여를 반대한 겁니다. 이 논리는 '여성은 아버지의 자녀이거나 기혼 여성'이라는 전제를 갖고 있어요. 그래서 여성의 이익은 여성이 속한 남성이 대표한다는 것이 당시의 논리였습니다. 당시 여성은 임금을 받는 일은 거의 하지 않았죠. 남편이나 아버지가 부양하기 때문에 그들이 여성의 대변자라는 논리로 이어졌습니다.[4]

4-당시 영국 관습법에 따르면 기혼여성은 '아내의 지위(Coverture)'를 갖게될 뿐 모든

이 부분을 사회적인 문제로 더 넓혀 보면, '노동자 이익은 누가 대변하는가'로 이어집니다. 앞서 여성을 둘러싼 논의를 따르면 노동자를 고용한 고용주가 노동자 이익을 대변한다는 논리가 완성됩니다. 자본가 계급이 노동자 이익까지 대변할 수 있다는 거죠.

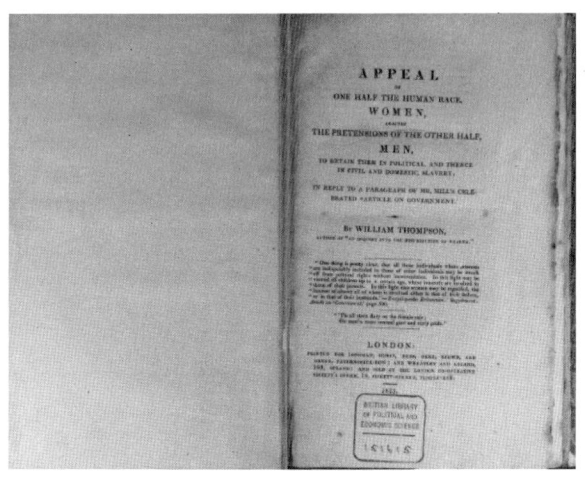

윌리엄 톰슨 『인류 절반을 위한 호소』(1825년)

윌리엄 톰슨은 여기에 반론을 펼쳤어요. 그는 『인류 절반의 호소』에서 장문으로 이를 논박하는데 요약하면, 여성의 자립, 즉 '여성은 어떻게 자립하는가'에 대한 내용입니다. 윌리엄 톰슨은 여성들이 십시일반 출자해서 함께 커뮤니티를 건설하고, 그 커뮤니티가 자립하면 된다는 논리를 펼쳤어요. 커뮤니티는 어떻게 건설할 수 있을까요? 그는 여성뿐 아니라 노동자가 서로 협동하고 출자해서 커뮤니티를 만들어야 한다고 주장한 겁니다. 이때 아이디어는 로버트 오웬으로부터 비롯된 거

법적인 권리는 남편이 갖게 된다. 즉 남편의 보호 아래 놓이게 되는 아내는 어떠한 계약서에도 서명할 권리가 없으며, 재판에서도 스스로를 변호할 수 없고 남편에게 재산의 소유권이 부여되었다. 따라서 재산의 보유 정도에 따라 선거권이 주어지는 영국의 선거권제도에서 기혼여성은 배제되었다. 독신여성은 납세자였지만, 금액의 차이에 따라 선거권이 주어졌기 때문에 선거권을 갖기 어려웠다.

죠. 윌리엄 톰슨은 로버트 오웬의 생각을 거듭 강조했어요.

그동안 알고 있었던 것보다 협동조합운동의 뿌리는 깊고 넓군요. 여성 해방을 주장한 협동조합 사상가·실천가인 윌리엄 톰슨을 로버트 오웬 보다 먼저 언급한 건 여성주의가 강조되는 지금 상황과 무관하지 않다는 생각이 드네요. 로버트 오웬에 대해서도 저희가 잘 모르는 내용이 무궁무진할 것 같아요.

사실 윌리엄 톰슨이 로버트 오웬의 사상을 따랐지만, 커뮤니티 건설 과정에서 두 사람은 첨예하게 대립했어요. 이 부분은 로버트 오웬에 대해 간단히 설명한 후 무엇 때문에 대립했는지 이야기하도록 할게요. 이미 많은 분들이 알고 있는 것처럼 로버트 오웬은 성공한 경영자입니다. 경영자로 냉철한 측면도 있지만, 한편으로 순수한 면이 공존하는 사람이었죠. 제가 오랫동안 일본 로버트오웬협회[5]에서 오웬을 연구를 하고 있지만, 참 알 수 없는 인물이라는 생각을 많이 합니다.

로버트 오웬의 아이디어를 따르는 이들을 오웬주의자[Owenites]라고 일컫습니다. 어떻게 영국 곳곳에서 오웬을 따르는 사람들이 늘어났을까요? 그 시기는 나폴레옹 전쟁[1803~1815] 이후로 거슬러 갑니다. 나폴레옹 전쟁은 영국의 승리로 끝이 났어요. 당시 전쟁에 참여한 영국 군인들은 대부분 모집병이었습니다. 전쟁이 끝나고 그들은 고향에 돌아오지만, 대부분 실업자 신세로 전락을 하게 되었어요. 스코틀랜드 라나크 주에서도 실업자가 넘쳐났어요. 당시 라나크 주 행정당국은 실업자 구제 방안에 대해 성공한 경영자인 오웬에게 자문을 요청했어요.

5-일본 로버트오웬협회ロバアト オウエン協会, Robert Owen Association of Japan은 오웬 사후 100년인 1958년에 세계 최초로 창립되었다. 로버트 오웬의 사상을 중심으로 협동조합 전반에 걸친 연구를 진행하고 있다. 2021년 6월 기준 총 176회의 세미나를 개최하였으며, 매년 연구간행물을 출판할 만큼 지속적으로 관련 연구를 이어가고 있다. 이외에 *The Emergence of Global Citizenship: Utopian Ideas, Co-operative Movements and the Third Sector*(2005), *Robert Owen and the World of Co-operation*(1992) 등을 발간했다.

오웬은 『라나크 주에 보내는 보고서』[6]를 써서 당국에 제출합니다. 이 보고서에서 오웬은 '실업자 구제를 위해 커뮤니티를 건설해야 한다'고 주장하는데 그 내용이 사뭇 공산주의적이었습니다. 결국, 라나크 주는 그의 보고서를 채택하지 않았죠. 오웬은 그 사실을 알고 화가 나서 지역 신문사에 자신이 작성한 보고서를 보내 대중들에게 알렸어요. 여러 사람이 그 보고서를 읽게 됩니다. 그리고 그의 의견에 찬성하는 '오웬주의자'들이 늘어나기 시작하죠. 이 중에는 지식인뿐만 아니라 노동운동을 이끄는 이들도 포함되어 있었어요. 새로운 문물을 받아들이는 사람 중 대표적으로 인쇄직인들이 있는데, 이들이 대표적인 오웬주의자가 됐습니다.

로버트 오웬이 경영한 뉴라나크 공장 전경

---

[6]-*Report to the County of Lanark of a Plan for relieving Public Distress* (1821). archive.org에서 확인 가능하다.

자본가의 선의인가? 노동자의 자립인가?

만약 라나크 주에서 오웬의 보고서를 채택했다면 어떻게 되었을지 궁금하네요. 한 사람의 아이디어가 글이나 생각에서 그치지 않고 실천으로 이어지는 건 그만큼 많은 사람의 공감을 얻었다는 걸 의미하기도 합니다. 오웬을 따르는 이들은 어떤 활동을 했나요?

오웬주의자들은 점점 늘어났어요. 당시 오웬주의자들이 공유했던 생각은 '먼저 커뮤니티를 만들고, 이를 중심으로 우리들의 노동과 생활을 완전히 바꿔나가고, 더 낫게 만들자'라는 것이었습니다. 그때 비로소 남녀노소 모두 커뮤니티 안에서 자립적으로 성장할 수 있다고 본 거죠.

커뮤니티를 건설하려면 토지 구입, 건물과 공장 설립, 농지 개척이 필요합니다. 지금도 그렇지만 결국 자금 마련이 문제였죠. 사실 커뮤니티를 만들자는 생각이 '혁명을 하자'라는 것은 아니죠. 하지만 이들은 어린이 교육과 인권이 존중되는 커뮤니티를 만들어야 한다는 생각을 강하게 갖고 있었고, 이 지점을 특히 주목해야 한다고 생각합니다.

오웬의 아이디어에 찬성하는 사람들은 1년에 두 차례씩 모이는 '협동조합 대회'를 열기 시작합니다. 커뮤니티를 만들기 위해서 자금은 어떻게 모으고, 그렇게 모은 자금으로 어떤 커뮤니티를 건설할 수 있을지 끊임없이 논의했습니다. 이 대회에는 윌리엄 톰슨과 같은 지식인뿐만 아니라 초기 협동조합운동을 펼쳤던 사람들도 참여합니다.

커뮤니티 건설을 위한 논의 과정에서 오웬과 톰슨은 어떤 부분에서 대립하게 되는 건가요?

우선 맥락을 잠깐 이야기할게요. 당시 협동조합은 영국 전역에 있었는데 특히 스코틀랜드를 중심으로 펼쳤었어요. 저렴한 가격으로 생필품,

특히 협동조합을 통해 먹거리를 공동구매하고 조달하는 활동을 했죠. 이러한 사람들을 보통 '초기 협동조합운동가'라고 합니다. 협동조합론을 처음 접할 때 '협동조합이란 상업이윤을 배제하는 것이다'라는 문장을 본 기억이 있을 겁니다. 마르크스식으로 이야기하면 가치 이하로 구입해서 물품의 가치대로 조합원에게 공급하는 것이죠. 즉 이렇게 운영된 조합을 초기 협동조합이라고 합니다. 초기 협동조합운동은 그럭저럭 운영은 되었지만, 인접 지역과 교류가 없었어요.

시간이 지나 협동조합 대회에서 모여서 주요 과제를 논의하게 됩니다. 협동조합 대회의 주요 과제는 앞서 언급한 것처럼 첫째는 '어떤 커뮤니티를 건설할 것인가?', 두 번째는 '어떻게 자금을 조달할 것인가?'였어요. 이 대회에서 협동조합의 일곱 가지 원칙이 결정됐죠. 그 중 하나가 '협동조합의 역할은 궁극적으로 커뮤니티를 만드는 것이다'입니다. 당시 협동조합은 지금의 생활협동조합이라고 볼 수 있어요. 식품이나 생활필수품을 협동을 통해 취급하는 매장을 운영하고 있었으니까요.

대립각을 세우게 된 부분은 커뮤니티 건설을 위한 자금 확보였습니다. 협동조합 대회에 참여한 사람들 대부분은 협동조합 사업으로 얻은 이익을 모두 커뮤니티 건설 자금으로 투입하자는 입장이었어요. 협동조합 대회는 '로버트 오웬의 커뮤니티 건설'에 공명한 사람들이 모인 자리예요. 이 자리에 모인 사람들은 대부분 커뮤니티 건설이라는 지향점에 동의한 사람인거죠. 그래서 커뮤니티 건설을 위해 협동조합의 이익을 사용할 수 있다는 점에 찬성했습니다.

반면 오웬은 이들의 결정에 반대하는 목소리를 높였어요. 그는 이들의 의견을 강하게 비판했어요. 오웬은 큰 공장의 경영자였기 때문에 하나의 커뮤니티가 운영되기 위해서 얼마나 많은 자본이 필요한지 이미 잘 알고 있었습니다. 그는 소규모의 협동조합 매장에서 각각 발생한 이익을 모으는 과정이 결코 쉽지 않으며, 목표에 이르지 못하고 중간에 사람도 자금도 흩어질 것으로 생각한 겁니다.

역시 커뮤니티 건설이라는 건 쉽지 않은 문제군요. 한편 오웬의 초조함이 느껴지는 대목이기도 합니다. 오웬은 자신이 구상한 커뮤니티를 이른 시일 내에 건설하고 싶었던 것 같아요.

그때 주요 논쟁거리가 하나 더 있습니다. 바로 커뮤니티의 적정 거주인원에 관한 논쟁이었죠. 오웬은 커뮤니티가 자립적으로 운영되기 위해서는 적어도 약 2,000명이 거주해야 한다고 추산했어요. 반면 톰슨은 300명 정도만 거주해도 가능하다는 의견이었습니다.

톰슨은 커뮤니티 건설이 노동자 운동이라는 측면에서 의미가 있다고 생각했어요. 노동자와 그 가족들이 모인 300명 규모로도 커뮤니티 운영이 가능하다고 봤던 것이죠. 당시 협동조합 대회에 모인 대부분은 노동자였습니다. 톰슨이 커뮤니티 건설을 '노동자의 운동'이라고 부르니 참석자 대부분이 여기에 동의를 하겠죠? 그래서 톰슨의 주장이 수용됩니다. 물론 엄격한 과학적 근거로 산출한 숫자는 아닙니다. 운동을 이끌어가기 위해 그런 제안을 했을 뿐이었죠. 한편, 오웬의 경우 자신이 자본가였기 때문에 대규모 커뮤니티 건설에 필요한 대자본을 본인이 부담하겠다는 의지도 있었습니다.

우리는 이런 질문을 할 수 있습니다. 보통 근대적 협동조합이라고 하면 로치데일공정선구자협동조합^{이하} 로치데일협동조합을 이야기하죠. 여기서 '왜 영국에서 근대적인 협동조합인 로치데일협동조합이 탄생할 수 있었을까?'라는 질문을 던져볼 수 있어요. 윌리엄 톰슨-로버트 오웬을 통해 자본가를 통해서가 아닌, 우리 스스로 자금을 모아서 커뮤니티를 건설해야 한다는 방향이 결정되게 되었죠. 이 과정에서 노동자들이 지지하고 결의를 하게 됩니다. 이것이 영국에서 로치데일협동조합이라는 근대적 협동조합이 탄생할 수 있었던 배경이라고 볼 수 있어요.[7]

---

[7] 보다 자세한 내용은 나카가와 유이치로의 『イギリス協同組合思想研究』(日本経済評論社, 1984) 참고.

로치데일협동조합이 시작된 현장

로치데일협동조합 이후의 협동조합
기독교 사회주의자의 협동조합운동 참여

협동조합운동 역사에 있어서 윌리엄 톰슨이 큰 역할을 했군요. 자본가의 선의에 기대기보다는 함께 자금을 모으는 연대가 더 중요하다는 점이 초기부터 강조가 되었네요. 영국의 협동조합이 초기 빠르게 발전할 수 있었던 다른 요인은 무엇이었나요?

1852년 영국에서 협동조합법^{The Industrial and Provident Societies Act}이 제정됐어요. 이 법은 영국뿐만 아니라 세계 협동조합 발전에 지대한 영향을 미치게 됩니다. 세계 최초로 만들어진 이 법은 일본어로 '산업공제조합' 또는 '산업절약조합', '산업경제조합'이라고 하는데, 영어로 하면 'Industrial and Provident Society'입니다. 'Provident'라는 단어는 기독교에서 말하는 '하나님이 지도하는', 예를 들면 '하나님의 뜻에 따라 근검·절약해서 살아야 한다'라는 의미가 있어요.

협동조합법을 만드는데 결정적인 기여를 했던 사람들이 기독교 사회주의자입니다. 당시 기독교 사회주의자들은 대부분 비국교도, 즉 성공회교도가 아니었어요. 이 중 특히 변호사였던 E.V.닐$^{\text{Edward Vansittart Neale,}}$ $^{\text{1810~1892}}$, 러들로$^{\text{John Malcomlm Forbes Ludlow, 1821~1911}}$, 휴즈$^{\text{Thomas Hughes, 1822~}}$ $^{\text{1896}}$ 세 사람이 중요합니다. 이들 중 E.V.닐[8]은 상당한 자산가였는데요, 그 재산을 협동조합운동에 쏟아부으며 활발한 활동을 했습니다.

기독교 사회주의자 및 여러 사람의 노력으로 협동조합법이 제정된 후, 영국 협동조합은 눈에 띄게 발전합니다. 기독교 사회주의자들의 지도로 1870~80년대에는 노동자협동조합 설립도 이어졌어요. 특히 소비자협동조합의 경우 사업적으로 크게 성장했죠. 1880년대 당시 영국 소비자협동조합은 공장을 소유해서 직접 물품을 제조할 정도로 성장했습니다.

E.V.닐

8-E.V.닐은 러들로, 휴즈와 함께 협동조합운동에 참여한 대표적인 기독교 사회주의자이다. 그들은 J.S.밀과 함께 세계 최초의 협동조합법인 영국 산업공제조합법$^{\text{Industrial and}}$ $^{\text{Provident and Partnership Act,}}$ 1852년을 제정하는데 큰 역할을 했다. 닐은 협동조합운동의 규칙과 보고서 작성 등 법률 자문 활동에 적극적으로 참여했으며 협동조합연합회 사무국장 등으로 활동했다.

그 과정에서 CWS^{Cooperartive Wholesale Society}9라는 협동조합도매사업연합회가 큰 힘을 갖게 되죠. 그런데 CWS가 커지면서 기독교 사회주의자들의 지도 속에 설립된 노동자협동조합과 갈등이 일어납니다.

소비자협동조합과 노동자협동조합, 즉 협동조합 간 대립이 있었던 건가요?

소비자협동조합을 대표하는 이론가 중 가장 널리 알려진 사람은 비어트리스 웹10입니다. 비어트리스 웹^{Beatrice Webb}과 시드니 웹^{Sidney Webb} 부부는 노동조합을 통한 민주주의라는 '산업민주주의론'을 주장했어요. 더불어 소비자협동조합을 통해 노동자들이 조직적으로 소비하고, 이를 바탕으로 민주주의를 형성할 수 있다는 주장도 펼쳤어요. 이들은 협동조합 조직과 관련하여 노동자협동조합에 대해서는 비판적인 입장을 갖고 있었습니다.

당시 기독교 사회주의자들은 근대 협동조합운동의 발전에 큰 기여를 했을 뿐만 아니라 영국 협동조합법 제정에도 큰 영향을 미쳤어요. 노동자협동조합이 결성되어 시행착오를 거쳐 성과를 이뤄낸 것도 이들의 기여가 있었기 때문에 가능했죠. 그런데 현실에서는 소비자협동조합의 힘이 컸고, 비어트리스 웹의 영향력이 워낙 두드러졌습니다. 영국에서 진행된 소비자협동조합과 노동자협동조합의 논쟁은 굉장히 치열하게 진행되었고, 이는 일본 협동조합에도 큰 영향을 끼쳤습니다.

9-CWS는 여러 소비자협동조합의 연합으로 형성되었다. 영국의 도매협동조합은 여러 조합이 저렴한 가격으로 물품을 구입하여 판매하고 협동조합의 물품 및 생산물의 판매와 교환을 촉진하기 위해 1830년대 이전부터 시도되었다. 이후 여러 부침을 거치며 1863년에 협동조합도매사업연합회가 설립되었다.
10-비어트리스 웹은 사회주의와 노동운동에 적극적으로 참여한 사회학자이자 경제학자이다. 협동조합과 관련해서는 영국 협동조합의 초기 역사 자료와 현장을 직접 살펴보며 *The Co-operative Movement in Great Britain*(1891)을 집필하였다. 이외에 *Women and the Factory Acts*(1896), *The Abolition of the Poor Law*(1918) 등을 집필하고 시드니 웹과 *Industrial Democracy*(1897), *The Co-operative Movement*(1914), *The Consumers' Co-operative Movement*(1921) 등 다수의 책을 썼다.

비어트리스 웹

일본에는 웹 부부를 연구하는 연구자들이 많아서 이들의 관점이 훨씬 더 알려져 있어요. 주된 관심은 노동운동이 이었기 때문에, 일본의 마르크스주의자들은 근대 협동조합운동에서 기독교 사회주의자가 어떤 역할을 했는지 잘 알지 못했습니다. 그 결과 기독교 사회주의자들은 무시되었고 소개되지도 않았어요.

20세기 전후로 마르크스 사상을 중심으로 한 연구가 활발히 진행되면서 그 외의 사상이나 담론은 다소 소홀하게 다뤄진 것은 아닌가 생각합니다. 선생님께서 협동조합 연구를 진행할 때에는 더욱더 기독교 사회주의자와 관련된 연구는 많지 않았을 텐데요. 어떻게 기독교 사회주의자에게 주목하게 되었나요?

로치데일협동조합 이전, 로치데일협동조합 시기와 그 이후를 단계적으로 연구하다 보니 자연스럽게 기독교 사회주의자를 발견하게 됐어요. 그런데 선행연구를 찾아도, 주위 연구자들에게 물어봐도 기독교 사회주의자와 협동조합에 대해서 잘 모르더군요. 때론 '중요하지 않다'라는 대답을 듣기도 했습니다. 일본에서는 선행연구와 자료를 찾을 수 없었던 상황이었어요. 그러던 차에 해외를 방문하여 연구할 기회를 얻어 영국을 방문하게 되었습니다. 그때 많은 역사 자료를 발견했어요.

영국에서 '무엇이 진실인가'를 알게 됐습니다. 그리고 '소비자협동조합과 노동자협동조합의 논쟁'이 어떤 것인지 알게 되었죠. 비어트리스 웹의 비판이 틀린 점도 있지만 옳은 점도 있다는 것을 알았습니다. 비판의 핵심은 '결국 시장경제와 자본주의경제 사회에서 노동자협동조합은 소생산자로 전락하고 끝나게 된다'는 것이었지요. 또 노동자협동조합과 소비자협동조합이 대립하지만 어떻게든 협동조합운동으로 어떤 사회를 만들어갈 것인지에 대해 끊임없이 논쟁했다는 점도 알게 되었습니다.

참, 기독교 사회주의자들을 연구하다 보니 이들 대부분이 당시 상당히 부유했으며 유명인사였다는 사실을 알게 됐습니다. 많이 놀랐어요. 일본에서 협동조합운동을 하는 사람들이 놓여 있는 상황과는 크게 달랐으니까요.

협동조합 연구의 확장
사회적기업이라는 현상에 대한 이해

오랫동안 영국 협동조합 연구에 몰두하시기도 했지만, 현재 진행되는 사회적경제와 관련된 연구도 꽤 오래전부터 진행한 걸로 알고 있습니다. 선생님의 역사 연구와 현장은 어떻게 연결되고 만나고 있나요?

저의 주요 연구 분야는 협동조합 역사 중에서도 오래된 역사와 관련된 것입니다. 연구하면서 영국 협동조합운동이 문제도 참 많이 일으켰지만, 새로운 문제 제기도 끊임없이 했다는 사실을 알았어요. 제가 영국을 주 연구대상으로 삼다 보니, 영국의 사회적기업을 연구하는 기회가 생겼어요. 메이지대학의 연구자들과 『사회적기업과 지역사회의 재생-영국의 시도에서 배운다』(2005)를 발간했는데요, 이 책은 10여 년간 공동연구한 결과물입니다.

영국 노동당은 1997년 총선 당시 보수당을 크게 이겼어요. 그 결과 보수당은 18년간의 장기집권을 마무리했지요. 노동당은 지역 자립을 위한 정책 중 하나로 사회적기업 진흥을 본격적으로 추진했고, 상당히 애를 썼어요. 저는 사회적기업이 영국의 각 지역에서 실제로 유의미한 영향을 미쳤다는 사실을 공동연구를 통해 확인할 수 있었습니다. 이 과정에서 자연스럽게 "사회적기업이라는 새로운 현상을 어떻게 이해해야 할까"라는 질문을 던지게 됐죠.

한편 2008년 리먼 쇼크라는 글로벌 금융위기 이후 영국 경제는 악화되었습니다. 사회의 불안감도 높아졌죠. 결국, 보수당이 다시 집권하고 지금까지 이어지고 있지요. 보수당 정권은 과거 대처 정부 때에는 '작은 정부'를 강조했어요. 그런데 이제 '빅 소사이어티Big Society'[11]를 주장하고 있습니다. 실상은 사회적기업에 대한 지원을 점점 축소하고 있지만 말이죠. 영국 정부가 빅 소사이어티라는 슬로건을 꺼냈지만, 사실상 작은 정부와 같다고 봅니다. 왜냐하면 정부의 정책 방향이 기본적으로 신자유주의에 기초하고 있기 때문입니다.

지금 영국 보수당 정권은 사회적기업에 대한 지원과 정책을 축소하고 있는데, 중앙정부와 지자체가 사회적기업과 관계를 끊는다는 것은 '사회적기업을 하지 말라'는 의미입니다. 사회적기업의 역할이 축소되거나 아예 사라질 경우, 지역의 상황은 더욱 나빠질 거라고 봐요. 정부나 지자체가 사회적 목적을 추구하는 사회적기업을 함께 만들지 않으면 결국 신자유주의, 즉 '시장이 알아서 하도록 하라'라는 논리가

---

[11] 영국 보수당은 2005년부터 약 5년간 빅 소사이어티를 정책 방향으로 설정했다. 보수당은 자유시장주의(경제에 대한 국가 개입의 축소 등)를 옹호하는 동시에 영국의 사회적 이슈 및 양극화를 해결하기 위해 책임있는 시민(시민사회 등)과 기업가를 지원하는 구조를 제시하였다. 홍석민, 2014, 「D. 캐머런의 큰 사회론(Big Society)과 영국 보수주의 전통」, 『영국 연구』31, 261~295면 참고.

만연해지고 새롭게 사회적 목적을 추구하려는 조직들은 배제될 수밖에 없습니다. 이는 결국 지역사회 악화와 연결됩니다.

영국의 브렉시트^{Brexit}도 이러한 상황으로 이해할 수 있습니다. 약 10년간 사회적기업을 연구하면서 영국의 선더랜드 지역을 살펴봤어요. 브렉시트 이탈표가 굉장히 많았던 지역 중 하나가 선더랜드입니다. 이곳은 전통적으로 노동당이 강한 지역입니다. 선더랜드에 위치한 닛산 공장에서 2002년에 5,000명을 직접 고용합니다. 당시 선더랜드의 청년 실업률이 20%가량 되었고, 중장년층 실업률은 15% 정도였습니다. 선더랜드는 닛산이 직접 지역주민을 직원으로 고용한 지역이자 사회적기업이 활발하게 활동했던 곳입니다. 그런데 브렉시트 이탈표가 많이 나온 건 보수당 정권이 이후 빅 소사이어티 정책이 실행되었지만, 사실상 그 뿌리에 신자유주의가 바탕에 있었고 이를 경험한 사람들의 반증이 아닐까 싶어요.

브렉시트로 영국 상황은 어떻게 달라질까요?

결론부터 말하자면 브렉시트가 결정될 것 같아요.[12] 선더랜드 지역의 닛산 공장은 네덜란드로 이전할 예정이라고 합니다.[13] 그동안 자동차 공장이 영국에 좋은 일자리를 많이 만들었어요. 영국에는 일본 기업 닛산, 도요타, 혼다의 자동차 공장이 있는데, 브렉시트 사태로 이미 혼다는 영국에서 철수하겠다고 선언을 했습니다. 그러면 점점 더 실업자가 늘어날테고 다시 지역을 재생하는 건 쉽지 않을 겁니다.

선더랜드는 원래 석탄을 운반하는 항구로 발전했어요. 조선업이 발달한 지역으로 다른 지역에 비해 생활 수준이 상당히 높은 편이었지만, 지금은 쇠락한 공업도시 중 한 곳이 되었어요. EU에서는 기업에

12-영국은 2020년 1월 31일에 EU를 탈퇴하고, EU와 새로운 협정을 논의 중이다.
13-닛산은 브렉시트와 관련하여 선더랜드 공장의 설비 증설 등을 보류하고 임시직원과 계약 만료하는 등의 조치를 취했다. 하지만 2021년 7월, 닛산은 선더랜드에 약 10억 파운드를 투자하여 전기차 배터리 생산공장을 건설한다고 발표했다.

서 의무적으로 다양한 인종을 채용해야 한다고 권고하니, 선더랜드에도 여러 인종이 일부 거주하고 있지만 많은 이들이 이곳을 떠나고 있어요. 그러니 선더랜드 지역도 사실상 백인 중심의 지역으로 재편되고 있는 상황입니다. 지역 상황이 나빠질수록 EU를 이탈해야 한다는 생각을 강하게 가진 사람들이 지역의 구심점이 되더군요.

제가 이런 이야기를 꺼낸 이유는 영국은 협동조합운동의 발상지이지만 과거에는 식민지 지배에 앞장섰고, 향후 미국과 관계를 봤을 때 이 국가가 놓여 있는 상황이 복잡하기 때문입니다. 영국 협동조합 진영은 브렉시트에 반대하고 있습니다만, 브렉시트 반대 입장이 국민의 과반수 지지를 얻지 못하면 도대체 어떻게 될지 모르는 상황으로 치닫고 있어요.

협동조합과 문화

앞으로 영국이 어떤 결정을 하게 될지, 그리고 향후 방향과 영국 협동조합의 동향을 주의 깊게 살펴봐야겠습니다. 이 외에도 꾸준히 관심을 두고 있는 연구 주제는 무엇인가요?

요즘 '협동조합 문화'에 관심을 두고 있어요. 일상생활에서 '문화'라는 단어를 쉽게 쓰지만, 막상 "문화란 무엇인가?"라고 물으면 답하기가 쉽지 않습니다. 솔직히 말하면 저도 최근에 '협동조합의 문화'라는 주제로 원고 청탁을 받으면서 공부하기 시작했어요. 이와 관련해서 공부를 할수록 점점 더 문화를 무엇이라고 해야 할지 고민이 되더군요. 원고를 써야 하는데 참 곤란했어요. 때마침 영국 선더랜드 서점에서 구입해 놓고 그동안 한 번도 읽지 않았던 책이 생각났어요. 그 책을 읽으면서 일본인들이 쉽게 말하는 '문화'의 개념과 영국의 'Culture'라는 개념은 그 발상 자체가 다르다는 것을 알게 됐습니다.

책에서는 문화를 세 가지로 나눠서 설명하고 있어요. 첫째, 문화란 가장 신뢰할 수 있는 인간미 넘치는 풍요로운 것으로, 사람들의 복합적인 커뮤니케이션, 관계를 받아들일 수 있는 우리들의 반사적인 능력과 관련되어 인간에게만 있는 특수한 것이다. 둘째, 우리 안에 일정하게 제어된 발전과 변화를 가져오는 것이다. 셋째, 인간의 협동성이라는 것을 구별하고 식별하는 실재이기도 하다. 이렇게 세 가지인데요, 저는 이 문화에 관한 개념과 함께 〈아사히신문〉에 실린 '물의 문화사'란 글을 읽으면서 협동조합의 문화를 더 깊이 연구하게 됐습니다.

문화란 인간만이 만들어낼 수 있습니다. 왜냐하면 인간은 더 나은 상태로 나아가기 위해서 사람을 키우는 것이 가능하고, 또 이를 바라기 때문이죠. 이 과정에서 문화가 탄생합니다.

협동조합 문화를 형성하는 데 있어 우리에게 특히 필요한 자세는 무엇이라고 생각하나요?

야마가타현 생협연합회에서 '협동조합과 문화協同組合という文化'라는 주제로 강연2019년 9월을 하면서 문화뿐 아니라 공제共濟에 대해서도 강조했습니다. '공제'라는 용어는 중국 춘추전국시대부터 사용되었을 정도로 굉장히 오래된 역사를 갖고 있어요. 중국에서는 공제를 설명할 때 '상부상조相扶相助'라는 개념을 사용했고, 협동조합 내에서는 상부상조하는 '공제'를 만들기도 하잖아요. 영국 협동조합이 탄생하기 전에 'Friendly Society'가 있었는데요, 일본에서는 이를 우애조합友愛組合이라고 번역해서 사용했죠.

생활협동조합은 조합원과 거래하는 구조이니 조합원의 동의를 얻으면 뭐든지 할 수 있어요. 그것 또한 하나의 문화입니다. 문화는 커뮤니케이션을 통해서 서로 공감하는 것을 만들어내는 것입니다. 패전 직후 일본은 굉장히 힘든 상황이었어요. 모두가 '어떻게 생활해야 할까'라는 고민 속에서 '생활협동조합'이라는 용어가 탄생했듯이 살아가는

데 있어서 가장 기본은 일과 생활이라고 생각합니다. 일을 통한 소득, 동시에 생활을 어떻게 잘 살려나갈 것인가가 기본이라고 봅니다. 더불어 협동조합과 문화에 관한 연구를 이어 나가면서 협동조합이 사람을 키우는 문화가 될 수 있겠다는 생각을 합니다. 인간을 정신적, 물질적으로 풍요롭게 만들어서 더 나은 것으로 만드는 것이 문화이기 때문이죠.

우리는 어떻게 해야 더 나은 상태로 나아갈 수 있을까요? 저는 커뮤니케이션이 중요하다고 생각합니다. 서로 다른 의견이 있지만, 그럼에도 조금씩 접점을 만들어가는 노력을 끊임없이 반복하는 게 중요해요. 앞서 언급한 사회학 책에서는 '개인 한 사람, 한 사람이 유용한 인간으로 성장해가는 데 있어서 하나의 매체가 되는 것이 문화다'라고 말합니다. 저는 이를 커뮤니케이션으로 이해했어요. 커뮤니케이션에서 가장 중요한 것은 자기 생각을 분명하게 주장하는 것입니다.

'참가의 윤리'라는 표현이 있어요. 자기 생각을 확실하게 주장할 수 있도록 항상 준비하는 것을 의미해요. 예를 들어, 상사와 대화할 때 상사의 의견에 동의하면 맞다고 호응하고, 동의하지 않을 경우 '이러이러한 부분은 저와 생각이 다릅니다'라고 말하는 거죠. 생각의 어떤 지점은 다르지만, 또 어떤 점에서는 동의하고 협의할 수 있는 여지를 두어야 해요. 이런 과정을 끊임없이 반복하면서 인간은 '문화'를 만들어냅니다.

협동조합의 본질은 무엇인가

이번엔 제가 역으로 여러분께 한 가지 질문을 하겠습니다. 여러분은 '사회'를 무엇이라고 생각하나요? '사회'라는 것도 제가 오랫동안 관심을 가진 주제입니다. 영국 마거릿 대처 총리는 "사회라는 건 없습니다. 존재하는 건 개인과 가족 뿐입니다"There is no such thing as society: there are individual men and women, and there are families."라고 언급했어요. 그는 신자유주의의 의미를 있는 그대로 말했죠. 당시 많은 사람이 그 발언에 놀랐습니다. 사회란 사람과 사람 사이의 관계라고 설명할 수 있습니다만 굉장히 추상적인 개념이기 때문입니다. 예를 들어, 우리는 국제사회를 본 적은 없지만, 국제사회를 말하고 있고 또 알고 있습니다.

사회를 이야기할 때 예전에는 'Social'을 언급했는데, 이제는 'Society'를 이야기합니다. 과거에 Society는 서클^{Circle}이나 동아리^{club}를 표현할 때 사용했는데, 이제는 더 커져서 사회 전체를 지칭하는 용어가 됐어요. 보통 Society를 '큰 사회'라고 이해하지만, 이 단어의 발전 과정을 보면 Society는 Association과 동일어로 사용됐다는 것을 알 수 있습니다. 그런데 이제 Society는 사회 전체를 통칭하는 용어가 됐죠.

대처 수상이 사회란 없다고 말한 건 국민이 실업이나 사회적 배제에 부딪혔을 때, '그것은 개인의 문제로 이를 구제하는 사회란 없다'는 의미를 담고 있어요. 하지만 인간의 역사를 돌아보면, 아니, 우리 자신의 삶을 돌이켜 봐도 나 혼자의 힘으로 할 수 있는 것은 아무것도 없음을 누구나 쉽게 알 수 있습니다. 이러한 것들이 모두 사회의 모습입니다. 인간은 서로 협력, 협동하는 행동을 무의식적으로 하고 있어요. 그리고 훨씬 더 의식적으로 상호부조를 해왔습니다.

생각해보면 지금까지 제 연구의 주된 고민은 '사회는 무엇인가', '사회적인 관계는 어떻게 형성되는 것인가', '협동조합의 본질은 무엇인가'였어요. 그렇게 연구를 이어가는 과정에서 최종적으로 도달한 질문은 '시민이란 무엇인가'라는 것입니다.

시민은 영어의 'Citizen'에서 온 단어인데, Citizenship이라는 용어를 저는 '시민으로서 살아가고 노동하는 것'으로 이해합니다. 시티즌십을 시민으로서 존재하는 것, 시민으로서 살아가고 노동하는 것이라고 본다면 시민의 존재를 의식하는 사람들이 많은 나라와 전혀 의식하지 않는 나라로 구분해볼 수 있어요. 일본은 후자가 아닐까 생각합니다.

얼마 전, 일본 축구대표 감독이었던 오카다 씨가 한 말[14]이 인상적이었어요. 그는 일본 축구선수들이 시합 중에 스스로 판단해서 행동하지 않는 이유를 "일본은 시민혁명을 경험하지 못했기 때문"이라고 지적했어요. 깜짝 놀랐습니다. 굉장히 적절한 표현이었기 때문이죠. 과거 제국주의 시대에 일본 군인은 자기 스스로 판단하는 것이 아니라 상부의 명령과 지시에 따라 움직였습니다. 그래서 아무렇지 않게 사람을 죽일 수 있었죠.

제국주의 그리고 군국주의의 잔재를 없애기에는 꽤 많은 시간과 노력이 필요하다고 보는데요, 선생님의 일본 사회에 대한 비판적인 관점을 조금 더 자세히 듣고 싶습니다.

일본인이 "나도 시민"이라고 말하는 경우, 이를 억지로 영어로 만들어 보면 '개인을 위한, 개별적인^{Private} 시민'으로 해석할 수 있습니다. 즉, 일본에서는 시민의 개념을 개별적인 존재라는 의미로 받아들인다는 겁니다. 보통 "나는 시민이다"라고 말할 때, 그 앞에 "나도 당신과 같은 시민으로서"라는 의미가 담겨 있습니다. 시민이라는 개념은 사회적인 것을 전제로 하고 있기 때문이죠. 그래서 어떤 사건에 대한 의견을 낼 때 "나는 같은 시민으로서 이를 용납할 수 없다"라고 해야 합니다. 영어에서는 그 개념을 'a citizen', 'as the same citizen' 등으로 표현해요. 일본어에서는 '나는 한 시민으로서', '한 개인의 시민으로서'라고 표현합니다. 저는 이 표현은 사실상 '나는 관계없다, 상관없다'라는 의미를 담고 있다고 봅니다. 예를 들면 '나는 사실 상관없지만 저 사람은 나쁜 행동을 하고 있다'라는 전제가 기본이라는 것이죠.

그래서 저는 앞서 언급한 오카다 감독의 지적에 동의합니다. 일본에서는 많은 사람이 사회의 여러 문제를 스스로 생각하지 않고, 윗사람

14-관련 인터뷰 기사는 "'자립'없는 나라의 올림픽"이라는 제목으로 〈아사히신문〉(2019.11.22.)에 보도되었다. 이후 나카가와 선생님은 관련 내용을 「스포츠와 민주주의-스포츠와 자립의 사회의식」(생명과생활종합연구소, 2020.2.29.)으로 정리하여 발표하였다.

의 이야기를 무비판적으로 받아들이는 경우가 많아요. 그리고 윗사람 말대로 행동하죠. 저는 이처럼 다른 사람의 이야기를 무비판적으로 수용하고, 또 일체 자신의 생각이 없이 다른 누군가에게 전달하는 것이 가장 민주주의적이지 않은 행동이라고 생각합니다. 이와 반대되는 말이 '시티즌십'이겠죠. 시티즌십은 스스로 생각해서 서로의 관계를 만들어가는 '참가의 윤리'라고 할 수 있어요.

스스로 생각하고 서로의 관계를 만들어가는 참가의 윤리라는 시티즌십 정의가 흥미롭네요. 하지만 이를 삶의 현장, 일하는 곳에서 실천하기는 쉽지 않다는 생각도 합니다.

그렇죠. 여러분은 공공公共이 무엇을 의미한다고 생각하나요? 이 질문에 대한 답도 쉽지 않죠. 일본에서 '공공'이라는 표현을 쓸 때 공공에 '나'를 포함하지 않아요. '공공'은 여기 있고, '나'는 저기 멀리 있는 것으로 받아들입니다.

우리는 공공을 말할 때, 흔히 공과 사私를 구분한다고 하지만 실제로는 그렇지 않습니다. 맥주를 마시는 펍Pub은 원래 퍼블릭 하우스Public House였어요. 영국에서 퍼블릭 하우스는 모든 계층의 사람들이 이용하는데 노동자들은 왼쪽 문으로, 돈 있는 자산가들은 주로 오른쪽 문으로 들어갑니다. 그렇게 서로 다른 문으로 들어가지만 펍 안에서는 함께해요. 공공의 의미는 퍼블릭 하우스에서 노동자는 왼쪽으로 들어가고, 부자는 오른쪽으로 들어가지만, 안에서는 모두 함께 하는 것처럼 '대중大衆·민중民衆'이라는 의미를 담고 있습니다.

'퍼블릭'이 공적인 내용을 포함하는 용어로 변용되는 과정은 시민의 권리 실현 문제와 연결됩니다. 현대 시민은 교육의 권리를 갖고 있어요. 그 권리는 어디에서 실현될까요? 바로 학교죠. 국공립이든 사립학교든 학생은 학교에서 교육을 받을 권리를 갖고 있습니다. 우리가 아플 때는 어디에서 치료를 받아야 합니까? 병원이죠. 마찬가지로 병원도 국공립이든 사립이든 비용을 지불하면 누구나 평등하게 치료받을 권리가 있습니다. 이처럼 공공은 시민의 권리를 실현하는 것을 의미합니다.

더 나아가 우리의 생활을 더욱 풍요롭게 만드는 경제 또는 더 나은 인간관계를 만드는 제도는 어디에서 실현할 수 있을까요? 바로 의회입니다. 의회는 공공의 장입니다. 그래서 우리는 국회에서 일하는 국회의원들에게 무언가를 호소하고 또 문제를 제기할 수 있어요. 한편, 정부가 해야 할 것을 하지 않거나 잘못을 했다면 우리는 재판을 통해 문제 해결을 시도할 수 있습니다.

그런데 우리 생활을 더욱 풍요롭게 하는 사회서비스를 꼭 국가기관에서만 제공할 수 있을까요? 협동조합에서 제공할 수도 있다고 거꾸로 주장할 필요도 있습니다. 필요한 사회서비스가 있다면, 이를 의회에서 실현 가능한 제도를 만들도록 주장하거나 혹은 직접 필요한 서비스를 만드는 데 참여하는 것이 공공이라고 생각합니다. 한 마디로 시민의 권리를 실현하는 곳, 그러한 장을 '공공'이라고 부를 수 있어요. 그렇기 때문에 우리는 '공공의 인간'입니다.

참여의 윤리

공공과 협동조합의 연결지점은 무궁무진할 것 같습니다.

공공을 이야기할 때 '나'를 포함해서 생각해야 할 텐데요, 은연중에 나를 제외한 사람들의 책임과 의무만을 기대할 때가 있습니다. 협동조합도 비슷하다고 생각합니다. 나와 너의 참여가 중요한데 '나의 권리'만 찾을 때가 있어요.

시티즌십은 사람과 사람 사이의 보다 나은 관계를 만들어가는 것입니다. 일본에서는 사회적 자본을 '인간관계자본'이라고 번역합니다. 이렇게 번역하는 이유 중 하나는 사회적 자본은 사람과 사람과의 관계를 풍요롭게 만드는 요소가 많고 적은가와 관련되기 때문입니다. 사회적 자본이 풍요로운 사회는 우리의 권리가 충분히 실현되는 사회라고 할 수 있어요. 사회적 자본을 최초로 연구한 로버트 퍼트넘Robert David Putnam, 1941~은 "물질적으로 경제성장이 잘 되고 풍요로웠기 때문에 민주주의가 발전한 것이 아니라, 거꾸로 민주주의가 풍요롭게 발달되었기 때문에 경제성장을 이끌었다"라고 했죠.

우리 모두는 건강하게 오래 살고 싶다는 욕구와 희망을 갖고 있어요. 이것이 실현될 권리를 실행하는 곳이 학교나 병원 등입니다. 마찬가지로 돌봄의 경우도 이와 관련된 사회서비스를 제공하기 위한 정부의 자본 마련이 필요합니다. 그런데 우리에게는 생활 커뮤니티가 있어요. 그 커뮤니티 안에서 돌봄을 받고 싶다는 사람들이 서유럽에는 굉장히 많습니다. 내가 자라고, 성장하고 생활해 온 커뮤니티에서 마지막 삶까지도 친근한 이웃과 함께하고 싶어 하는 사람이 많아요. 대처가 사회란 없다고 말하며 개인의 책임이니 알아서 하라고 했지만 협동조합운동은 지역의 당사자로서 지역사회의 문제, 주민들의 문제를 우리가 스스로 해결하겠으니 그 비용을 정부에서 확실하게 보장하라고 주장할 수 있어야 합니다.

협동조합은 자신의 생활을 살피면서 다른 사람과의 관계를 포함하여 더 나은 삶은 무엇인지, 더 나은 사회란 무엇인가를 끊임없이 생각하고 토론하며 만들어가는 것입니다. 이를 가능하게 하려면 관계에 위아래가 있어서는 안 됩니다. 왜냐하면 위아래 관계가 고착되면 위에서 결정한 것을 그대로 전달하고 행동하는 방식에 따르기 때문이죠. 예컨대 오키나와 헤노코 연안에는 어장이 있는데, 이 어장 관리를 수산업협동조합에서 하고 있어요. 그런데 정부에서 그 지역에 미군 기지를 만들겠다는 계획을 세웠죠. 정부 정책이니 따를 수 있겠지만, 미군 기지 건설로 인해 예상되는 커뮤니티의 문제가 분명하자 오키나와의 수산업협동조합은 계속 미군 기지 건설에 반대했어요.[15]

이처럼 끊임없이 소통해서 문제를 해결하기에 가장 유용한 수단이 협동조합이라고 생각합니다. 하버마스Jürgen Habermas는 의사소통을 '사회적 행위의 한 형태'라고 언급합니다. 사회적 행위는 언어를 기반으로 하고 있기 때문에 사회는 언어로 형성되고 이를 지원하는 실체라고 했어요. 그는 커뮤니케이션을 개방되어 있는 동시에 모든 사회적 행위의 기초이며 커뮤니케이션은 폐쇄와 지배에 저항한다고 보고 있어요. 즉 커뮤니케이션을 하는 커뮤니티가 강조됩니다. 이는 커뮤니티가 건강하다는 논리를 담고 있습니다. 협동조합에도 이러한 논리가 작동하는, 그것이 협동조합이 갖고 있는 본질 중 굉장히 중요한 요소라고 생각합니다. 이때 커뮤니케이션을 마치 상대방이 알아듣거나 설득될 때까지 일방적으로 이야기를 전달하는 것이라고 착각하면 안 됩니다. 별도로 많은 생각해야 할 문제입니다.

커뮤니티 속 협동조합의 역할과 가능성을 상상해봅니다. 동시에 앞으로 우리가 만들어 가야 할 협동조합, 넓게는 사회는 어떤 모습이어야 할지에 대해서도 생각해보게 되네요. 마지막으로 협동조합운동을 실천하는 사람들에게 한 말씀 부탁드립니다.

마지막으로 전달하고 싶은 이야기가 있어요. 우리는 흔히 협동조합을 노동자와 소비자 즉 당사자 운동이라고 생각하지만, 그에 못지않게 당대의 지식인, 예술가 등 많은 이들이 협동조합운동의 발전에 기여했습니다. 예를 들어 노엘 바이런Anne Isabella Noel Byron, 1792~1860이라는 분이 있어요. 그리스 독립운동을 위해 싸운 낭만파 시인이자 열혈 시인이었던 바이런George Gordon Byron, 1788~1824 시인의 부인이 당시 협동조합인들을 굉장히 많이 돕고 협동조합운동에 많이 기여했었는데 우리는 이런 부분을 잘 알지 못합니다.[16]

15-"단 1초라도 기지 건설 늦출 수 있다면 의미 있는 활동", 오마이뉴스(2020.3.11.).
16-노엘 바이런의 활동에 대해서는 나카가와 유이치로, 2001, 「レディ・バイロンと協同組合人」, 『協同の発見』109号 참고.

역사적인 사실을 확인하고 또 기억해야 합니다. 시간이 지나면 주연만 남고 조연들은 모두 사라지는 역사는 올바른 역사가 아니기 때문이죠. 여러분들의 역할이기도 합니다.

한국에서 협동조합이라고 하면 보통 어디를 떠올릴까? 협동조합 기본법 이후, 협동조합 설립이 증가하여 다양한 협동조합이 생겨나고 있지만 보통 생협을 많이 떠올릴 것이다. 생협을 잘 모르는 사람들은 '그곳은 값비싼 유기농을 파는 곳 아닌가요?' 혹은 '보통 일하는 사람의 수입으로는 이용하기 힘든 곳이죠' 등의 말을 덧붙이기도 한다. 생협은 언제부터 유기농매장, 중산층 이상만 접근할 수 있는 문턱 높은 곳으로 인식되었을까.

생협을 풀어서 쓰면 생활협동조합이다. 생활을 협동하는 사람들의 모임이 곧 생협인 것이다. 그런데 우리가 주변에서 접할 수 있는 생협은 어떤 모습인가. 생활협동조합은 생활에 필요한 무엇이든 함께 해결할 수 있는 공간이어야 하지만 먹거리에 국한되어 있는 건 아닐까. 한국의 생협은 협동조합이 취할 수 있는 다양한 가능성을 제한하고 있는 건 아닐까.

이유를 알 수 없는 답답함을 해소하기 위해 김형미 교수를 만났다. 그는 한국과 일본, 두 나라를 오고 가며 생협 활동가, 실무자, 협동조합 연구자 등 다양한 경험을 했다. 그를 통해 한국 생협의 특징과 앞으로 나아갈 길에 대해서 이야기를 나눴다.

지금 한국 생협에 필요한 한 가지, '다양성'

김형미
상지대 사회적경제학과 부교수

상지대 평생교육융합대학 사회적경제학과 부교수. 1997년 부천생협^{현 부천아이쿱생협} 조합원 활동을 시작으로 일본 니가타소고생협, 팔시스템 생협 실무자, 아이쿱협동조합연구소 소장으로 현장과 연구를 종횡무진했다. 현장 활동가와 연구자들과 함께 『한국 협동조합운동 100년사』(2019), 『협동조합 키워드 작은사전』(2014), 『한국 생활협동조합운동의 기원과 전개』(2012) 등을 집필했으며, A Global History of Consumer Cooperation since 1850(2017)에서 한국 생협 역사를 대표집필했다. 일본 메이지대학 정치경제학부에서 「한국생활협동조합운동론 - 경제 속에서의 윤리적 가치와 협동조합」으로 박사논문을 썼다. 이처럼 그의 연구는 협동조합의 역사와 사상, 그리고 조직 운영 등 현장 연구까지 넓게 구축되어 있다.

"협동의 반대 개념은
경쟁이 아닙니다.
협동의 반대는 고립 또는
나홀로라고 생각합니다"

선생님께서 협동조합운동에 참여하기 전, 노동운동 현장에 있었다는 이야기를 들었습니다. 선생님은 스무 살, 즉 20대를 어떻게 보내셨나요?

저는 제주도에서 고등학교까지 다니고 대학 진학을 위해 서울에 왔어요. 1980년 광주민주항쟁 직후 대학에 들어간 거죠. 경찰이 평상복을 입고 대학에 배치되어 있던 엄혹한 시절이었어요. 대학에서 만나는 사람이 선배인지, 형사인지 모르던 음침한 분위기가 있었죠. 대학에 입학한 그해 3월, 부산 미국문화원 방화사건[1]은 저에게 굉장히 큰 충격을 주었습니다.

이런 혼란스러운 시기를 보내다가 1984년에 대학 민주화를 맞이했어요. 학생들이 학생회를 선출할 수 있게 되었고, 결사의 자유가 대학에 주어지게 되던 변화의 시기였죠. 그전까지는 학생운동이라고 하면 언더서클을 중심으로 활동했거든요. 또 서울역 앞에서 회군하고 결국 광주가 진압당하면서 처절하게 깨졌기 때문에 80년대 학번들은 70년대 학번들과는 달라야 한다, 극복해야 한다는 부담감이 컸어요. 그래

1-1982년 3월 18일 부산 지역의 대학생들이 광주민주화운동 유혈 진압 및 독재정권 비호에 대한 미국 측의 책임을 묻기 위해 부산미국문화원에 방화한 사건이다.

서 80~84학번 세대 중에는 안팎의 기대와 달리 사법고시, 교사임용, 공무원 등을 하지 않고 뿔뿔이 사회운동 현장으로 들어간 사람들이 꽤 많았어요.

저는 이러한 시대를 겪었으면서도 개인적으로 마음속에는 늘 무교회 신앙을 갖고 있었어요. 함석헌, 안병욱 선생님, 김경재 목사님의 책을 통해 그 시대를 살아간다는 것에 일종의 구원을 받았다고 할까요. 졸업할 때쯤 무교회 신앙을 가진 사람 중 일부가 YMCA나 시민운동 영역으로 적극적으로 나가기도 했죠. 저뿐 아니라 많은 친구들이 농민운동, 노동운동 등으로 들어가던 시대였어요.

그때는 대학생들이 운동하는 현장에 가지 않으면 안 될 것 같은 분위기가 있었어요. 저 역시 대학 졸업 후 공장에 위장 취업을 했지만, 사실 그때 너무 두려웠습니다. 1987년 7월 26일, 대우조선에서 가장 먼저 민주노조가 결성된 후, 제가 일하고 있었던 사업장에서 여성사업장 최초로 민주노조를 만들었어요. 그때 그 사업장에 활동가들이 참 많았는데, 현재도 정당, 노동조합 등에서 중요한 역할을 하고 있답니다.

노동운동에서 협동조합운동으로

이른바 '학출'이셨군요. 노동조합을 만들 때 선생님께서는 어떤 역할을 맡았나요?

저는 완전히 피라미였어요. 첫 사업장인 전자공장에서는 납땜하는 일만 담당했죠. 그 공장에서 일하면서 기숙사 생활을 했어요. 그러면서 친구들도 사귀고 그들과 정말 친하게 지내면서 노동조합을 함께 했었죠. 노동조합을 만드는 과정에서 쫓겨나기도 하고 민주노조도 완전히 박살났어요. 그때 제가 자신들보다 나이도 많고, 실제 이름도 다르다는 것을 알고는 인간적으로 배신감을 많이 느꼈더라구요. 이 경험을 통해 위장 취업을 하는 건 '절대 아니다'라고 생각해서, 다른 사업장에 취업할 때는 주민등록증을 제출하고 나이가 왜 이렇게 많냐는 질문을 들으면 제주도에서 일하려고 올라왔다고만 대답했어요.

두 번째 사업장에서도 노동조합이 만들어졌습니다. 회사에서는 어떻게든지 그 노조를 깨려고 했고, 그 과정에서 저도 같이 해고당했어요. 노조를 반대하던 쪽에서는 사업장에 있던 학생운동 출신 세 명을 도려내면 노조가 와해될 것으로 생각했죠. 그래서 주도자들이 아침에 끌려 나가고 구속당하는 일이 일어났어요.

그 일을 겪고 나서 시간이 흘러 결혼을 하고, 인천기독교도시산업선교회에서 일을 시작했어요. 일꾼노동문제연구소에서 '노동자들이 역사를 알아야 똑같은 역사를 반복하지 않는다'라는 취지에서 진행된 교육사업에 참여한 거죠. 사실 일꾼노동문제연구소에서 여러 사업을 했지만 급여가 많았던 것은 아니니, 생활하기에는 열악한 상황이긴 했어요. 첫째 아이를 낳고 일을 계속 했지만, 둘째가 태어나니 더 이상 그 일을 계속할 수 없더라구요. 아이가 둘이니 육아에만 시간을 온전히 써야 하는 상황이었거든요. 그래도 아이를 키우며 어린이 글쓰기 교사, 선거방송 모니터링 등 여러 가지 일을 틈틈이 하면서 생활을 이어갔어요.

저희가 직간접적으로 접하는 선생님은 현장을 잘 아는 연구자라는 이미지가 강해서 '워킹맘, 경단녀경력 단절 여성을 줄여 이르는 말**'라는 단어를 떠올린 적이 거의 없었네요. 당시에는 아이 둘을 키우기 위해 일을 그만두는 상황이 당연했을지 몰라도 하루 종일 아이를 돌보는 시간은 많이 힘들었을 것 같아요.**

둘째를 낳은 후 육아를 도와줄 사람이 주변에 없어 고립되는 시간이 계속되면서 굉장히 힘들었어요. 그때 노동운동을 같이했던 친구가 부천 역곡으로 이사를 갔는데, 생활협동조합이라는 곳도 있고, 근처에 유치원도 좋다며 이사를 고민해보라고 연락이 왔어요. 그 친구가 "같이 이웃하며 서로 도우면 어떻게든 생활할 수 있지 않겠냐"라고 말을 건넸거든요. 당장 부천으로 이사를 했죠. 그때 부천생협^{현 부천아이쿱생협} 조합원으로 가입하고 활동을 시작하게 된 거죠. 부천생협이 초기였던 1996년에 조합원이 되어 아이들과 비슷한 또래를 키우는 조합원 모임에서 아이를 함께 키우고, 학원을 보내지 않고 바깥 놀이를 다같이 다녔어요. 조합원들이 가까이 사는 이웃이었기 때문에 서로 돌봄하는 상부상조도 많이 했답니다.

IMF가 터지면서 남편이 일하던 직장이 문을 닫았고, 궁리 끝에 먹고 살기 위해서 갑자기 일본으로 건너가기로 결정했어요. 당시 부천생협을 담당하던 신성식 사무국장^{전 아이쿱 경영대표}가 제가 일본어도 하나도 못 하는데 어떻게 해야 하나 걱정하고 있으니, 일단 걱정 말고 가라고 권하는 거예요. 그러면서 일본으로 가면 어떻게든 노력해서 일본 생협에서 연수를 받게 해주겠다는 믿기지 않는 약속을 했어요. 일본으로 건너간 지 1년이 지난 어느 날, 일본 생협에서 연수를 받을 기회가 마련되었다는 연락이 왔어요. '그 말이 진짜였구나!' 싶어 깜짝 놀랐죠.

이후 니가타소고생협, 도쿄에 있는 팔시스템연합회에서 일을 했습니다. 제가 일본 생협에서 일하면서 겪은 일을 아이쿱에 글로 전하는 역할을 맡다가, 2005년부터 아이쿱의 국제 교류와 관련된 일을 담당하게 되었어요. 그런데 2006년에 아이쿱에서 또 다른 제안을 하는 겁니다. "남들은 일부러 해외 유학도 가는데, 당신은 일본에 있으니 대학원에 진학해서 공부하고 돌아와서 아이쿱에서 일하는 건 어떤가, 장학금을 지급하겠다"라는 내용이었어요. 저에게 앞으로 어떤 일이 일어날지 몰라서 고민했지만, 남편과 아이들 모두 저의 새로운 시작을 응원해줬기에 '일단 해보는 거야!'라며 대학원을 진학하게 되었습니다.

아이쿱에서 적극적으로 지원하는 모습이 인상적이네요. 일본은 지도교수와의 관계가 중요한 것으로 알고 있습니다. 대학원 진학 시 많은 고민이 있었을 것 같은데요.

대학원 상담을 위해 마루야마 시게키[2] 선생님을 찾아뵈었어요. 마루야마 선생님은 한국과 일본 생협 교류 역사를 살펴볼 때 꼭 등장하는 분입니다. 선생님께서는 한국 신협, 한살림 초기 리더들과 지속적으로 교류하셨어요. 일본생활클럽생협연합회 국제부장으로 활동하면서 1996~1998년에 한국으로 건너와 대학에서 한국어 연수를 받고 성공회대학교에서 강의도 하셨어요. 일본에 워커즈콜렉티브를 처음 소개한 분이기도 합니다.

그 마루야마 선생님께서 협동조합론 연구자로 두 분의 선생님을 추천해주셨어요. 도쿄대학교 농업대학의 시라이시 선생님과 메이지대학교 정치경제학연구과의 나카가와 유이치로 선생님입니다. 마루야마 선생님께서 두 분의 연구를 비교하시더니 한국사를 전공한 저에게 경제사상이 더 맞지 않겠냐는 말씀을 하셨어요. 나카가와 선생님께서 영국 협동조합운동부터 기독교 사회주의의 협동조합 역사·사상을 오랫동안 연구하셨거든요. 제가 농업 관련 협동조합에 대한 관심과 지식이 얕은 상태였고, 또 어린 시절 경험 때문에 농촌은 자신이 없었어요. 제 생각을 이야기하자 곧장 나카가와 선생님을 소개시켜 주셨지요.

제가 진학을 준비한 전공은 정치경제학연구학과였어요. 역사학 학부 졸업생이다 보니 통계, 수학, 데이터 분석 등에 자신이 없었어요. 그럼에도 '경제학이 그것만 있는 건 아니잖아?!'라고 생각하면서 경제학 전공으로 협동조합을 다루면 조금 다른 시각으로 경제학을 살펴볼 수 있지 않을까 하는 자신감도 가졌습니다. 그런데 막상 대학원에 진학해보니 모르는 것 투성이고, 자괴감이 들 때도 많았어요. 아이들이 학교

---

[2] 마루야마 시게키(丸山茂樹)는 일본생활클럽생협연합회에서 활동했다. 미국 연수 중 워커즈콜렉티브를 접한 후 일본으로 돌아와 이를 소개했다. 퇴임 후 한국으로 건너와 한국어를 배우며 한국농어촌사회연구소, 성공회대 등에서 객원연구원 및 강사로 활동했다.

에 가면 살림을 해두고 자전거를 타고 구립도서관에 가서 책을 쌓아두고 공부했어요. 거의 매일 도서관에서 공부했는데요, 그 도서관이 저에게는 참 소중한 공간이었습니다.

일본에서 경험한 협동조합으로 시야가 트이다

일본 생협에서 일하고, 또 공부하면서 발견한 한국과 일본 협동조합의 차이는 무엇인가요?

한국에서 생활협동조합은 친환경 유기농업을 해야 한다는 생각이 강하죠. 그런데 제가 일본에서 경험한 생협은 조금 달랐습니다. 일본으로 건너가 처음 정착한 곳이 니카타^{新潟県}라는 지역입니다. 니가타 시에는 전국노동자공제생활협동조합^{全勞災}이라는 공제사업이 기본인 생협이 있는데요, 그 공제사업을 이용하는 조합원이 무려 40만 명이었어요. 당시 현^県 인구가 약 250만 명인 것을 감안하면 적지 않은 규모죠. 니가타생협에서 구매사업을 이용하는 조합원은 7만 명 정도였다는 것과 비교하면 공제사업을 이용하는 조합원의 수가 훨씬 많은 것을 알 수 있습니다.

  일본에서 생활을 시작한 후 니가타생협을 방문했을 때, 물품을 보고 깜짝 놀랐어요. 한국 생활협동조합에서는 대부분 친환경 유기농 물품만 있는데 니가타생협은 친환경 유기농 물품은 일부에 불과했어요. 생협에 비치된 카탈로그를 보고도 깜짝 놀랐어요. '어머, 생협이 왜 이래?'라는 것이 제가 니카타생협을 방문하고 느낀 첫인상이었죠.

  당시 제가 방문한 생협 매장의 규모가 약 400평이었어요. 쭉 둘러보니 CO·OP 마크가 찍혀 있는 물품이 대부분이더군요. 일본 생협에서 CO·OP이 무엇을 의미하는 것인지 궁금했어요. 그리고 생협 조합원들이 슈퍼가 아니라 왜 여기에 가입해서 물품을 구입하는지 질문이 이어졌죠. 그 답을 어떻게 찾을 수 있을까 고민하다가 직원에게 "왜 친환경 유기농 물품이 아닌 물품을 취급하나요?"라고 물어봤습니다. 아마 그 직원은 제 질문이 황당했을 겁니다.

그때 생협 직원은 이렇게 답했어요. "조합원들은 유기농 물품만으로 생활하지 않습니다. 저희가 갖춘 물품은 조합원의 요구를 반영한 결과입니다. 조합원의 생활 속에 생협이 있는데, 생협 매장에서 조합원 생활에 필요한 물품을 취급하지 않으면 조합원은 어디서 구매해야 할까요? 조합원이 이왕 살 물품, 조합원의 매장인 생협에서 사는 게 낫지 않나요?"라고 오히려 제 질문에 반문하더군요. 이어서 제게 또 질문을 던졌어요. "친환경 유기농 물품으로만 살아갈 수 있는 사람이 얼마나 될까요? 선생님은 소득이 얼마나 되나요?" 그 대목에서 저는 말문이 막혔어요.

직원은 이야기를 계속 이어갔습니다. 생협을 이용하는 조합원 대부분은 '평범한 노동자'로 "생협은 조합원들의 생활 방위"라고 표현하더군요. 제가 일본에 건너갔을 때는 일본의 거품경제가 꺼진 뒤로, '잃어버린 20년'이라고 부르던 시기였습니다. 당시 일본은 마이너스 성장, 저성장이 이어지고 있어서 일하는 사람의 급여가 오르지 않는 상황이었어요. 또한 수입산과 비교해 국산이 가격경쟁력을 갖추기도 어려웠구요. 그 생협 직원은 이러한 배경에서 생협이 친환경 유기농 PB상품^{자체상품}만 고집한다면 생협을 이용할 수 있는 사람은 어떤 층이냐는 질문을 제게 한 거죠. 생협에서 조합원들을 위해 생활필수품을 거품을 뺀 적절한 가격으로 제공하는 것이 무엇이 문제냐는 겁니다. 이 부분에서 저는 또 말문이 막혔습니다.

저는 '식품안전'을 언급했어요. 그랬더니 그 직원은 "1980년대 일본 생협은 식품안전 문제를 적극적으로 이야기하고 또 변화를 만들어갔습니다. 그 결과 현재 일본의 식품안전 기준은 굉장히 높아졌습니다. 예를 들어 생협만 생산지와 직거래를 강조하는 것이 아니라, 일반 슈퍼마켓에서도 직거래가 하나의 표준이 되었습니다"라고 대답했어요.

다 맞는 말이었습니다. 일본의 여느 슈퍼에서나 얼굴이 보이는 관계, 지산지소地産地消3와 같이 1차 생산자를 강조하는 모습을 쉽게 볼 수 있거든요. 그 직원은 "일본 생협은 변화를 만들어 왔습니다만 한 측면만 고려해 일방적으로 결정할 수 없는 문제가 많습니다"라는 말과 함께 "선생님처럼 생각하면 절대 생협 조합원은 늘지 않습니다"라고 덧붙이더군요.

니가타생협 직원과 우연히 나눈 대화였는데, 그 과정에서 제 시야가 넓어졌어요. 더 나아가 A생협의 필요와 욕구, 그 운동이 추구하고 실현하고자 하는 바와 B생협을 비교하며 어느 쪽이 더 우월하고 바른지를 이야기할 필요가 있는지 생각하게 되었습니다. 각 협동조합이 갖고 있는 특징을 존중하고, 어느 한 협동조합이 우월하기에 그 기준에 맞춰야 한다는 생각과 비교를 멈춰야 한다는 것을 깨달은 거죠.

한국에서는 모범사례를 좋아해서 그런 걸까요. 어느 협동조합 혹은 기준을 가치 중심적으로 구분 짓는 경향이 강한 것 같습니다.

그 이후 니카타에서 도쿄로 거주지를 옮겼어요. 도쿄는 생협 간 경합이 치열하더군요. 사이타마, 치바, 도쿄의 생협 세 곳이 합병한 코프미라이コープみらい는 조합원이 350만 명 이상일 정도로 큰 규모의 생협입니다. 코프미라이를 필두로 팔시스템생협, 생활클럽생협, 도토생협의 순으로 규모화 되어 있었어요. 이렇게 규모화 된 네 곳의 생협이 도쿄에서 경쟁 중이었습니다. 각 생협들은 그 성격과 사업 방향에 있어서 차이가 있어요. 생활클럽생협과 도토생협은 물품의 프리미엄을 강조하고 사회 문제에 관한 자기주장이 확실합니다. 코프미라이는 유럽의 미그로Migros나 코업 스위스, 코업 이탈리아, 코퍼라티브 그룹co-operative group 등과 비슷하죠.

3-지역에서 생산한 농산물을 지역에서 소비하는 활동을 뜻한다.

도쿄 코프미라이 매장

　제가 2003년부터 2006년까지 팔시스템에서 근무하며 관찰하니 팔시스템은 사업의 지속가능성 확보를 위해 설정한 소득 세대, 즉 타깃층이 정해져 있더군요. 제가 일하던 시기의 타깃층은 '40대 초반, 4인 가구, 연봉 700만 엔'이었습니다. 팔시스템의 물품 기준은 상대적으로 높은 연봉에 아이 두 명을 키우는 4인 가구에 맞춰져 있는 거죠. 당시 제 남편의 소득이 월 38만 엔이었는데, 팔시스템에서 일하면서 깜짝 놀랐어요. 팔시스템의 타깃은 꽤 높은 소득층이니까요. 도쿄에서는 가능한 일이긴 합니다. 도쿄는 100만 세대 이상이 그 정도 소득 수준을 갖고 있거든요. 이 소득층에서 팔시스템이나 생활클럽생협, 도토생협을 통해 책임 있는 소비, 또는 윤리적 소비를 하고 있습니다.
　이 방향에 따라서 또 그에 맞는 경영 방식을 가져가는 것은 그것대로 의미가 있다고 생각해요. 그런데 퇴직한 연금세대나 연봉이 250~400만 엔, 혹은 그 이하의 소득인 사람들에게 팔시스템, 생활클럽생협의 물품 가격은 부담스럽죠. 또 점점 맞벌이가 확대되고, 전업주부도 파트타임으로 일하는 비율이 높아지면서 기존에 전업주부 중심으로 편성된 생협 활동도 이러한 변화를 비껴갈 수는 없을 거라고 봅니다.

한국 생협의 독특한 구조와 위치

한국 생협에서도 전업주부 중심의 활동이 지속가능하지 않다는 우려를 하고 있어요. 생협이 주부의 활동으로 이어지는 건 생협의 강점이기도 하지만, 또 다른 세대나 그룹이 진입하는데 문턱으로 작용할 수도 있다는 생각도 드는데요.

한국 생협의 관점으로 보면 일본 생협은 조합원 활동을 거의 하지 않는 것으로 보일 겁니다. 한국은 아직 전업주부층이 있기 때문에 그에 맞는 조합원 활동이 가능하다고 생각해요. 맞벌이가 증가한다면 지금처럼 생협 활동에 충분한 시간을 할애할 수 조합원들이 있을까요? 맞벌이를 하면 조금이라도 더 가족과 시간을 보내는 것이 중요하다고 생각하는 분들이 많을 거예요.

한국과 일본 생협의 상황을 살펴보면 보편적이기보다 특수하다는 것을 알 수 있습니다. 세계적으로 전업주부, 여성 중심인 생협은 아마 한국과 일본뿐이라고 알고 있어요. 대만 생협도 유사한 측면이 있지만, 한국과 일본만큼 여성, 전업주부 중심은 아니거든요.

유럽 생협은 노동운동과 함께 성장했기 때문에 조합원의 성별이 편중돼 있지 않습니다. 2012년 고베에서 국제협동조합연맹 아시아태평양지부$^{ICA-AP}$ 연구위원회가 열렸는데, 그때 김아영 박사$^{(사)소비자의\ 정원\ 전임\ 대표}$와 참여해서 한국 생협의 거버넌스를 이야기하며 젠더^{Gender} 문제도 함께 다뤘어요. 발표 후 인도 대표가 손을 들고 "한국 생협의 성비는 어떻게 됩니까?"라는 질문을 하더군요. 왜냐하면 발표 자료를 보면 다른 나라와 달리 조합원이 모두 여성이었거든요.

지금은 달라졌습니다만 몇 년 전까지만 해도 여성일자리는 M커브 M-Curve 형태를 보였어요. 20대에 직장생활을 하다 결혼과 출산 이후 일을 그만둡니다. 그리고 아이가 어느 정도 성장하면 다시 노동시장으로 나오는 거죠. 한국과 일본은 남성이 가구 내 소득을, 여성은 모든 돌봄 가사·아이·어른돌봄 을 담당하는, 이른바 성별 분업이 확실한 국가입니다. 성별 분업과 함께 경제성장으로 중산층이 탄생하면서 '전업주부층'이 형성되었다는 공통점도 있죠.

한국의 전업주부층은 1980년대 중반부터 형성됐어요. 중산층의 탄생 자체가 1980년대 고도 경제성장과 함께 나타났고, 성별 분업이 절묘하게 맞아 떨어졌습니다. 이 상황에서 일본 생협 모델이 국내에 알려졌고, 한국에서는 일본 생협의 조합원 활동 등에 대한 방식을 받아들이고 이를 한국식으로 전개했어요. 하지만 지금은 상황이 달라졌기에 현재와 같이 진행되기는 쉽지 않을 것이라고 봅니다. 어쩌면 향후 10년 내 훨씬 달라진 모습을 보일 수도 있지요.

지금 일본 생협의 조합원들에게는 생협 활동보다 '믿고 선택할 수 있는 먹거리'가 더 중요하게 인식되고 있습니다. 동시에 생협은 일반 보험회사에서 취급하지 않는 공제상품도 있고, 사회적으로 의미 있는 일을 하면서도 부정부패가 적은 곳으로 인식됩니다. 생협 대표는 전문가나 접근하기 어려운 사람이 아닌 조합원 즉, '우리들' 중에 선출되기 때문에 친근감도 높아요. 이러한 측면에서 일본 생협은 그 자체로 의의가 있고 사회에 필요한 단체입니다. 도쿄 거주 세대의 절반 이상이 생협 조합원으로 가입되어 있다는 사실만 확인해도 생협의 존재 의의를 충분히 알 수 있죠.

소비자 조합원층이 두텁다면 오히려 다양한 필요와 요구를 실현하기 쉽지 않을 것이라고 생각한 적도 있어요. 그런데 소비자층이 두터우니 A 방식, B 방식도 시도해볼 수 있고, C 의견도 수용해서 시도해 볼 수 있더라구요. 반대로 조합원층이 너무 얇으면 서로 비교를 하게 됩니다. 상대는 우리와 왜 다른지, 또 어느 쪽이 더 나은지를 계속 비교하는 거죠. 그 과정에서 오히려 생협 성장에 더 척박한 풍토가 만들어 지는 것은 아닐까요?

지금 한국 생협이 그러한 상황이 아닐까요. 어떻게 보고 계신가요?

저는 한국 생협의 풍토가 척박하다고 생각해요. 여기서 척박하다는 것은 조합원층이 얇다는 것을 의미합니다. 일단 한국에는 코프미라이 같은 생협은 없어요. 코프미라이 매장은 새로 개설한 멋진 매장도 있지만 오래된 매장도 많아요. 낡고 오래된 매장에 젊은 세대는 매력을 느끼지 못할 수 있지만, 오랫동안 생협을 이용한 조합원들에게는 그곳이 편한 동네 슈퍼와 같은 곳입니다. 매장 사업이 크게 잘 되는 것은 아니지만, 다소 낡고 오래된 생협 매장도 유지된다면 그건 그것대로 좋다는 생각을 하는 거죠. 다르게 표현하면, 우리가 환경을 생각하면 모두 전기차를 이용해야 해요. 그런데 아직 내연기관 자동차를 타고 다니는 사람이 압도적으로 많습니다. 가장 바람직하다고 생각하는 실천을 위해서는 경제적인 부담을 감당할 수 있어야 하는데, 이 문제는 각자의 소득과 생활환경 등에 따라 달라요.

다른 사례를 들어볼게요. 일본은 지진이 자주 발생해 집에 어느 정도 비상용 생수를 비축해둡니다. 일본생협연합회에서는 분리수거가 쉽도록 비닐라벨이 부착되지 않은 경량 페트병을 개발했어요. 이를 개발하려면 신규 설비를 갖춰야 하니 비용이 듭니다. 즉 규모의 경제가 필요합니다. 일본생협연합회는 2018년 기준, 2,900만 명의 조합원으로부터 어느 정도의 수요가 예상되었기 때문에 라벨이 없는 경량 페트병 개발이 가능했어요.

팔시스템 도쿄는 환경 보전 차원에서 테트라팩 생수만 공급하고 페트병 생수를 취급하지 않고 있어요. 테트라팩과 무라벨 경량 페트병, 둘 중 어느 쪽이 환경 측면에서 더 나은지 소비자 입장에서 판단이 쉽지 않지만, 편의성과 가격이라는 이용의 측면에서는 무라벨 경량 페트병이 낫다고 생각할 수 있죠.

일본 생협들은 서로 경쟁하는 동시에 함께하고 있어요. 일본생협연합회에 소속된 큰 생협들은 생활클럽생협, 팔시스템이 소득이 높은 층만 이용할 수 있다고 하고, 반대로 생활클럽생협, 팔시스템은 큰 생협들이 조합원 참여가 전반적으로 낮다고 말합니다. 그런데 실제 숫자를 살펴보면 달라요. 생활클럽생협, 팔시스템 조합원들 중 은퇴 후 연금 세대가 되면 그동안 이용했던 생협을 탈퇴하는 조합원이 등장해요. 물품 가격이 높아 부담이 되기도 하고, 자녀들의 성장으로 다른 곳에 지출해야 하는 상황이 되면 가성비가 있다고 생각하는 큰 생협에 가입하는 거죠. 그들에게는 지산지소地産地消와 국산 농산물을 취급하는 큰 생협도 여러 선택지 중 하나거든요.

사회 전체로 볼 때 경쟁하되 협력하고 여러 선택지를 제안하는 것이 더 나은 구조가 아닐까요. 제 경험에서 한국 생협을 보면 모두 친환경, 유기농, 국산밖에 보이지 않아요. 대학생협을 제외하면 각 생협이 대부분 비슷한 모습을 보입니다. 친환경, 유기농, 국산이 생협의 가장 중요한 가치라면, 대학생협에서는 왜 그런 기준을 두지 않는 걸까요.

생협은 무엇을 해야 할까?
협동조합기본법과 한국 생협의 지속가능성

한국 생협의 탄생과 성장 배경과 관련된 영향이긴 하지만, 생협이 발신하는 메시지를 보면 고정된 이미지나 정답이 있다는 것을 느낄 때가 많아요. 한국 생협이 유기농을 넘어 다양한 사업을 전개할 수 있을까요?

한국 생협이 가장 많이 듣는 이야기가 뭘까요? 아마 "생협에서 이런 걸 팔아도 되나요?", "생협은 유기농 물품만 취급해야죠?" 같은 말이 아닐까요. 처음에 생협에서 가공품을 생산하거나 개발할 때 이러한 이야기를 많이 들었어요. 역사적으로 살펴보면 생협의 발달 과정은 나라마다, 또 시대마다 달라요. 각 시기별로 조합원들이 서로 다른 필요를 갖기 때문이죠. 소비자협동조합은 좋은 품질의 제품을, 그리고 같은 품질의 제품이라면 더 저렴하게 구입하려 협동합니다. 이 과정을 거치면서 규모의 경제를 키워온 것이 소비자협동조합의 대략적인 모습입니다. 그런데 왜 우리나라에서는 전 세계적으로 보편적으로 통용되는 소비자협동조합과 다른 모습을 보일까요?

과거 한국노총에서 소비자협동조합운동을 시도하거나 신용협동조합 운동에 참여한 분들이 소비자협동조합 구판장을 운영한 역사가 있습니다. 그런데 모두 실패하고 친환경 유기농산물을 중심으로 한 생협만 남게 되었죠. 1990년대 초, 한국에서는 대기업이 전국적인 유통 시스템을 구축했기 때문에 생협뿐 아니라 다른 유통업체들도 대기업만큼 체계적으로 유통을 할 수 없었어요. 이런 까닭에 글로벌 기업인 까르푸나 월마트가 들어와도 자리를 잡지 못한 거죠. 소비자협동조합 구판장에서 물품을 구비하고, 소포장을 했지만 유통 환경이 급변하는 상황에서 소비자들은 쾌적하고 편리한 마트에서 구입할 수 있는 제품을 굳이 생협에서 찾지 않았어요.

저는 앞으로도 국내에서 유럽의 소비자협동조합, 일본 생협과 같은 협동조합은 등장하지 않을 거라 봅니다. 이미 국내 유통시장은 온라인 중심으로 기존 마트나 백화점도 쇠락의 위기에 처해있어요. 물론 새로운 온라인 유통 플랫폼에 소비자들이 결집해서 다른 곳에서 구할 수 없는 질 좋은 상품을 공동구입하는 사업에 대한 필요가 생길 수도 있어요. 그때, 생협이라는 조직을 활용할 수도 있지만, 이제 협동조합기본법이 있으니 협동조합으로 혹은 다른 방식을 활용할 수도 있습니다. 그렇게 된다면 완전히 새로운 소비자협동조합이 등장하는 것이겠죠.

향후, 아마 국내 생협들은 지금까지 유지되어 온 방식을 지속가능하게 만드는 방법을 찾아가지 않을까 예상합니다. 예를 들어 한국 경제 상황이 안 좋아지면 소득과 일자리가 줄어들고, RCEP[4] 타결은 더 많은 수입 제품을 시장에 유통시키겠죠. 그렇게 되면 생협도 가격경쟁의 압박을 심하게 받을 수밖에 없을 거예요. 이때 생협이 어떻게 조합원들이 꾸준히 이용할 수 있도록 상품을 개발, 유통하고 또 사업 과정을 정비하여 지속가능한 구조를 갖추어 갈 것인지는 중요한 관건입니다. 다른 수입산 제품에서 찾을 수 없는 독특한 가치나 조합원들이 체험할 수 있는 경험이 더 잘 보여질 수 있도록, 또 체감할 수 있도록 하는 과제가 우리 앞에 놓여 있어요.

협동조합의 이상과 기본

한국 생협은 먹거리 사업에서는 충분히 가치를 보여줄 수 있다고 생각합니다. 다만 생활의 협동이라는 광범위한 영역으로 나아가거나 새로운 경험과 가치를 만드는 것에는 적극적이지 않은 것 같아요.

아이쿱생협을 사례로 들어볼게요. 아이쿱생협은 매장, 온라인으로 물품을 공급하는 것 외에 음식을 통해 건강한 몸을 만든다는 경험을 할 수 있도록 치유재단 한의원, 치유센터 등의 프로그램을 확대할 예정입니다. 그 과정에서 환자용 식단, 돌봄 사업으로 확대가 될 텐데요, 새로운 도전을 생협이라는 법인격으로 하기에는 법적 제약이 너무 많습니다. 그래서 향후 생협의 사업은 사회적기업이나 협동조합, 사회적협동조합 등을 통해서 확대될 수 있다고 생각해요.

생협 공제共濟의 경우 아이쿱협동조합연구소에서 〈한국 사회적경제

---

[4] -Regional Comprehensive Economic Partnership, 역내 포괄적 경제동반자 협정으로 2019년 11월 4일, 인도를 제외한 15개국에서 RCEP에 서명했다.

공제 실태와 제도 개선 방안〉이라는 포럼을 개최를 준비하면서, 외국 공제 사례를 조사하여 국내 적용을 구체화하고 있습니다.[5] 일본에서 생활하면서 일본이 '공제의 나라'라는 것을 느꼈는데요, 공제야말로 자조自助와 연대의 가장 기본입니다. 공제는 소수가 큰돈을 내는 것이 아니라 조합원 한 사람, 한 사람이 위험에 대비해 함께 큰 지갑을 만드는 것이라고 할 수 있죠.

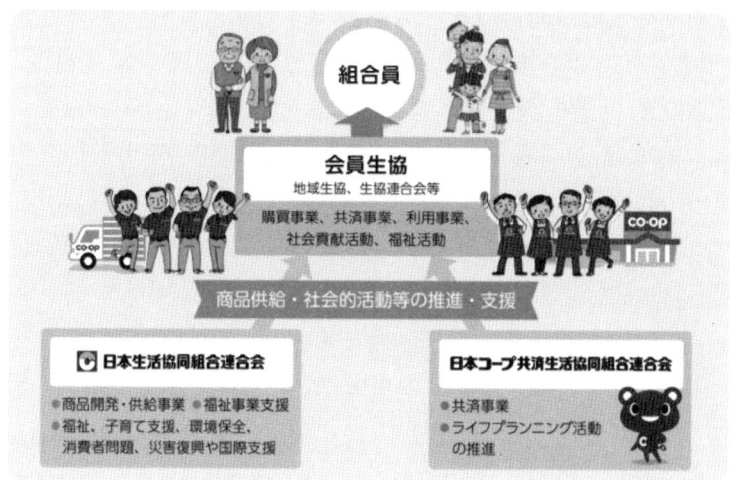

일본생협연합회와 일본코프공제생협연합회의 긴밀한 구조
출처_ⓒ일본코프공제 2020년 연차보고서

한국에서는 공제보다 보험이 익숙합니다. 우리는 살아가면서 예상치 못할 위험에 대비해 보험에 가입하죠. 보통 한국에서는 대기업이 운용하는 보험사를 이용합니다. 반면 일본에서는 협동조합공제나 상호회사相互會社, Mutual Company가 기업 보험사보다 규모가 더 큽니다. 한국에서는 상호회사가 사라졌지만, 일본에는 일본생명이나 메이지생명같은 큰 생

---

[5] 보험회사, 상호회사, 공제 등에 대한 구분과 한국 사회적경제의 공제와 제도와 관련해서는 다음 보고서와 기사를 참고하면 도움이 될 것이다. 이향숙, 2019, 「한국 사회적경제 공제 실태와 제도 개선 방안」, 아이쿱협동조합연구소; 김형미, "한국 협동조합 현황과 공제사업의 전망"(연재기사), 〈한국공제신문〉 2020.2.10.~4.6 기사.

명보험회사가 운영되고 있어요. 이러한 보험회사의 주인은 누구일까요? 우리가 잘 알고 있는 ○○생명, ○○화재 등 보험회사를 떠올리면 주인이 누군지 알 수 있죠. 그런데 일본생명이나 메이지생명의 주인은 사원社員들이에요. 이때의 '사원'이 고용되어 일하는 사람들을 의미하지 않습니다. 법적인 용어로 공제 계약을 맺은 사람들을 '사원'이라고 지칭하기 때문에 상호회사에 가입된 수백만 명이 사원이자 회사의 주인이 됩니다.

상호회사가 협동조합과 다른 점은 무엇일까요? 일본의 상호회사는 총회 의결권자가 200명 이상으로 정해져 있습니다. 총회가 열리면 사원 중 200명 이상이 참석해야 해요. 예를 들어 지역별 또는 성별, 연령별로 다양하게 총회에 참석해야 한다면, 총회 준비 시점에서 조건을 설정하여 계약자 중에서 무작위로 참석자를 선발합니다. 총회 참석 인원이 200명이면 3배수를 뽑아서 사원들에게 총회 개최를 안내해요. 참석이 어렵다고 하면 다음 순번에게 물어보는 거죠. 이렇게 운영하는 곳이 상호회사입니다. 상호회사의 계약자=주인, 생협의 소비자=주인이라는 개념은 똑같아요. 그런데 운영에 있어 협동조합은 조합의 대표 위주로 구조화 되어 있지만, 상호회사는 계약자 중에서 사원총회를 진행한다는 점에서 차이가 있습니다. 이 총회에서 경영자를 선발하고, 경영자에게 경영을 위임하는 것도 다르다고 할 수 있습니다.

공제로 다시 돌아가 봅시다. 팔시스템의 생협 공제는 여성은 2,000엔, 남성은 4,000엔을 내면 가입할 수 있어요. 가입 후 의료공제까지 모두 이용할 수 있습니다. 코프공제가 성공적으로 운영되는 이유 중 하나는 기존 보험회사나 농협공제와 차별화되었기 때문입니다. 예를 들어 코프공제 조합원은 본인에게 필요한 내용을 코프 공제에 직접 제안할 수 있어요. 조합원들에게 필요한 내용으로 공제상품이 구성되는 방식이죠. 이러한 구조로 소득이 없는 여성, 어린이도 공제에 가입할 수 있게 되었고, 작은 사고도 보장받을 수 있는 상품이 만들어지는 등 기존 시장의 빈틈을 잘 공략했어요.

일본코프공제생활협동조합연합회는?

1979년 일본생협연합회의 사업 중 하나로 시작한 CO·OP 공제는 2007년 생협법 개정 이후 CO·OP공제를 취급하는 지역생협에 의해 전국연합회 설립까지 이어졌다. 2008년 11월 일본코프공제생활협동조합연합회가 설립되었고, 공제사업을 전업으로 하고 있다. 2020년 3월 기준, 회원생협은 총 151개이다. 149개는 지역생협 및 연합회이며 나머지는 전국노동자공제생활협동조합연합회, 일본생협연합회이다. 코프공제는 대부분 지역생협에서 판매되고 있고, 생협 조합원으로 가입 후 공제상품을 이용할 수 있기 때문에 일본생협연합회의 물품 공급 및 복지사업 등과 밀접하게 관련되어 있다. 즉 코프공제는 지역생협과 조합원과 함께 조합원의 일상생활에 도움이 되는 사업을 추진하는 것을 목표로 하고 있다.

일본코프공제 대표브랜드
출처_ⓒ coopkyosai.coop

코프공제는 대대적인 광고를 하거나 보험판매원이 영업을 하지 않기 때문에 공제금 중 70%로 조합원의 요구사항을 활용해도 30%가 남습니다. 이 30%에서 운영자금으로 20%를 사용하고, 나머지 10%는 조합원에게 환원하고 있어요. 그리고 일부는 반드시 적립을 해서 잉여금으로 쌓아놓는데요, 10%가 적어 보이지만 사람이 많으면 많을수록, 적지 않은 금액이 형성됩니다. 이 잉여금으로 기존 보험에 가입하기 힘든 사람들이나 시장에서 만들기 꺼려하는 상품들, 예를 들어 장애인이나 어린이를 위한 공제상품을 만드는 겁니다. 장애인 공제로만 운영하면 자기 부담금이 높아서 가입자에게 부담이 크지만, 생협 공제라는 큰 틀에서 하나의 상품으로 구성하면 충분히 유지가 가능하거든요. 즉 생협 조합원의 연대로 일반 보험회사에서 취급하지 않는 장애인, 어린이 공제도 만들 수 있는 것, 이러한 선순환이 '연대의 원리'가 아닐까 생각합니다.

일본 코프공제의 규모와 상품은?

2020년 연차보고서에 따르면 2019년 기준 CO·OP공제 가입자는 892만 명이며, 2019년 한 해에 138만 건, 689억 3,400만 엔의 공제를 제공했다. 공제상품은 큰 틀에서 여섯 가지-질병, 사망 및 중증장애, 종신생명, 의료, 맞춤형 보장 설계, 화재 등-로 분류되어 있다.

코프공제에는 생협의 여성 조합원을 위해 특별히 개발한 공제가 있어요. 일본도 경제 상황이 나빠지면서 조합원 중 전업주부에서 파트타임으로 일하는 여성들이 늘었습니다. 그런데 파트타임으로 일하다 계

약이 종료되면 다시 소득이 없어져 불안한 상황에 놓이게 되는 거예요. 이러한 조합원들을 위해 일부 소득을 보전하는 공제상품을 만들었어요. 별도로 불입금을 내야 하는 공제지만 일반보험보다 훨씬 저렴하게 자조自助할 수 있도록 한 것입니다. 즉, 기존 코프공제의 자조의 동그라미가 커지면서 연대로 발전한 것이라고 볼 수 있습니다.

그래서 아이쿱에서 생협 공제를 지속적으로 연구하고 목소리를 내고 있는 거군요.

네, 일본 생협들은 가치관, 사업방식 등에 있어 각자의 다른 노선을 갖고 있어도 '일본코프공제연합회'라는 하나의 우산 안에 있어요. 그리고 일본에는 조합원 약 90만 명으로 구성된 전국노동조합총연맹이 있는데, 여기에서도 독자적으로 공제를 운영하고 있습니다. 공제 비용은 약 110엔이고요. 노동조합 활동을 하다 다칠 경우 공제에서 바로 보상금이 나와요.

한국은 일본과 상황이 다릅니다. 노동조합 활동 공제가 없는 한국에서는 노동조합 활동을 하다 다칠 경우 모금으로 치료비를 마련하는 경우가 대부분이죠. 최근 국내에서는 봉제 노동자의 경우 5인 미만 사업장 사용자도 노동조합 가입이 가능하게 되었어요. 노동조합에서 조합원들이 가장 필요한 사업이 무엇인지 확인해 보니, 비수기 긴급사업자금대출, 긴급생활자금대출이었다고 해요. 그래서 그와 관련된 공제사업을 준비하고 있다고 알고 있습니다. 참, 아이쿱생협에서도 생협 활동가 공제를 운영하기도 했어요.

2010년 생협법 개정 후 생협에서도 공제사업이 가능하게 되었어요. 개정 당시, 매장에서 일하는 사람은 물론, 물류, 사무직 등 생협과 관계된 여러 분야의 사람들을 대상으로 생협들이 함께 복리후생을 위한 공통의 공제상품을 개발했다면 어땠을까 생각해봅니다. 저는 협동조합, 노동조합의 역할 중 하나가 당사자 스스로 자금을 만드는 것이라고 생각해요. 그것만큼 기본적인 것이 없지요. 공제란 우리 스스로 어느 정도 실천해야 하는 협동의 시작점입니다. 언제 닥칠지 모르는 위험에 대비하기 위해 스스로 참여하는 '일상의 협동'을 실천하는 방법 중 하나가 공제인 것이죠. 협동이 축적되어 참여한 각자에게 그 혜택이 돌아오니, 꼭 필요한 것이라고 생각합니다. 이런 점을 생각하면, 한국의 협동조합운동은 가장 기본이 되는 것을 하지 않으면서 이상만 높은 것은 아닐까 싶어요.

한국의 생협, 함께 노력해야 할 부분

가장 기본이 되는 것을 하지 않는다는 말씀이 와 닿네요. 한국에도 생협연합회가 있었다면 달라졌을까요. 그럼에도 불구하고 개별 생협에서 시도할 수 있는 것들이 있지 않을까요?

그렇죠. 많은 시도를 통해 가능성을 만들어야 합니다. 우선 생협 조합원 대상의 기초 공제상품을 제공하면 좋겠어요. 생협에서 활동하는 조합원 대부분은 자원봉사 형태로 열심히 참여하고 있지만, 직장 개념이 아니기 때문에 자신의 독자적인 수입을 증명하지 못하는 경우가 많아요. 그래서 생협 활동 중에 상해 등 어떤 일이 생길 경우 기초공제로 무조건 보상해주는 상품을 개발하면 활동에 도움이 될 거예요. 또 하나는 조합원들이 활동을 잠깐 쉬면서 휴식을 취하고 싶을 때, 그리고 아픈 경우에 특히 암 진단을 받았을 때 무조건 지원하는 공제를 만드는 겁니다. 한국의 암보험은 대부분 병원 치료 증명을 해야 보험금을 받을 수 있어요. 그런데 생협 공제는 조합원이 암 진단을 받으면 무조건 2,000만 원을 지원해주는 방식으로 설계하는 거죠. 조합원이 공제를 요청하면 사용처를 묻지 않고 지급하고, 조합원은 자신이 필요한 곳에 자유롭게 쓰는 겁니다. 공제금을 자신의 치료에 쓰고 싶은 사람은 치료비로 쓰고, 가족여행을 가거나 기부를 하고 싶으면 기부를 할 수 있는 거죠. 이처럼 자유롭게 조합원들이 쓸 수 있는 자금을 함께 마련할 수 있다면 어떨까요.

살아가면서 '돈'을 무시할 수는 없어요. 돈은 자신이 자유롭게 어떤 결정권을 행사할 수 있는 수단이기 때문입니다. 그래서 일정한 소득보장이 반드시 필요해요. 생협 활동가의 대부분 주부인데, 일정 소득을 받아도 그 돈을 가족, 특히 아이들을 위해 씁니다. 자신을 위해 쓰는 경우는 거의 없는 것 같아요. 그렇기 때문에 활동가들이 당당하게 자기 자신에게 돈을 쓸 수 있는 공제상품이 있다면 좋겠다고 생각해요. 물론 운영 시뮬레이션이 필요하고, 그에 앞서 적어도 1만 명 이상은 가입해야 공제상품 운영이 가능하리라 봅니다.

1만 명이 가입하기 위해서는 협동조합이 신뢰할 수 있는 곳이 되어야겠죠. 쉽지 않아요. 자활공제전국주민협동연합회에는 매월 1천 원을 내는 '천 원의 행복'이라는 공제상품이 있어요. 한 달에 1천 원 정도면 자활에 참여하는 구성원들 모두 가입할 것이라 생각했는데, 아직 가입자가 1만 명이 채 안 된다고 합니다. 다른 측면에서 보면, 우리는 '만약'을 대비하기 위해 큰 보험회사에 한 달에 최소 1만 원에서 최대 10만 원 이상의 보험금액을 납부하고 있어요. 그런데 생협이나 자신이 속해 있는 협동조합에서 공제사업을 한다고 할 때, 매월 일정 금액을 납부할 조합원이 과연 몇 명이나 될까요? 협동조합이기 때문에 보상받지 못한다는 불안감에 공제에 가입하지 않는 조합원이 있을 수 있어요. 협동조합이 공제사업을 하기 위해서는, 현재 사업을 통해 조합원에게 충분히 신뢰를 확보해야 한다는 문제가 있습니다.

생협에서 조합원과 노동자의 위치
생협의 조합원 참여, 노동인가 활동인가

선생님께서 생협의 공제를 강조하는 대목을 들으면서 '활동가'에 많은 관심을 갖고 있다고 느꼈습니다. 공제에 대한 부분도 강화되어야겠지만, 현재 생협 조합원 참여와 관련된 노동, 그리고 활동의 혼재라는 부분을 정리해야 공제로 갈 수 있지 않을까 생각합니다. 이 부분에 대해서는 어떻게 보고 계신가요?

일반 기업에 익숙한 사람들이 볼 때, 생협은 참 독특한 구조를 가진 조직일 겁니다. 그중 하나가 '활동가'라는 영역이죠. 각 생협마다 활동가의 정의와 위치, 역할 등이 각기 달라요. 한살림과 아이쿱, 우선 이 두 조직을 보면 조합원 활동에 차이가 있어요. 아이쿱에서는 명예와 소득 사이에 확실한 선을 긋자는 합의가 있어요. 생협은 소비자 조합원이 운영하고 책임지는 곳으로 조합원 리더가 임금 수준의 돈을 받고 활동한다면 생협의 위상이 애매해질 것으로 보고, 정리를 한 거죠.

생협 활동에 임금을 대입하면 여러 문제가 나타날 수 있어요. 조합원 리더의 경우 '나는 대부분의 시간을 활동으로 보내는데, 왜 직원보다 급여가 낮지?'라고 생각할 수 있어요. 직원의 경우는 오히려 반대일 겁니다. 활동가가 받는 급여가 직원보다 더 많다면, '우린 도대체 뭐지? 활동가는 직원보다 자유롭잖아?'라고 생각하게 될 거예요. 그렇기 때문에 갈등이 생기겠죠. 이 충돌 때문에 아이쿱에서는 조합원 활동과 실무자 노동을 구분한 겁니다. 생활 소득이 필요한 사람은 직원으로서의 확실한 지위를 갖고 법인의 구성원으로 통제를 받아야 한다고 정리한 거죠.

한 손에 여러 개를 쥘 수 없습니다. 그래서 아이쿱은 성질이 다른 '일'을 섞지 않기로 선택했어요. 그렇다고 자원봉사를 하는 활동가에게 끝도 없는 헌신을 요구하는 것은 맞지 않아요. 그래서 경제적 보상

대신 학습, 문화, 역량 증진, 복지로 보상할 수 있는 '활동가 복지'를 조직적으로 설계했습니다. 조합원 활동은 급여를 받지 않는 자원봉사라는 건 분명해요. 하지만 조합원 활동이 존중받을 수 있도록 조직에서 활동가 복지를 책임지는 거죠. 물론 시행착오를 거치고 있고, 그 시간을 서로 견뎌주어야 할 필요가 있죠.

아이쿱에는 대표적으로 활동가에게 두 가지를 지원하는데, 하나가 이사 과정입니다. 이 과정은 협동조합과 사회적경제, 그리고 아이쿱의 운영 원리와 기본 지식, 의사소통 방식 등을 체계적으로 배울 수 있는 프로그램으로 활동가 복지 차원에서 제공되고 있어요. 또 한 가지는 생협 전체에 열려 있는 '생협활동가 장학기금'입니다. 한국 생협 활동가들이 갖고 있는 특수성을 감안해 만들어졌어요. 앞서 언급한 것처럼 한국 생협의 특징 중 하나가 전업주부 활동가가 많다는 점이죠. 직원은 교육지원비 등으로 대학원 진학 등의 기회가 있지만, 활동가들에게 장학금을 주는 곳은 드물어요. 생협에 기여하는 조합원 활동가에게 자기계발과 복지를 제공하기 위해서 장학금을 만들었어요.

그럼에도 불구하고 활동가들의 불만이나 고충이 없는 것은 아닙니다. 이사장 임기 동안 헌신적으로 열심히 활동했는데, 돌아보니 그동안 직원들은 책임자가 되는데 활동가들은 아닌 거죠. 활동을 마치고 본인들의 위치에서 허무함을 느끼기도 합니다. 그런 분들은 다시 일을 해야 해요. 관심 있는 주제를 중심으로 살고 있는 지역에서 주민들을 조직하고 새로운 일을 개척하거나 대학원을 가는 등 여러 가지 길이 열려 있어요. 또 다른 길을 걸어가며 계속 활동가의 삶을 살아갈 수 있도록 서로 북돋아 주기도 합니다.

조합원이 협동조합의 주인이 되려면

활동가에 이어 조합원에 대해서도 이야기를 나누었으면 합니다. 소비

자협동조합의 경우 규모가 커지면 '협동조합의 주인은 조합원이다'라는 부분이 희미해지는 것 같아요.

협동조합에는 적극적으로 활동에 참여하는 조합원, 이용 중심의 조합원 등 다양한 조합원이 존재합니다. 협동조합에서 일하는 여러분들의 경우 조합원을 어떻게 바라봐야 할지 고민이 많을 것 같아요.

협동조합의 주인은 정말 조합원일까요? 조합원 주권은 출자한 사람들이 위험을 부담하는 것을 의미합니다. 협동조합의 사업이 잘 진행되지 않으면 조합원은 출자금을 돌려받지 못해요. 어느 정도의 위험을 각오한 사람들이 의사결정에 참여하고, 그 결과에도 책임을 지는 거죠. 조합원 주권은 민주주의의 표출이기도 합니다. 국민 의식 수준과 상관없이 국민이 그 국가의 방향을 결정하는 국민 주권과 같아요. 현자賢者가 최종적으로 결정하는 구조가 아닌 거죠. 이것이 민주공화국의 원리이지만, 실제로 국민 주권이 발현되기는 쉽지 않아요. 언론에서 연일 보도되고 있는 것처럼 검찰이 권력을 쥐고 있거나 언론 조작이 있다면 국민 주권이 발현되지 못합니다.

소비자협동조합이나 농협에서도 비슷한 현상이 일어납니다. 소비자협동조합과 농협은 조합원 수가 많아야 협동의 효과를 발휘할 수 있어요. 일본이나 유럽의 많은 협동조합은 시간이 지날수록 조합원이 소비자, 이용자에 머무르고 경영자와 직원이 많은 결정을 내리는, 속된 말로 '다 해 먹는' 현상이 나타났어요. 이처럼 경영자와 직원 중심의 협동조합이 되지 않기 위해서는 조합원 교육의 강화가 필요해요. 그 과정에서 문제가 발생할 경우, 완전 새롭게 쇄신하기도 하면서 협동조합만의 길을 만들어가야 합니다.

조합원 주권의 이상향을 찾기보다 현실 속에서 조합원 주권을 제대로 관철하려는 실천들의 축적, 그 자체가 중요하지 않을까요? "모든 이론은 잿빛이고, 영원한 것은 오직 저 푸르른 생명의 나무다". 『파우스트』의 한 구절입니다. 20세기 러시아에서 정통 마르크스주의자는 누구이며 또 무엇이 옳은지에 대한 논란이 이어졌을 때, 레닌이 동료들을 설득하며 이 문장을 인용해서 유명해졌어요. 협동조합은 그 자체로 민주적인 의사결정 구조를 갖추고 있습니다. 그러나 무엇보다 핵심은 어떻게 하면 조합원이 공통의 목표를 실현하기 위한 의사결정과 실행 과정에 책임감을 갖고 참여할 수 있는지에 대한 문제를 풀어가는 과정입니다.

아이쿱의 경우도 성장 과정에서 전 세계 협동조합이 겪는 고민을 거쳤어요. 그리고 '한 개 조합을 절대 크게 만들지 말자'라는 결론을 냈죠. 조합이 일정 규모로 커지면, 조합원들이 직접 운영하기 적정한 규모로 분화를 합니다. 사업은 규모의 경제가 되지 않으면 조합원의 필요를 충족할 수 없기 때문에 높은 수준에서 통합하고, 규모의 효과를 높이는 방식을 추진하고 있어요. 하지만 이 역시 일정 수준으로 유지되면 하나의 사업체에 여러 기능을 담지 않고 사업체들 또한 분화해서 새롭게 창업하고 있어요.

협동조합이 시작될 때는 창업세대[1세대]를 중심으로 원칙과 정신이 원활하게 소통됩니다. 문제는 그 부분이 후속세대에게 이어지는가입니다. 2013년에 몬드라곤을 방문했을 당시 현장 설명을 맡은 분에게 몬드라곤에 대한 만족도를 물어봤어요. 본인을 몬드라곤 3세대라고 소개하며 만족스럽다고 답하더군요. 당시 몬드라곤의 급여는 원화로 환산하면 연봉 약 2,700만 원으로 높지 않은 수준이었지만, 만족도가 높은 이유가 있었어요. 그는 "할아버지, 아버지 세대는 전쟁과 독재의 시대를 살았는데, 그때 몬드라곤이 없었다면 저희 가족은 이곳에서 살아남지 못했을 겁니다. 사는 곳을 떠났어야 하는 상황이었어요"라고 하더군요. 물론 불만을 갖고 있는 사람도 있고, 몬드라곤에 답답함을 느껴 대우가 더 좋은 직장을 찾아가는 사람도 많다고 합니다. 이에 대해서는 "특별한 대응이 있는 것은 아녜요. 끊임없이 교육하고, 또 외부에서 어려움을 겪고 다시 돌아온 이들을 외면하지 않고 몬드라곤에서 일할 수 있도록 일자리를 제공합니다"라고 설명하더군요.

"현재 한국 생협의 조합원 활동가가 앞으로 10년, 20년이 지난 뒤에도 지금과 같이 존재할까"라고 묻는다면 솔직히 잘 모르겠습니다. 달라질 수도 있고, 어쩌면 없어질 수도 있겠죠. 그러나 크게 걱정하지는 않아요. 왜냐하면 어떤 조직이나 시스템이 그 자체로 지속되어야 한다고 생각하기보다, 한 시대에 역사적으로 소명을 다했지만 그 다음 시대에 적합하지 않다면 달라질 수 있다고 보기 때문입니다. 그 다음 세대가 바꿔가야 하는 문제라고 생각해요.

협동조합, 새로운 일터의 모색

활동가, 조합원에 이어 직원에 대한 이야기도 빠뜨릴 수 없습니다. 한국 협동조합에서 조합원은 강조되어도, 일하는 직원에 대해서는 큰 관심을 두지 않는 것 같습니다. 협동조합의 노동 문제가 전면적으로 다뤄진 적이 있었나요?

직원은 협동조합의 또 다른 중요한 주체입니다. 생협은 조합원과 직원이 함께 일하고 활동하다 보니 일반 기업과는 다른 갈등이 일어납니다. 그런데 다른 영역에 있는 사람들과 일할 때 갈등이 발생하는 것은 당연하다는 인식이 필요합니다. 특히 생협은 조합원에 의해 조직되고, 운영되는 조직이기 때문에 임금노동자인 직원에게 주인의식을 갖게 하는 건 무리가 있다고 생각해요. 직원과 조합원 활동가가 같은 입장을 갖는 것도 쉽지 않습니다. 그렇기 때문에 직원은 확실하게 직원으로서 일해야 한다는 원칙이 필요해요. 이때 직원으로서의 일은 '시키는 건 모두 해야 한다'라는 의미가 아닌, '프로답게 일하자'라는 의미입니다.

협동조합에서 임금노동으로 일하는 구조에 대해 고민이 필요합니다. 사실 저는 협동조합이 임금노동의 구조를 유지할 때, 반복되는 문제를 결국 극복할 수 없다고 생각해요. 보다 나은 구조는 협동조합과 협동조합 간의 협약 또는 계약을 통해 일자리를 만드는 것이라 생각합니다. 직원협동조합^{노동자협동조합}이나 워커즈콜렉티브^{Worker's Collective}와 같은 방법을 통해 돌파구를 마련해야 하지 않을까요? 그런데 직원 입장에서 막상 본인이 출자금을 내서 독립된 법인으로, 협동조합 대 협동조합으로 계약을 맺고 일한다면, 운영에 대해서도 책임져야 하기 때문에 마냥 반기지만은 않을 거예요. 그리고 노동자협동조합이라 하더라도 노동과 노동자 소외 문제가 모두 사라지는 것은 아니라는 사실도 분명합니다.

아이쿱의 경우 각 지역조합의 사무행정을 담당하는 '사무행정협동조합[6]'을 설립했고, 세이프넷지원센터가 사회적협동조합으로 전환했어요. 세이프넷지원센터는 설립 당시 직원 1인당 1천만 원씩, 사무행정협동조합은 100만 원씩 출자해서 설립했습니다. 조합원들 간 협업이 잘 이뤄진다면 협동조합으로서는 거래비용도 줄이고, 임금노동의 돌파구를 마련할 수 있을 거라고 예상해요.

조합원들이 직원 없이 생협을 직접 운영하는 사례도 있습니다. 이 경우, 사업체 운영에 따른 부담, 역량 미숙으로 인한 위험, 의사소통과 민주주의 등 수많은 시행착오와 장애물을 넘어야 합니다. 노동자협동조합으로 전환한 해피브릿지의 경험담에서 알 수 있듯이 협동조합은 늘 민주주의에 노출되어 있기 때문에 출자했으니 권리가 있다는 조합원들의 태도에 어려움을 겪을 수도 있어요. 노동자협동조합의 조합원 각자는 '출자해서 사업체를 꾸려갈 때 하나의 팀이 되어야 한다', '하나의 팀이 되어 고객을 확보하고 계속 양질의 서비스를 제공해 사업을 유지·확장해야 된다'라는 책임감과 무거운 부담을 지게 됩니다. 이런 부분들이 참 쉽지 않아요.

협동조합 역사에서 노동자협동조합을 살펴보면, 몬드라곤 사례 이전

---

[6] 2019년 기준 12개 사무소, 84명의 직원이 94개 지역조합의 사무행정을 담당하고 있다.

에는 사회주의적인 훈련이 충분히 이뤄지지 않는다면 성공하기 어렵다고 이해된 부분들이 있어요. 노동자협동조합이 성공적으로 운영되려면 조합원들은 기업가 역량을 갖추고, 기업가 마인드를 가져야 합니다. 그 점이 투자자 기업과의 차별점으로 몬드라곤팀아카데미^{MTA}에서 강조하는 팀 기업가 역량, 협업하는 기업가 역량 등이라고 할 수 있어요.

협동의 반대는 경쟁이 아니다

협동조합을 언급할 때 협동, 연대, 호혜라는 단어가 함께 배치됩니다. '협동하는 인간'이라는 상은 '인간은 이기적인 존재'라는 기존 논리를 비판하기 위한 담론일 텐데요. 가끔 인간이라는 복잡한 존재를 '협동'이라는 틀에 가두는 건 아닐까라는 저항감이 생길 때가 있습니다. 인간을 이분법적으로 바라보지 않고, 협동할 수 있을까요?

저는 협동의 대비^{對比} 개념, 협동의 정반대되는 개념은 '경쟁'이 아니라고 생각합니다. 오히려 경쟁도 협동의 한 형태이자 하나의 모습이라고 생각해요. 좋은 경쟁자가 있으면 서로 성장하잖아요. 협동의 반대는 '고립' 또는 '혼자'라고 생각해요. 협동은 팀워크니까요.
 존 스튜어트 밀이 사회주의자들과 논쟁하는 부분이 아주 흥미로워요. 당시 노동자협동조합운동에 참여하는 사람들 중에는 사회주의자가 많았는데, 그들은 노동자가 불행해지는 이유가 경쟁에 있다고 봤어요. 그래서 경쟁을 철폐해야 한다고 생각했죠. 존 스튜어트 밀은 경쟁을 완전히 철폐한다면, 그 다음부터 인간은 나태해지고 어떤 문제도 풀기 위한 노력을 하지 않을 것이고, 인류는 더이상 진보하지 않을 것이라고 봤어요. 그는 일정한 경쟁은 필요하다는 입장을 밝혔습니다.

"나는 경쟁에는 해(害)가 없다고 보고, 사회주의자들이 주장하는 대로 경쟁을 도덕적으로 반대하지 않는다. 사회주의자들은 질투와 적대의 근원으로 경쟁을 반대하지만, 모두 근거가 없다. 경쟁이 악이라면 이 악은 더 큰 악을 방지한다. M.Feugueray가 이야기했듯이, 산업계의 가장 큰 악과 부정함은 경쟁이 아니라 노동이 자본에 복종하는 것이며 산업 수단의 소유자들이 거대한 몫을 생산에서 취할 수 있다는 것이다…."[7]

한국은 경쟁이 공정한 운동장에서 이루어지지 않았던 역사 때문에 경쟁을 투쟁으로 비화하고 있지 않나 생각합니다. 여러분들에게 마지막으로 하고 싶은 이야기는 한 번에 해결되는 것은 없다는 겁니다. 너무 지루할 정도로 더디 과정을 거쳐 해결된다는 생각을 갖고 한 걸음 한 걸음씩 정진했으면 하는 바람입니다.

---

[7] - J.S.Mill, 1848, *Principles of Political Economy with some of their Applica-tions to Social Philosophy*, 제4편 7장 64절.

한살림은 생명운동, 도농공동체 모델을 통해서 초기 생협운동의 모델을 제시하였다. 생명운동이라는 가치와 스토리는 한국 생협운동의 태동과 확산에 큰 영향을 미쳤다. 그러나 한살림 모델을 시대와 환경과 관계없이 유효한 '생협의 정체성'으로 인식하는 것은 협동에 대한 이해를 떨어뜨린다. 오히려 당대 환경에서 생산자와 소비자가 협동할 이해관계가 무엇인가를 현실적으로 질문하고 고민한 해결책이자 성과물로 보아야 할 것이다. 그것이 오늘날 한국 협동조합을 고민하는 우리에게 보다 타당하고 의미 있는 해석일 것이다. 즉 우리가 숙고해야 하는 것은 1980~90년대 환경에서 탄생한 생협 모델 자체보다 '지금 여기에서 협동할 관계와 이유는 무엇이며 이를 어떻게 만들고 일굴 것인가'에 치열하게 도전한 한살림 선구자들의 사고방식에 있다.*

지금의 한국 생협의 협동이 지금도, 앞으로도 유효한가? 지금 우리에게 필요한 협동은 무엇일까?

서동재·주영호, '협동일구기 : 협동조합에서 협동은 어떻게 학습되는가', 2020, (재)한국사회적경제씨앗재단 현장연구지원사업.

다시 생각하는
생활협동조합의 정체성

윤형근
한살림연합 전무이사

한살림연합 전무이사. 1963년 전남 강진에서 태어나 80년대에 대학을 다녔다. 민주화운동과 학생운동이 대학을 휩쓸던 엄혹한 시기, 대학 친구를 통해 생명운동을 접했다. 대학 졸업 후 '한살림모임' 간사로 사회생활을 시작했다. 이후 대화문화아카데미 프로그램부 간사, 계간 〈대화〉 편집장, 바람과물연구소 선임연구원, 모심과살림연구소 부소장, 한살림성남용인 상무로 일했다. 저서로 『협동조합의 오래된 미래, 선구자들』, 『살림의 말들』 등이 있다.

> "진짜 위기는
> 사업적 위기가 아닙니다.
> 내부에서 일하는 사람이
> 미래가 보이지 않는다는 것
> 그것이 바로 진짜 위기입니다"

한살림과 어떻게 인연을 맺으셨나요?

〈한살림선언〉[1]을 발표했던 '한살림모임'에서 처음 일을 시작했어요. 그런데 활발하던 한살림모임이 시간이 갈수록 힘이 빠지더군요. 그때 제가 서른 살 가까운 나이였는데, 전망이 안 보였습니다. 장일순[2] 선생님이 제 손을 잡고 "네가 여기 지켜라"고 하셨지만 소비자협동조합중앙회, 대화문화아카데미로 자리로 옮겨 8년 넘게 일을 했습니다. 그리고 2002년에 한살림에 다시 돌아왔어요.

한살림모임은 어떤 곳이고 또 어떤 계기로 참여하게 되셨나요?

대학교 동기 중 원주 출신 친구가 있었어요. 그 친구가 원주캠프[3]에서

---
[1] 한살림선언은 한살림운동을 시작한 무위당 장일순 선생과 그의 제자들이 결성한 한살림모임이 1989년 생명의 눈으로 시대의 흐름과 산업문명을 진단하고, 사회운동의 새로운 비전을 제시한 문건이다. 사람과 자연이 조화와 공존을 이루고 도시와 농촌이 서로 돕는 호혜적인 관계를 모색하며 한살림운동, 한살림생활문화운동을 제시하고 있다.
[2] 우리나라 협동조합운동의 선구자이자 친환경 농산물 직거래 조직인 한살림과 생명운동을 전개한 사회운동가며, 교육자이자 서예가이다.

나온 문건들을 하나씩 보여주었습니다. 그때 『밥』이라는 책의 한 꼭지였던 「생명의 담지자인 민중」이라는 글이 기억에 남습니다. 김지하 선생이 원고지에 직접 쓴 글을 복사한 것이었는데 '인간을 이렇게 바라볼 수도 있구나'라고 감동을 받았던 기억이 납니다. 그리고 「원주보고서」[4]를 봤어요. 원주캠프 사람들이 원주의 지역사회 개발사업이나 신협운동을 정리하면서 운동의 방향 전환이 필요하다며 1980년 전후해서 토론했던 내용을 정리한 내용이었습니다. 1985년 두레출판사에서 나온 『남녘땅 뱃노래』[5]라는 책에 실렸는데 「삶의 새로운 이해와 협동적 삶의 실천」이라는 제목이었어요.

그 글을 읽으며 갑갑했던 현실에서 한 줄기 빛을 본 거 같았습니다. 인간에 대한 깊은 이해, 소위 동학의 '사람 안에 하늘이 있다'라는 생각을 바탕으로 사람은 도구적 존재가 아니고 온전한 자기실현의 존재, 성스러운 존재라고 규정하고 있었거든요. 그 주체적 존재들의 협동하는 삶의 모습으로 세상을 새롭게 만들어야 한다는 이야기가 크게 다가왔습니다.

제가 기독교 신학이나 철학사에 관심이 많았어요. 한창 어떻게 살아야 될지 고민 많던 시절에 '생명에 이해를 바탕으로 한 협동적 삶의 실천'이라는 명제에 세례를 받은 듯했습니다. 대학에서 저와 고민을 나눴던 친구들 일부는 한살림에, 또 몇 명은 이후 두레생협에서 일하게 됐지요.

1986년 한살림이 만들어질 무렵 박재일[6] 회장님이 쌀가게에서 일할

3-1960년대~1970년대 반박정희정권운동을 전개하면서 형성된 원주지역의 사회활동가들을 1980년대 전반 외부에서 이른바 '원주캠프'라고 불렀다. 이후 원주그룹으로 불리며 협동운동, 생명운동을 다양하게 전개한다.
4-원주보고서는 1970년대 반독재투쟁과 협동운동에 대한 비판적 평가와 방향 모색의 과정을 거쳐 1982년 초 생명의 세계관 확립과 협동적 생존의 확장을 제시했다.
5-김지하 시인의 말과 글을 엮은 책으로 1970년대 사회운동의 경험과 그에 대한 반성을 통해 새로운 사회운동으로서의 생명운동을 제기하였다.
6-사회운동가, 농민운동가, 생협운동가이다. 70년대 '원주캠프' 사회운동가들과 반독재 민주화 운동을 넘어 '협동과 생명'을 화두로 한 새로운 운동을 시작했다. 1985년 원주소비자협동조합을 시작으로 1986년 서울 제기동에 문을 연 한살림농산과 1988년 한살림공동체소비자협동조합 설립을 통해 사람과 자연 그리고 도시와 농촌이 함께 사는 길

사람을 찾았어요. 원주 출신 친구가 후배 한 명을 소개하면서 인연이 시작됐어요. 당시 박 회장님과 장일순 선생님을 비롯한 원주의 어른들이 문명의 전환이 필요하다며 쌀가게와 별도로 한살림 연구모임, 연구회를 만들었는데, 저는 여길 기웃거렸습니다. 〈한살림선언〉을 발표하면서 '한살림모임'으로 정착이 됐지요. 한살림이 처음에는 생활협동운동, 다른 한쪽으로는 사상운동, 문화운동으로 전개가 됐습니다.

그렇게 한살림모임에 참여를 했는데 모임이 어려워졌어요. 그때 마침 소비자협동조합중앙회의 제안을 받고 교육홍보 일을 시작했지만, 그 일에 큰 흥미를 느끼지 못했어요. 이후 대화문화아카데미[7]에서 8년가량 일하다가 한살림으로 돌아왔습니다. 생협운동이 자리를 잡으니 한살림 사상문화운동의 한 축이었던 한살림모임에 대한 아쉬움이 있었던 것 같아요. 그래서 제게 한살림모임을 다시 해보면 어떠냐는 제안이 있었고, 모심과살림연구소를 만들게 되었습니다. 그리고 몇 년 후에 생협 현장으로 자리를 옮겼습니다.

가끔 이런 생각을 해요. 장일순 선생님 말씀대로 한살림모임에 계속 있었다면 어땠을까? 하나를 끈덕지게 쥐고 있는 것도 굉장히 중요하지만, 대화문화아카데미를 선택해 좋은 경험을 쌓을 수 있었다고 생각합니다. 한살림이 상대적으로 폐쇄적이고 밖으로 열려 있지 않은 조직이라는 평가를 받습니다. 모든 존재는 다른 것과 만나면서 새로워지고 진화합니다. 함께 고생했던 동료들이나 선배들에게는 미안한 얘기지만, 안에만 있다 보면 나밖에 모르게 됩니다. 밖에서 경험했던 것들이 제가 다시 한살림에 돌아왔을 때 또 다른 자산이 되지 않았나 싶어요. 대화문화아카데미의 역사와 경험이 저를 통해 한살림으로 전이되지 않았을까요?

이러한 경험을 살려 당시 사단법인 한살림의 교육홍보 담당으로 역

을 모색하는 한살림운동을 발전시켰다. 이후 생활협동조합법 제정 등에 중요한 역할을 했다.
[7]-당시 크리스찬아카데미, 현재는 (재)여해와 함께로 1965년부터 기독교의 사회 참여와 현대 사회의 인간 소외를 극복하는 인간화와 민주화에 기여하고자 대화운동을 펼쳤다.

할을 하다가, 생협법 개정으로 한살림연합이 출범하는 시점에 지역 회원생협으로 자리를 옮겼습니다. 그때 재무적으로 가장 안정된 곳을 찾았어요. 여러 가지 실험을 할 수 있겠다는 생각을 갖고 말이죠. 한살림성남용인이 그런 곳이었습니다.

한살림 미션 다시 보기

많은 사회적경제 조직에서 일하는 구성원들이 우리 조직의 비전과 미션이 다소 명확하지 않다고 토로합니다. 그러다 보니 각각의 업무나 활동들이 어디에 기여하는지가 잘 보이지 않고 예전처럼 활기차지 않은 것 같습니다. 어떻게 하면 지치지 않고 재미있게 일하며, 활동에 참여할 수 있을까요?

저는 드러내서 자기비판을 할 수 있는 조직이 좋은 조직이라고 생각합니다. 『한살림 20년사-스무살 한살림 세상을 껴안다』를 보면 조직의 갈등이 그대로 드러납니다. 사회운동을 하신 분 중 한 분이 조직이 건강하니까 공개적으로 갈등을 드러낼 수 있는 것이라고 평가하셨어요.
  지금은 어떨까요. 한살림은 지금 굉장히 중요한 시점에 놓여 있습니다. 한살림이 추구하려는 미션을 성찰하는 계기가 될 수 있어요. 생각해보면 지금까지 한살림이 미션을 잘 수행해 왔기 때문에 위기와 마주한 측면도 있습니다. 먹을거리에 대한 관심이 보편화되면서 경쟁이 심화되어 생겨난 위기이기도 하니까요. 물론 세상의 변화를 잘 읽어내지 못하고, 빨리 대응하지 못해서 맞게 된 위기라는 점에서 볼 때 책임에서 자유로울 수는 없습니다.
  지금은 우리를 되돌아보고 걸어온 길을 정돈한 후 기조를 바꿀 수 있는 중요한 계기인 것만은 확실합니다. 상황이 주는 책임으로 압박을 느끼지만, 이 기회가 아니면 전환이 쉽지 않을 거라는 생각도 들어요. 한살림은 지난 35여 년 동안 1997년 외환위기를 제외하면 줄곧 성장만 해왔기 때문에 몸에 밴 습성이나 관행이 많습니다. 그 습성이나 관행을 바꾸는 것은 위기 상황이 아니면 어렵습니다. 위기감을 느끼지 않으면 사람이나 조직은 쉽게 바뀌지 않지요.

문제는 위기의 본질을 정확히 읽어내지 못하는 것에 있습니다. 위기에도 여러 가지가 있는데 지금 말하는 위기는 공급이 침체되는 상황 그 자체입니다. 그런데 공급이 침체 되더라도 수지 문제를 해결할 수 있으면 경영 위기라고는 할 수 없을 것입니다. 다만, 일부 회원생협 중에는 공급 침체와 경영 위기가 동시에 나타나는 곳이 있습니다. 수지 균형을 맞추지 못하는 조직들이 일부 있지만, 방책을 잘 세우면 극복할 수 있다고 봅니다.

오히려 진짜 위기는 사업적 위기보다 한살림에서 일하는 사람들이 미래에 대한 전망이 불투명하다고 느끼는 것입니다. 일하는 사람들이 '내가 열심히 일하면 명료한 전망을 가질 수 있어'라고 생각해야 하는데 그게 잘 안 보인다는 것이죠. 몇 해 전만 해도 '비록 적은 월급에 일은 많지만 난 정말 좋은 일을 하고 있어. 참 보람된 일을 하고 있어'라는 얘기를 했어요. 그런데 몇 해 사이에 그렇게 느끼는 사람들이 많이 줄었습니다. 그런 점에서 책임자로서, 한살림에서 먼저 일했던 선배로서 책임을 크게 느낍니다. 구성원들이 보람 있게 일할 수 있는 환경을 만들어줘야 하는데, 제대로 그러한 환경을 갖추지 못했다는 것에 대한 자괴감이 듭니다. 지금은 이를 어떻게 만들어낼 수 있을까 하는 것이 제일 고민스럽습니다.

기존의 틀에서 생각을 전환하는 일은 쉽지 않습니다. 그래서 미션을 다시 정돈할 필요가 있습니다. 가령 실무책임자회의에서 반려동물사료에 대한 의견이 나왔어요. 일부 회원생협에서 이미 취급하고 있지만, 조합원들이 잘 선택하지 않는다고 합니다. 그 회원생협의 책임실무자가 "한살림의 기조가 바뀌지 않으면 해당 물품을 취급해도 사업성이 없다"고 말했어요. 조합원들이 한살림 물품이라고 느끼지 않기 때문이죠. 하나의 사례이지만, 반려동물 사료와 같이 최근 들어 사람들에게 의미를 갖는 중요한 물품이지만, 한살림의 기조로 그것을 부각하지 못하는 경우가 있습니다. 그런데 조합원들 생각에 반려동물사료 같은 것을 취급할 정도로 포괄하는 한살림의 가치 확장이 없으면 조직적으로나 사업적으로 크게 의미가 있지 않다는 것입니다.

같은 맥락에서 한살림이 원래 무엇을 하고자 했는지를 묻고, 이번 기회에 그 답을 찾아 정리해야 합니다. 예를 들면, 경쟁이 격화되는 친환경 유기농산물 시장 속에서 몇 가지 기술이나 시스템을 도입한다고 잘나갈 수 있을까? 물론 더 잘할 수 있는 부분이 있겠지만, 지금 그게 핵심은 아니라고 봅니다. 원래 한살림이 하자고 했던 게 무엇이었는지 미션을 정돈해야 합니다.

친환경 유기농산물 생산과 소비 확대는 유기 농지 확대와 협동적 삶의 확대로 이어집니다. 자연과의 관계, 사람들과의 관계를 재구성하는데, 그 매개체가 친환경 유기농산물이었습니다. 친환경 유기농산물의 생산과 소비를 확대하면서 자연스럽게 미션을 실천할 수 있었지요. 그런데 이제 친환경 농산물이 일반화됐고, 심지어 시장화되어 버렸습니다. 물론 친환경 유기농산물 생산과 소비 확대를 충실하게 하는 것도 중요하지만, 운동의 다른 소재를 발굴하거나 운동 전체의 기조를 바꾸는 것이 이제 사업의 전망을 세우는 데도 빠질 수 없다는 생각이 듭니다. 돌봄이 그중 하나로 새로운 운동의 기조 차원에서 나오는 것이라고도 할 수 있습니다. 관계의 재구성 차원에서 한살림을 다시 볼 필요가 있습니다.

한 예로 성장이 계속되던 때에는 직원들의 급여가 꾸준히 올라갔는데, 지금은 정체되고 오히려 사람을 줄여야 하는 상황이 되었습니다. 이 상황에서 새로운 전망을 빨리 만들지 않고, 자꾸 옥죄기만 해서는 안 되는 것이죠. 일부 지역에서는 비용 절감만 이야기합니다. 절약하려는 자세는 있어야 하지만, 오히려 온 힘을 다해 희망의 메시지, 전망을 만들어야 합니다. '아, 우리 참 좋은 일 하는구나'라는 생각을 하도록 말입니다.

생협에서 전략을 고민할 때, 고려해야 할 점

사업상의 위기보다 일하는 사람들이 전망이 보이지 않는 게 더 큰 위기라고 말씀해주셨는데요. 협동조합이나 사회적경제 영역에서 일하는 분들이 겪는 보편적인 문제의식일 수 있겠다는 생각입니다. 한살림에서는 어떤 고민을 하고 있나요?

기조를 바꿔야 합니다. 기조를 바꾸려면 지금까지 잠정적으로 수행해왔던 미션의 틀을 바꿔야 하죠. 왜냐하면 이미 시장화되어버린 미션은 일하는 사람들이 보람을 갖기 어렵게 만들기 때문입니다. 그래서 돌봄 같은 새로운 영역에서 할 수 있는 일을 찾아냄으로써 기조를 바꿔나가야 하죠. 다만 친환경 유기농산물 직거래라는 전략이 워낙 뿌리 깊게 박혀 있어서 기조를 바꾸는 일이 성공할 수 있을지는 불투명합니다.

한살림의 밥상살림, 농업살림은 전략이었습니다. 이는 사실 친환경 유기농산물 생산과 소비 확대의 다른 이름이죠. 생산자와 소비자가 하나라는 가치도 이제 새로운 차원으로 나아가야 합니다. 더이상 중요하지 않다는 것이 아니라 한살림을 친환경 유기농산물만으로 규정해서는 안 된다는 것입니다. 기조 자체를 바꿔서 관계를 재구성해야 한살림의 미션이 사람들에게 인식되고, 또 보람도 생겨날 수 있다고 생각합니다.

예를 들면 일본 생협은 1990년대 중반 사업 위기를 겪습니다. 일본이 고령사회로 진입하는, 즉 65세 인구가 전체 인구의 15%를 넘게 되는 시점이 1994년인데 생협도 그 무렵부터 20년 동안 옆걸음질을 쳤죠. 물론 '팔시스템생협'처럼 발 빠른 자기 혁신으로 이를 극복한 곳도 있었습니다. 그린코프생협이나 생활클럽생협은 공동체 공급을 계속 고집했지만, 팔시스템은 앞으로 개인화 시대가 될 것으로 보고 새로운 경영기술을 도입했습니다. 개별 공급 도입으로 사업시스템을 전환하면서 급속도로 성장했죠.

  사회 변화에 대응할 수 있도록 적절한 경영기술을 재빨리 도입하면서 성장한 조직이 있고, 그렇지 않은 조직도 있습니다. 짐작일 수 있으나 생활클럽생협이나 그린코프생협은 공동체 혹은 협동조직이라는 자기 이념을 고집했던 것 같아요. 그래서 공동체를 중심에 둔 협동의 방식을 지키면서 먹을거리 사업에서 돌봄이나 워커즈로 생협운동의 기조 자체를 변화시켰죠. 한살림은 자기 이념이 강하고, 새로운 기술을 발 빠르게 도입할 수 있는 조직이 아니므로 생활클럽생협이나 그린코프생협처럼 기조 자체를 바꾸는 데 초점을 두어야 하지 않을까 생각합니다.

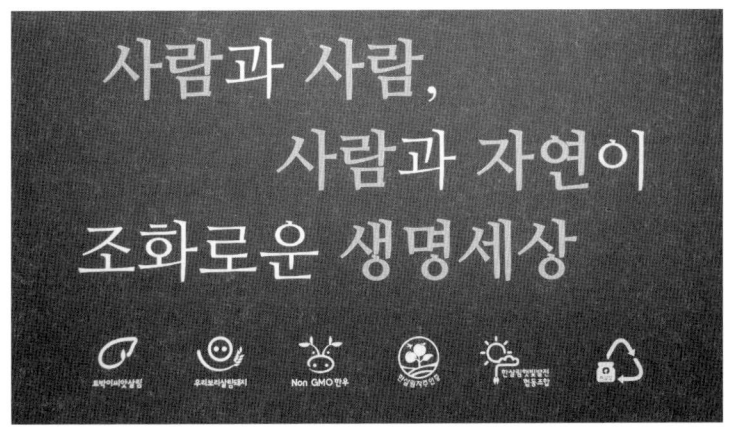

한살림운동 슬로건과 가치브랜드

  『한살림선언』을 보면 생산·유통·소비·폐기분해라는 생태 사이클을 중심으로 운동을 설계하고 있습니다. 그런데 생산과 소비의 균형을 맞추기 위해 생협의 틀을 사용하다 보니 유통에 대해 그리 중요하게 생각하지 못했던 것 같아요. 상대적으로 유통을 담당하는 사람들의 역할이 갖는 의미와 가치에 대한 인식이 약해진 겁니다. 실제 생협의 일이 중심적으로 이뤄지는 건 유통부문인데 말이죠.

한살림이 1990년대 중반 사단법인으로 법인격을 전환할 무렵, 스페인 몬드라곤협동조합을 모델 삼아 일하는 사람들도 출자해서 의사결정 구조에 참여하는 체계를 만들었던 적이 있었습니다. 생산자, 소비자뿐만 아니라 일하는 사람도 참여하는 3자 지배구조, 의사 결정 구조를 만들었는데, 2년 뒤 일하는 사람들의 참여에 대한 실험은 마무리되었습니다.

또한 그린코프에서 쓰고 있는 '조합원노동' 개념을 번역해서 사용하면서 한살림의 노동 개념이 좀 꼬여버리지 않았나 생각합니다. 역사적 배경, 사회적 관계가 다른 맥락에서 생겨난 개념을 직역해서 적용하다 보니 문제가 그대로 드러난 거죠. 조직 활동이나 매장 활동을 조합원 자원 활동의 연장선에서 보고, '조합원노동'으로 규정하면서 혼선이 생겼습니다. 혼선 중 한 가지는 실무자노동과 조합원노동을 끊임없이 비교하면서 조합원노동의 긍정적인 의미를 점점 잃어간 것입니다. 두 번째는 조합원들의 자발적인 활동이어야 할 조직 활동이 조합원노동을 하는 조직활동가에게 위임되는 구조로 재편된 것입니다. 그러다 보니 조합원들은 조직활동가들을 관리하고 감시하는 데 머물게 되었어요.

혼선이 있지만 '조합원노동'이라는 개념으로 생협의 노동 전체를 재구성하는 전망을 만들 수도 있다고는 생각합니다. 최근 그린코프생협은 생협의 물품사업과 협동노동의 워커즈를 양립시키는 방향으로 가고 있어요. 4차 산업혁명 등으로 일자리가 없어지는 시대에 시민노동, 프리랜서노동이 보편화할 것입니다. 프리랜서노동과 조합원노동은 비슷한 모습을 보여요. 그런 차원에서 보자면 조합원노동이 아니라 '커뮤니티노동'이나 '지역살림노동'으로 개념적인 확장도 필요합니다. 한살림의 노동을 점차 커뮤니티노동으로 전환해 나가는 것도 하나의 방향일 수 있습니다. 물론 지금은 현실적인 이유로 직원노동 쪽으로 통합될 가능성이 큽니다만, 앞으로의 사회가 노동 없는 사회가 되거나 프리랜서노동 중심으로 재편될 텐데 그런 의미에서 조합원노동, 커뮤니티노동은 앞으로 더 크게 부각될 것입니다.

다중 이해관계자 협동조합으로서의
한살림 특성과 협동조합에서의 노동

한살림이나 아이쿱처럼 연합회를 구성할 정도로 생협 조직들이 규모화 되었습니다. 규모가 커진 만큼 조합원들도 높은 전문성을 요구하는 것이 현실인 것 같습니다. 생협 조직에게 어떤 전문성이 필요하다고 보시나요?

한살림이나 아이쿱처럼 생협연합회 단위로 사업 규모와 조직이 커짐에 따라 그 규모에 따른 전문성이 필요한 건 사실입니다. 그런데 이를 반드시 기존 노동구조에서 해야 하는 걸까요? 일본 생협의 사례를 살펴보면 다른 방향도 구상해볼 수 있습니다. 일본의 워커즈콜렉티브는 급여가 비교적 적은 편이에요. 그래서 전문적이지 않은 노동이라는 인상을 받는데 반드시 그런 것은 아닙니다. 굉장히 다양하죠. 한 부모 가정 등 더 많은 급여를 필요로 하는 사람들은 노동 강도가 강하거나 전문성이 요구되는 영역의 워커즈를 만들기도 합니다. 물론 일반적으로 자원 활동에 가까운 워커즈도 있습니다. 그런 차원에서 생각해보면, 전산 같이 고도의 전문성이 필요한 영역도 협동조합으로 만들어 결합할 수 있습니다. 앞에서도 얘기했지만, 최근 그린코프생협이 그렇게 전체 방향을 잡아가고 있죠.

한살림성남용인에서 일할 때 일하는 사람들의 협동조합 조직을 고민했어요. 아이쿱이 직원협동조합을 만들어서 소비조합과 업무 위탁 관계를 맺는 것처럼 한살림에서도 한살림에 맞게 일하는 사람들의 협동조합을 만들어 실무자들의 자율성과 자기결정권을 존중하고, 그것을 바탕으로 연대의 틀로 업무를 재구성해 보면 어떨까 생각했죠. 그런데 한살림에는 이를 같이 고민하는 의사결정 구조가 없어서 의논하다 멈추었습니다.

지금 규모화된 협동조합에서는 노동 문제가 당면 과제예요. 소비자협동조합은 조합원의 조직이죠. 그런데 규모화가 되면서 오히려 실무자와 조합원 사이의 긴장 관계가 만들어지고, 결사체와 사업체가 유리되고 있어요. 실무자와 조합원, 이 둘은 서로 미션이 다르다고 생각합니다. 이는 협동조합에 대한 이해가 부족하고, 미션이 정확하지 않기 때문에 발생한 문제가 아닐까요. 이를테면 구매를 담당하는 실무자는 판매가 많이 되는 물품을 만들면 됩니다. 그게 실무자에게 주어진 역할이니까요. 그런데 조합원들은 물품의 원칙이나 기준을 강조합니다. 한살림이 초창기부터 지금까지 정체성을 강조하면서 늘 해왔던 이야기입니다. 그러니 조합원들 입장에서는 지금 와서 딴소리하는 것처럼 들릴 수밖에 없죠. 결국 실무 그룹의 미션과 조합원들이 참여하는 위원회에서 미션을 통합하지 못해 이중 메시지가 만들어진 셈입니다.

한살림을 연구하던 영국의 연구자가 한살림을 '다중이해관계자 협동조합'으로 인식하고, 유럽에 소개하면 좋겠다는 말을 한 적이 있습니다. 이러한 관점에 대해 어떻게 생각하시나요?

『협동조합, 참 좋다』라는 책을 보면 유럽의 소비자협동조합을 굉장한 것으로 소개하고 있지만, 조합원들의 참여로 이뤄지는 진짜 소비조합인가 의문이 들 때가 있습니다. 박재일 회장님이 1990년대 초반 소비자협동조합중앙회 회장을 맡던 시절에, 그곳에서 일하고 있던 제게 들려준 이야기가 있습니다. "네가 보기에는 이름만 협동조합인 것 같이 느껴지겠지만, 그래도 저 소비조합들이 지역에서 가격을 적정하게 유지시키는 힘으로 작동한다"고요. 그때는 그 말씀이 머리에 잘 들어오지 않았지만, 나중에야 그 말의 진의를 깨달았습니다. 그리고 무엇이든 한 가지 관점으로만 봐서는 안 되겠다고 생각했어요. 그런 의미에서 유럽의 소비자협동조합들도 그 기능이 큽니다. 다만 조합원 참여라는 관점에서 볼 때 협동조합의 성격이 퇴화된 것일 수 있습니다. 유럽에서는 조합원의 참여가 존재하고, 그 참여로 인한 긴장과 갈등이 노출되는 한살림이 신기하게 느껴질 수 있습니다.

한살림은 다중이해관계자 협동조합이라고 할 수 있습니다. 이해관계가 다른 생산자와 소비자가 함께 하는 조직이니까요. 다중이해관계자가 함께하는 협동조합이지만 추구하는 미션은 하나입니다. 한살림이 생각하는 사회적 가치 아래 통합된 것이죠. 생산자들을 조금 더 생각하는 농업살림의 입장과 조합원들의 필요를 대변하는 밥상살림의 입장이 긴장 관계에 있지만, 생명살림의 통합된 미션 아래 건강하게 조정되는 것을 지향하고 있습니다. 다만 정치판에서 진영을 만드는 것처럼 갈라지기도 합니다. 단순하게 생산자와 소비자로 나누어지는 것이 아니라, 생산자 중심주의, 사업 지향의 생산자, 생산 지향의 소비자, 소비자 우선주의 등 여러 가지 모습으로 착종되기도 하죠. 미션이 잘 정돈되지 않았을 때 생기는 문제이며, 극복해야 할 문제입니다.

하지만 더 큰 문제는 일하는 사람이 협동조합에서 일한다고 느끼지 못한다는 것입니다. 조합이 성장하는 과정을 겪어 본 입장에서 젊은 친구들한테 꼭 작은 조직, 지역 조직을 경험해보라고 권합니다. 지역 조직을 경험하면 한살림에서 자신의 업무가 어떤 위치에 있고, 자신이 무슨 업무를 하는지 보이기 때문이죠. 지금 구매 담당으로 입사한 실무자의 경우에는 일반 유통 회사에서 일하는 것과 다를 게 없어 보일 수 있습니다. 조합원들이 참여하는 물품위원회에도 들어갈 기회가 없으니까요.

또 다르게 볼 수 있는 시각과 지점은 있습니다. 예를 들면, 한살림연합은 지역 회원생협의 필요로 만들어진 조직으로 일반 회사의 본사처럼 한살림연합의 독자적인 사업이나 운동을 하기 위해 만들어진 조직이 아닙니다. 그런데 한살림연합의 확대가 한살림운동의 성장이라고 느끼는 사람이 의외로 많습니다. 조직이 생성되면 필연적으로 나타나는 조직 논리이기는 하지만, 연합이 지역 회원생협의 필요로 만들어진 조직이기 때문에 지역을 돕는 역할을 하는 곳이라고 인식한다면, 분명히 달라질 수 있다고 생각합니다. '내 역할은 저 지역 회원생협의 무엇을 돕는 것이다. 지역 회원생협에서는 조합원의 무엇을 돕는다. 조합원들하고 같이 뭔가를 한다'는 관점으로 전환해볼 수 있습니다.

일하는 사람들 문제에서 또 하나 생각해 볼 게 있습니다. 최근 서울의 한 의료사협에서 노동조합을 만들었어요. 필요에 의해서 노동조합이 만들어지기도 합니다. 소비자생활협동조합인 한살림의 사용자는 소비자입니다. 소비자인 조합원들이 실무자를 고용하는 구조죠. 생협이지만 한살림이 원래 추구하는 운동의 미션이 잘 작동해서 일하는 사람들까지 품을 수 있는 조직의 틀을 갖춘다면 노동조합이 등장하지 않을 수 있습니다. 그런데 일하는 사람에게 주어지는 요청이나 요구가 과해져서 조합원들이 진짜 사용자처럼 행세하게 된다면 노동조합이 만들어질 수밖에 없습니다.

즉 생협으로서 자기 역할을 잘하는 것과 그 안에 노동조합이 생긴다는 것은 다른 차원의 문제입니다. 생협으로 잘 작동하지만 일하는 사람들에게 희생을 강요한다면 노동조합을 만들어서 정당한 요구를 할 수밖에 없습니다. 또 다르게 접근한다면, "한살림이 원래 소비자협동조합을 하자고 했던 것이 아니냐"는 문제 제기에 대해 "우리도 의사결정에 참여할 수 있게 해달라"거나 "다중이해관계자협동조합처럼 함께 협의해 나갈 수 있는 구조를 만들 수 없는 것이냐"고 요구할 수도 있습니다.

일본 생협에서는 1970년대 중후반에 생협운동이 사회적으로 자리잡는데 노동조합이 큰 기여를 했어요. 노동조합이 만들어지는 것이 문제라는 생각은 옳지 않은 것 같습니다. 이런 관점에서 '한살림운동이 생산자, 소비자만의 조직인가? 우리도 일하는 사람의 권리나 책임을 가지고 주체가 될 수 있지 않은가?'라는 생각을 해 볼 필요가 있습니다.

생협에서 취급하는 물품 가격은 저렴해야 한다는 이야기는 협동조합운동을 하는 입장에선 말이 되지 않는다고 생각해요. 적정가격으로 생산자와 소비자는 물론 일하는 사람들에게도 보탬이 될 수 있어야 합니다. 단위 생협이나 단위 생산조합은 자기 필요를 충족하기 위해 움직이죠. 협동조합운동의 큰 시각에서 적정한 가격을 통해 소비자, 생산자, 일하는 사람 모두를 배려하고 충족시켜야 합니다. 이 3자 구도를 늘 함께 생각해야 합니다.

그래서 협동조합의 궁극적인 모습은 다중이해관계자가 함께 하는 사회적협동조합이 되어야 한다고 생각해요. 그렇다고 그것이 단순하게 한 조직이 되어야 한다는 것은 아닙니다. 여러 이해관계자가 모여 한 조직을 만들 수도 있고, 각자 따로따로 협동조합을 구성하되 함께 협의하는 틀을 만들 수도 있습니다. 방법은 다양합니다.

조직에 따라 노동조합이 필요한 경우도 있을 것입니다. 자기 목소리 내고, 상황에 맞춰 구성원들의 판단이 필요해요. 노동조합을 반드시 만들어야 한다는 것이 아니라, 만들 수도 있다는 의미입니다. 다른 방식으로도 풀 수 있습니다. 노조가 아니라 노동자협동조합을 만들어서 업무 위탁 방식으로 할 수도 있습니다.

에로스키[Eroski8]를 몬드라곤에서 만든 소비자협동조합이라고 하는데, 직접 가서 보니 소비조합이 아니라 노동자협동조합인데 소비자를 회원으로 받아들이는 구조였습니다. 소비자를 이해관계의 한 축으로서 의사결정에 참여시키고 있었죠. 실체는 일하는 사람들의 협동조합입니

[8] -스페인의 협동조합이다. MCC(몬드라곤 협동 복합체)의 유통부문으로 하이퍼마켓, 슈퍼마켓, 의류, 여행, 주유소, 헬스클럽 등 소비자의 생활과 관련된 전 영역에서 사업을 하고 있다. 2018년 기준 1,652개의 매장과 7.2조원의 매출을 기록하였다. 에로스키는 소비자조합원과 노동자조합원이 동수로 이사회를 구성하는 독특한 거버넌스 구조를 갖고 있다.

다. 몬드라곤이 갖고 있는 노동가치 중심의 일관성을 그대로 관철하고 있었어요. 몬드라곤 학교협동조합의 경우 출자에 참여한 1차 협동조합이 절반 정도의 권한을 갖고 있지만, 실제 학교에서 일하는 사람들한테 의사결정을 맡기고 있었습니다. 2차, 3차 협동조합은 다 그렇게 하고 있더군요. 몬드라곤은 노동을 중심으로 세계를 해석하고, 세계를 바꾸는 미션을 가진 조직이기 때문에 그렇게 틀을 구성한 것이겠죠. 반면 한살림은 생산·유통·소비에서 생산과 소비를 중심으로 조직을 운영해 왔다고 할 수 있습니다.

협동조합이 교육을 강조한 이유

많은 생협들이 1세대에서 1.5세대, 2세대로 리더십이 전환되면서 다양한 과제들이 나타나는 것 같습니다. 한살림에서도 차세대 리더십에 대한 고민이 있을 것 같습니다. 어떤 준비를 하고 계신가요?

한살림에서는 차세대 리더 육성을 위한 체계적인 교육이 진행되고 있냐는 질문을 많이 받습니다. 결론부터 말하자면 아직 구체적인 계획까지 만들지 못했습니다. 협동조합 리더에게 크게 세 가지 역량이 필요하다고 봅니다. 관리 역량, 실무 역량, 소통 역량으로 이를 조금씩 키워가야 합니다.

인간에 대한 깊은 이해를 기본 바탕에 두고 있는 협동조합은 교육을 무척 강조합니다. 로치데일협동조합의 경우에도 만들어진 지 얼마 안 돼서 도서관을 만들고, 신문을 정기구독하게 했죠. 협동조합은 시민교양을 기본으로 한다는 선언이었습니다. 그런 전제가 있었기에 협동조합이 노동조합과 함께 페이비언 협회[9]나 영국 노동당의 조직 기

9-영국의 점진적 사회주의 단체로 혁명적 방법보다 개혁을 통한 이념실천을 활동방법으로 삼았다. 협회의 활동과 사상은 노동당의 기초가 되었으며, 영국 식민지의 독립, 특히 인도의 독립 등의 정책에 영향을 끼쳤다.

반이 되었고, 그것이 영국의 민주주의 기초를 마련했습니다.

한살림도 그렇고 다른 협동조합이나 시민사회조직, 더 나아가 시민사회를 기반으로 국가의 틀까지 직접 만든 예전 세대는 이미 만들어진 틀에 맞춰 일한 것이 아니라, 아무것도 없는 밑바닥에서 자발적으로 결합해 하나, 둘씩 벽돌을 쌓아 조직의 틀을 만들었습니다. 비록 지난至難한 과정이었고, 그 과정에 대한 보상도 보잘것없었지만 새롭게 만들어가는 것에 자긍심과 보람을 느꼈습니다. 요즘 말하는 586세대들이죠. 한국사회 민주화의 주역인 그들이 지금까지 30년 동안 권력을 쥐고 한국사회를 좌지우지하고 있습니다. 한살림을 포함한 국내 생협운동도 이와 비슷한 과정을 거쳐 왔죠.

예전 세대와 달리 지금 세대는 이미 짜여 있는 틀에서 새로운 길을 찾아야 한다는 전혀 다른 과제가 주어져 있습니다. 저는 청년들이나 후배들에게 "희생 같은 거 절대 하지 말고, 재미없거나 억압적이고 부당하다고 느낀다면 그만하라"고 말하곤 합니다. 희생하고 있다고 생각하면 제대로 일을 할 수 없습니다. 희생한다는 생각이 드는 순간 그만두어야 합니다. 자기를 희생하면서 억지로 일하는 것은 본인은 물론 조직이나 사회에도 문제가 될 뿐이죠.

결국, 먹고 사는 일과 내가 좋아하는 일이 일치되지 않으면 곤란하다고 봅니다. 쉽지 않은 문제지만 이를 위해 지속적인 자기계발과 교육이 무척 중요합니다.

새로운 협동운동의 미래

생협이 가진 인프라에 대한 사회적 활용에 대해 다양한 요구가 있습니다. 어떤 의견이신가요?

생협이 역량이 있어서 사회적경제 조직이나 협동조합을 돕는다 생각하면 곤란합니다. 한살림제주처럼[10] 사회적경제와 연결고리를 만들면서 자기 영역을 확장해 갈 필요가 있어요. 하지만 국내 생협은 외부와의 연대에 전반적으로 소극적인 편입니다. 경험이 없어서 그렇습니다. 지금 생협이 겪는 사업의 어려움을 풀어가고, 새로운 전망을 만들어가는 방법으로 다른 조직들과의 연대와 결합을 통해 자연스럽게 생협의 역할을 찾는 것이 필요해요. 외부와의 만남, 연대와 교류의 폭을 넓히는 동시에 내부적으로 이와 관련된 메시지를 주요 의사를 결정하는 사람들과 공유하면서 한살림의 역할을 찾아가야 합니다. 다른 생협들과 지속적인 연대와 교류를 통해 함께 어려움을 극복할 방법을 찾아야 해요. 일례로 아이쿱생협은 공제사업을 적극적으로 검토하고 있어요. 물론 생협 내 합의가 없으면 굉장히 어려운 일이지만 생협 간의 연대를 촉진하고, 사회적 가치를 창출하는 것과도 연결되어 있습니다.

앞서 얘기했듯이 기조를 바꾸면 공제도 자연스럽게 받아들여질 수 있습니다. 공제사업의 실시는 재무적으로도 상당히 도움이 될 것입니다. 지금은 생협이 공제를 직접 할 수 없는 구조로 신협과 같은 곳과 연계하는 방법이 있을 수 있어요. 그러려면 우선 내부 정돈이 필요합니다. 기존의 틀에 박힌 사고와 접근방식으로는 확장이 어려울 것입니다. 물품이 협동적 삶의 관계를 만들기 위한 것이었는데, 물품을 중심으로 조직의 꿈과 설계가 한정된 면이 있습니다. 한살림은 전망을 커뮤니티, 협동적인 삶의 관계를 확장해 커뮤니티를 만드는 것에서 찾아야 합니다. 한살림의 첫 출발도, 한살림의 미션도 이것이었죠. 돌봄, 공제처럼 새로운 사업의 확장, 생협들 간의 합의, 사회적경제 조직들과의 연대가 조합원들의 협동적 삶의 모습, 협동적인 삶을 일구는 커뮤니티를 만드는 발걸음이 아닐까 생각합니다. 협동과 연대로 새롭게 구성되는 '제2의 지역'을 만드는 일에서 한살림의 전망을 찾아야 하지 않을까요.

---

[10]-한살림제주, 농업회사법인 밥상살림, 한살림생산자제주도연합회는 제주 소농과 소가 공생산자, 사회적경제 주체들이 함께 자립할 수 있도록 직거래 매장, 물류센터, 농민장터, 도시텃밭, 교육센터를 운영하고 있다.

노동의 사회화를 통해 세상을 바꾸겠다는 사람들 가운데, 협동노동의 중요성을 일찍이 간파한 사람이 있었다. 일본에 노동자협동조합 운동을 소개하고, 그 필요성에 대해 꾸준히 알려온 토미자와 겐지. 그는 노동의 협동과 여러 협동조합, 더 나아가 시민사회를 넘나드는 협력을 통해 일본을 비롯한 국제사회가 글로벌기업에 대항하여 더욱 힘을 키워야 한다고 힘주어 말한다. 또한 사회적경제와 연대경제를 뛰어넘는 사회연대경제 사상의 기반에 대해 통찰하고, 정부를 대상으로 협동조합운동의 확장을 위해 협동조합 헌장 초안을 만들어 제안하는 등 쉼 없이 협동조합운동의 나아갈 길을 제시하고 있다. 협동조합의 길을 걸어가는 젊은이들에게, 토미자와 선생님은 어떠한 이야기를 들려주실까.

사회적경제·협동조합운동의
사상과 실천

토미자와 겐지
히토츠바시대 명예교수

토미자와 겐지^{富沢賢治}는 1936년 사이타마현에서 태어났다. 히토츠바시대 사회학과에서 1976년 '유물사관과 노동운동-레닌의 노동 사회화론'으로 박사학위를 받았다. 히토츠바시대경제연구소장[1992~1994], 일본협동조합학회장[1991~1993], 협동조합연구소 부이사장을 역임했다. 1980년대 워커즈코프 운동을 일본에 소개한 당사자로 ICA 총회 등 국제무대에서도 활약했다. 저서로『노동과 국가 – 영국 노동조합의 역사』(1980), 『협동조합의 개척 사회-스페인 몬드라곤의 창조와 탐구』(공저, 1988), 『노동자 협동조합의 새로운 지평』(편저, 1996), 『비영리 협동분야의 이론과 현실』(편저, 1997), 『비영리 협동분야-유럽의 도전과 일본의 과제』(편저, 1999), 『사회적경제 분야의 분석-민간 비영리조직의 이론과 실천』(1999), 『협동조합 헌장이 지향하는 것』(공저, 2012)가 있다. 홈페이지 http://e-kyodo.sakura.ne.jp/tomizawa/tomizawa-index.htm에서 보다 자세한 연구자료를 확인할 수 있다.

"Think Globally,
Act Locally"

본격적인 대화에 앞서 '유물사관과 노동운동-레닌의 노동 사회화론'이라는 선생님의 박사 논문에 대해 잠깐 이야기했으면 합니다. 이 주제를 선택한 이유는 무엇인가요?

시작부터 다소 무거운 이야기를 꺼내게 되네요. 제 박사 논문의 핵심은 '노동의 사회화'라는 개념으로 마르크스와 레닌의 논의를 이해하려 한 것이라고 할 수 있습니다. 제가 논문을 쓰던 당시에 일본의 좌파들은, 마르크스와 레닌을 이해할 때 생산수단을 사회화하는 것으로 미래의 사회주의 국가가 도래할 수 있다고 봤어요. 그런데 생산수단이라는 것을 들여다보면 결국 인간이 이용하는 것입니다. 그렇게 볼 때 마르크스와 레닌이 궁극적으로 이야기하려고 했던 바는 '노동의 사회화'라고 할 수 있죠.

노동의 사회화는 크게 두 가지로 구분할 수 있어요. 우선 자본주의가 지배적인 사회에서 자본가가 만드는 노동의 사회화, 그리고 자본가가 아닌 노동자들이 만드는 노동의 사회화, 즉 '협동노동의 사회화'입니다. 인간은 협동하는 존재로 '협동노동의 사회화'에는 노동에서의 협동이 앞으로 사회를 구성하는 데 중요하다는 의미가 담겨 있어요. 저의 이런 해석에 대해 당시 공격이 많았지만, 협동노동의 사회화라는 관점에서 연구를 계속했습니다. 자본주의 사회에서 노동자협동조합[이하 노협]의 실천을 확인하였고, 노협이 협동조합이다 보니 연구 영역이 자연스럽게 협동조합으로 확장됐어요.

노협이 사회적으로 활발하게 운영되기 위해서는 노협만이 아니라 다른 협동조합들과의 연계가 필연적입니다. 협동조합을 사회 전체에서 본다면 비영리 부문에 속할 텐데, 비영리 부문의 다양한 주체들의 역량이 강화되어 이들이 국가와 사기업을 통제할 수 있는 사회가 되어야 한다는 생각에서 현재의 연구까지 나아가게 됐어요.

여전히 일본의 공산당은 생산수단의 사회화를 이야기하고 있어요. 협동노동의 사회화, 즉 노협과 같은 움직임이 자본주의 사회에서 불가능하다고 말하죠. 하지만 일상생활에서 시민들이 계속 자신들의 활동을 스스로 만들어나가면서 힘을 키우는 것이 훨씬 더 중요하다고 생각합니다. 시민운동의 의미와 역할을 강조하는 방향으로 계속 나아가야 하지 않을까요.

선생님께서는 일본뿐 아니라 국제적으로도 협동조합, 나아가 사회적경제와 관련된 논의를 적극적으로 이끌어오셨습니다. 2012년, 한국에서는 협동조합기본법 제정 이후 협동조합만이 아니라 사회적경제에 대해 전체적인 관심과 기대가 커졌습니다. 사회적경제와 관련하여, 일본과 국제사회에서는 어떠한 논의가 이루어지고 있나요?

협동조합, 공제조합, NPO 등 민간 비영리조직이 담당하는 경제를 사회적경제라고 이야기하죠. 1999년 2월 발간 이후 지속해서 관심을 받고 있는 『사회적경제 분야 분석: 민간 비영리 조직의 이론과 실천社会的経済セクターの分析-民間非営利組織の理論と実践』이라는 책이 있습니다. 당시 유럽연합에서 논의되던 사회적경제론과 민간 비영리 조직의 실태를 분석해 사회적경제 부문이 무엇인지를 알아보고자 했지요.

저는 사회적경제가 아니라 '사회연대경제'의 개념에서 이야기를 풀어가려 합니다. 사회연대경제는 '사회적경제'와 '연대경제'의 합성어입니다. 사회적경제는 주로 유럽을 중심으로 사용된 용어로 앞서 언급한

것처럼 협동조합, 공제조직, NPO 등의 비영리·협동조직에 의한 경제 활동을 의미하죠.[1]

사회적경제와 비교해 연대경제의 특징을 비교해보겠습니다. 사회적 경제가 협동조합, 공제 조직, NPO 등 법인격을 가진 '제도화된 조직'을 중심으로 하는 것과 달리, 연대경제론은 풀뿌리 조직을 포함하여 사회적 목적을 가지고 활동하는 모든 조직을 중시하고 있습니다.

'연대경제'라는 용어는 1990년대 중남미에서 사용되기 시작한 이후 2001년부터 세계 각지에서 개최된 세계사회포럼 등의 운동을 통해 국제적으로 퍼져 나갔습니다. 사회적경제도, 연대경제도 지역사회에 뿌리내려 생활하는 주민들에 의한 경제활동을 중시한다는 점에서 최근에는 이 둘을 합쳐 사회연대경제라고 사용하고 있어요.

연대경제론의 대표적 이론적 지도자라고 꼽을 수 있는 장 루이 라빌 Jean-Louis Laville에 의하면 연대경제는 시민참여를 통해 경제민주화에 기여하는 다양한 활동의 집합체입니다. 경제민주화를 목표로 하는 사회적경제의 새로운 물결인 것이지요. 그렇게 평가되는 이유는 우선 연대경제가 국가와 시민사회 관계를 중심 문제로 두고 있으며, 시장 자원뿐 아니라 정부 자산의 재분배와 시민 간의 상호 관계를 중시하기 때문입니다. 여기에 우리가 잘 알고 있는 칼 폴라니 Karl Polanyi의 영향이 강하게 반영된 것으로 볼 수 있어요.[2]

이와 관련해서 사회적경제에 대해 관심을 가지고 연구할 때 참고하면 좋은 저작들을 먼저 추천하고 싶어요. 유엔사회개발연구소 UNRISD, UN Research of Social Development 피터 우팅 Peter Utting[3] 선임연구원이 편저한

1-자세한 내용은 富沢賢治, 『社会的経済セクターの分析—民間非営利組織の理論と実践』(岩波書店, 1999) 참조.
2-장 루이 라빌의 *L'Economie solidaire*(2011)과 이를 번역한 『連帯経済—その国際的射程』(2012) 참고.
3-피터 우팅은 UNRISD의 전 부국장으로 세계 금융 위기, 기업의 사회적 책임, 거버넌스에서 시민사회 행위자들의 역할 등에 관한 연구 프로젝트를 이끌어 왔다. 1992년 UNRISD 합류 전, 그는 중남미에서 12년간 구조적 조정 프로그램의 사회적 영향력, 농업 개혁, 식량 안보 등을 포함한 다양한 개발 및 환경 이슈 관련 연구를 진행했다. 퇴직 후 2014년 9월부터 UNRISD의 선임 연구원으로 활동하고 있다.

『*Social and Solidarity Economy: Beyond the Fringe*(2015)』라는 책이 있습니다. 그는 시장자유주의에 저항한다는 공통의 기반을 바탕으로, 사회적경제와 연대경제가 결합한 것은 사회운동의 전진에 있어 하나의 혁신이라고 말합니다. 그는 사회연대경제론에 근거한 새로운 사회운동의 본질을 이렇게 강조합니다. 변혁의 전통적인 담당자는 국가와 노동운동이었는데, 시장의 힘으로 이들의 힘은 약화되고 있지요. 변혁을 위해서는 이제 시민사회의 다양한 행위자들을 포함한 새로운 연합이 필요한데 사회연대경제 조직이 그 역할을 할 수 있다는 것이죠. 책에는 사회연대경제에 대한 사례 연구부터 이론적 연구, 그리고 전 세계 연구자들의 글이 수록되어 있습니다. 지금까지의 사회연대경제와 관련된 다양한 연구 결과물을 확인할 수 있죠. 또 하나는 발렌시아 대학의 히로타(Miguel Yasuyuki Hirota) 박사가 쓴 『사회연대경제입문』입니다. 이 책은 사회연대경제를 아주 쉽게 이해할 수 있도록 도와줍니다.

현장의 실천과 비교할 때 사회연대경제를 둘러싼 이론적, 사상적 논의가 한국에서는 아직 활발하지 않다고 느낍니다. 선생님께서 추천해주신 참고자료들을 꼭 살펴봐야겠습니다. 선생님께서는 최근에도 사회연대경제에 관한 연구를 지속하고 계신가요?

그렇습니다. 저는 요즘 사회연대경제의 개념을 좀 더 깊이 들여다보고 있어요. 최근에 「사회연대경제의 사상적 기반으로서의 폴라니와 오웬社会的・連帯経済の思想的基盤としてのポランニーとオウエン(2019.3)」이라는 논문을 발표했는데, 사회적경제의 사상적 기반이 되는 두 사람에 대한 논문입니다.

논문 작업 과정에서 남미의 '부엔 비비르Buen-vivir' 개념을 살펴봤어요. 부엔 비비르는 오랜 시간 동안 안데스 원주민들의 역사 속에서 실천되고 지속되어온 삶의 원리인데요. 영어로는 'Good Living'이라고 할 수 있습니다. 이는 자본주의 발전 패러다임을 완전히 바꾸는 것이라고 생각합니다. 콜롬비아 연대경제연구소장 Miguel Arturo Fajardo

는 라틴아메리카의 원주민커뮤니티의 아이디어로부터 자본주의 발전 패러다임을 완전히 전환하자는 제안을 하고 있어요. 발전에 대한 관점이 대대적으로 바뀌는 거예요. 발전이란 키워드에 대해 '보다 나은 인간으로 만드는 것'이 아니라, '인류의 생활방식을 근본적으로 바꾸려는 사고방식'으로 이해한 것이지요. 이는 또 다른 발전 모델을 제시하는 것이 아니라 '다른 삶의 모델'을 주장하는 것입니다. 끝없는 진보와 성장을 발전으로 보는 패러다임에 대해 '좋은 삶$^{Buen-vivir}$', '존엄한 생활', '정신적으로 풍요로운 생활$^{la\ vida\ en\ plenitud}$'이라는 생활 모델을 제시하고 있어요. 앞으로 이러한 논의가 남미에서만이 아니라 전 세계적으로 더욱 활발하게 전개될 것으로 생각합니다.

남미에서 왜 연대경제가 발전했는지 생각해보면, 그 배경에는 북반구 선진국과 남반구 개발도상국의 남북 격차가 있습니다. 그동안 복지국가나 경제성장을 이야기할 때 주로 자본가와 노동자 계층 간 갈등을 다뤘어요. 그런데 남미, 동남아 등의 지역 현황을 살펴보면 사실 식민지배와 피지배, 그리고 선주민과 이들을 정복한 정복민의 문제가 있습니다. 선주민은 이미 오랜 시간 그 지역에서 공동체를 이루고 생명과 자연을 중시하는 부엔 비비르의 삶을 살아왔습니다. 생명 중심의 문명이라는 사고방식을 가지고 있지요. 저는 이 개념이 한살림 사상과도 닮아있다고 생각해요. 아마도 그것이 인류의 보편적 사고이고 삶의 방식이지 않을까요? 그 다름과 같음을 살펴보고 오늘날 그것이 갖는 의미를 살펴보는 것이 지금 우리의 연구 과제라고 생각합니다.

사회연대경제를 위한 일상의 실천과 유엔의 역할

새로운 패러다임의 제시라는 맥락에서 선생님께서 말씀해주신 '부엔 비비르'의 뜻은 이해되지만, 여전히 시장에서 협동조합은 운동성을 간직하면서도 다른 일반 기업들과 치열한 경쟁을 해나가야 합니다. 어떻

게 협동조합의 길을 찾아갈 수 있을까요?

국가를 1섹터, 영리기업을 2섹터로 본다면 사회 영역 모두 3섹터에 속한다고 할 수 있어요. 우리는 이를 '시민섹터'라고도 부릅니다. 시민들의 생활과 활동을 더욱 강하게 만들고, 그것이 국가를 컨트롤 할 수 있어야 해요. 정치적으로 이를 '민주주의'라고 합니다. 경제에서도 시민이 주체가 될 수 있어요. 일하는 사람이 주체가 되는 것이죠.

물론 현재의 생협 역시 시장에서 경쟁하며 사업 목표를 달성해야 하기에 효율적, 효과적으로 수익을 내는 것이 중요합니다. 하지만 동시에, 운동 차원에서 시민의 힘을 강화하는 노력을 소홀히 해서는 안 된다고 생각합니다. 협동조합이 사업 중심으로 운영되면 영리기업과 별반 차이가 없어요.

사회연대경제에 관한 유엔의 보고서를 보면 핵심 주제 중 하나가 '협동조합이 어떻게 자신들의 이념과 가치를 지키면서 사업의 목표를 달성할 수 있을지'에 관한 것입니다. 이는 국제적으로도 큰 과제입니다. 협동조합이 사업을 중심에 둘 때 자연스럽게 국가의 하청을 받는 조직이 될 수 있어요. 이건 전 세계 어느 곳에서도 마찬가지입니다. 협동조합운동이 갖고 있는 추상성은 현장에서 부딪히면서 갈등이 발생하죠. 이때 어떻게 그 갈등을 좁혀갈 수 있을까 생각해보면 결국은 의식적인 노력이 필요하다는 결론이 나와요. 협동조합 내부의 구성원들이 스스로 자기 조직에 맞는 구체적인 해결책과 교육을 만들어가야 합니다.

무엇보다도 한 사람 한 사람, 개인과 개인의 연결이 강화되어야 해요. 나카가와 선생님이 이야기한 인간관계자본, 즉 '사회적 자본 Social Capital의 강화'라고 표현할 수 있겠습니다. 일부에서는 기존의 사회적 자본 개념이 아닌 새로운 사회적 자본으로 이행해야 한다고 주장하고 있습니다. 왜냐하면 과거의 사회적 자본 속에는 민주적이지 않은 사회적 자본의 측면도 있을 수 있으니까요. 하지만 저는 기존의 것을 부정하기보다 오히려 계승해야 하지 않을까 싶습니다.

협동조합 내부의 교육을 이야기했는데, 사회적 관계를 강화한다는 차원에서 의미가 큽니다. 일터에서 개인과 개인의 연결이 강화되는 것을 의식적, 무의식적으로 체험하고 경험하면서 스스로 성장할 수 있도록 더 많은 논의가 필요합니다.

국내를 넘어 국제적인 수준에서 시민사회 영역을 어떻게 강화할 수 있을까요?

유엔의 역할이 특히 중요합니다. 저는 유엔과 사회연대경제가 어떤 관계를 형성하며 움직이고 있는지 그 동향을 지속적으로 확인할 필요가 있다고 생각해요. 2015년 유엔에서 제정한 지속가능발전목표(SDGs, Sustainable Development Goals)에는 17개의 큰 주제가 있습니다. SDGs는 어디까지나 목표이고, 더 중요한 것은 '이 목표가 우리에게 왜 필요한가?'라는 질문입니다. 유엔의 SDGs가 담긴 문서의 공식 명칭은 「우리 세계

의 변혁: 2030 지속가능발전의제Transforming our world: The 2030 Agenda for sustainable Development」입니다. 세계의 변혁을 가져올 수 있는 계획을 실행하기 위해 우리가 어떤 목표를 향해 나아가야 할 것인지를 담은 것이 SDGs입니다.

17개의 주제 아래 각각 여러 목표가 있어요. 예를 들어, 첫 번째 주제는 모든 곳에서 빈곤을 끝낸다는 것입니다. 이를 위한 첫 번째 목표는 2030년까지 현재 기준으로 하루 1.25달러 미만으로 살아가는 절대 빈곤층의 극도의 빈곤을 종식시키는 것이죠. 이를 달성하는데 있어서 사회연대경제가 어떤 역할을 할 수 있느냐에 대해서는 피터의 말을 빌려 설명하려 합니다. 이제 사회연대경제 당사자들을 포함한 새로운 연대가 필요해요. 앞서 언급한 것처럼 기존 발전 모델은 경제성장 모델과 복지국가를 결합하는 것으로 여기에 국가와 노동운동이 주체로 역할을 했습니다. 이들이 사회를 이끌어 갔지만 점차 시장의 힘이 커지면서 거대 기업의 힘이 더욱 강력해졌지요. 노동운동 및 사회운동의 주체들의 힘은 점점 약해졌죠. 이제 협동조합, 공제조직 등 기존에 존재했던 조직들은 물론 여성들의 자조조직, 공정무역, 비공식 경제부문, 사회적기업, 소셜파이낸스 등 새로운 당사자들이 새로운 연대를 만들어야 합니다.

2012년 6월 브라질 리우데자네이루에서 개최된 유엔지속가능발전회의에서는 약 180개국에서 국제기구, 기업, NGO 등 시민사회조직의 대표 약 3만 명이 참여해 함께 빈곤, 환경 문제 등을 논의했습니다. 당시 사회연대경제의 구체적인 역할과 실천 가능성에 대한 많은 논의가 이루어졌는데요. 최종 발표에서는 사회연대경제라는 용어가 완전히 누락됐습니다. 이에 심각한 문제의식을 가졌던 관계자들이 2013년부터 유엔기구와 사회연대경제 테스크포스^{UNTFSSE}를 결성해 사회적경제가 어떤 역할을 할 수 있을지를 계속 논의하고 있습니다.

일본 사회연대경제의 현재

사실 일본은 한국과 가까운 나라임에도 불구하고 일본의 사회연대경제에 대해 이해가 깊지 않습니다. 현재 일본의 사회연대경제는 어떠한 논의가 진행되고 있나요?

현재 일본의 협동조합운동이 어디까지 와 있는지 함께 살펴볼까요? 먼저 2012년 '세계협동조합의 해'를 맞아 일본에서는 협동조합들 간의 연대가 본격화됐어요. 협동조합을 총괄하는 연합회를 만들어야 한다는 주장과 협동조합 헌장을 제정해 일본 정부가 이를 채택하게끔 해야 한다는 움직임이 동시에 있었지요. 이를 위해 2010년 8월부터 '2012년 국제협동조합전국실행위원회'를 결성했는데, 이 위원회에 생협연합회, 농협의 최고 경영진 등이 참여했습니다. 위원회는 협동조합운동의 활성화를 위해 협동조합헌장 제정을 정부에 요청했습니다.

노력 끝에 2012년 1월, 실행위원회 대표와 각 협동조합 대표가 정부 대표인 후시무라 오사무藤村修 장관과 면담하여 협동조합헌장 초안을 제출하고, 이를 제정할 것을 요청했습니다. 정부에서는 협동조합 지원 방침을 언급했고, 위원회에서는 협동조합헌장을 출판하기도 했지요. 하나의 변곡점을 넘은 것이라고 볼 수 있습니다.

한편, 지난 2018년 4월 일본 협동조합의 총연합회라 할 수 있는 일본협동조합연계기구日本協同組合連携機構 Japan Co-operative Alliance, JCA가 설립됐어요. 협동조합헌장 제정이 중요한 계기가 되었지요. 협동조합헌장 작업 과정에서 부문별 협동조합 간의 이해가 커진 것은 물론 함께 협력하는 것에 대한 중요성을 깨달았기 때문입니다. JCA 설립은 상당히 중요한 성과라 할 수 있어요. 하향식Top-Down으로 정부의 지시나 정책에 의해 설립된 연맹이 아닌, 그동안 아래에서부터 협동조합들이 실천해 온 운동성을 기반으로 탄생한 조직이기 때문입니다.

민간에서 수평적인 연대를 이루기 위해서는 많은 에너지가 필요합니다. 하지만 협동조합의 전체 연합회가 있어야 정부와 대등하게 파트너십을 구성할 수 있고 보다 동등한 위치에서 교섭할 수 있다고 생각했죠. 당시 정부에서는 환태평양경제동반자협정$^{\text{Trans-Pacific Partnership agreement,}}$ ^{TPP} 체결을 앞두고 있었어요. 당시 농협에서는 농업 현장의 피해를 이유로 반TPP를 외치며 반대 운동을 주도했습니다. 그러다 된서리를 맞게 됩니다. 정부에서 농협중앙회 해체, 연합회로 운영되고 있는 경제사업 주체의 주식회사화 등을 골자로 하여 농협법을 개정해버린 거죠. 이렇게 곤란한 상황에 직면하자 농협이 협동조합들 간의 협동을 본격화 할 필요가 있다고 주장하게 됐어요. 농협이 영역을 넘은 협동조합 총 연합회 설립에 앞장서게 된 거죠. 그러한 상황 속에서 JCA가 설립되었습니다.

한국에서도 어쩌면 누군가 연합회의 필요성을 절실히 깨닫고 앞장서서 연합회 결성을 추진한다면, 협동조합연합회의 설립이 생각보다 빠르게 이뤄질 수 있습니다.[4]

일본협동조합연맹의 설립

1956년 설립 이후 60여 년 동안 일본협동조합공동위원회$^{\text{JJC,}}$ $^{\text{Japan Joint Committee of Co-operatives}}$는 협동조합 간 파트너십 형성, 공통의 문제 해결 및 외국 협동조합과의 협력을 촉진해 왔다. 국내 안팎에서 협력을 더욱 촉진하기 위해 새로운 연합 조직 설립의 필요성이 제기되었고, 연합 조직의 형태와 기능에 대한 연구가 있었다. JJC는 18개월 이상에 걸친 논의를 거쳐, 협동조합이 공동체의 역할과 기능 확대에 주도적인 역할을 할 수 있도록 한다는 목적을 세운다. 회원 조직들은 이를 바탕으로 JJC를 새로

4-국내에서는 9개 지역별 협의회와 3개 부문별 협동조합 조직 845개 협동조합이 참여한 협동조합전국협의회가 지난 2019년 4월 설립됐다.

운 연합 조직으로 개편하기로 합의한다.

새로운 목적 수립의 배경에는 조합원들의 공통된 경제적, 사회적, 문화적 필요와 열망을 충족시키는 것을 목적으로 하는 협동조합이 지역의 당면 과제-지역산업 약화와 인구 이탈로 인한 지역사회의 활력 상실, 지역 내 취업 기회 부족, 사회서비스 등 공공부담 증가 등으로 인해 젊은 세대에게 부과되는 도전 과제 등-를 해결하고 "지속가능한 지역사회에서의 더 나은 삶과 일"을 만들기 위해 협동조합 간 협력 강화가 필요하다는 것에 대한 인식이 있었다.

한편 일본에서는 농업, 임업 및 수협, 소매, 금융, 상호부조, 복지, 의료, 여행, 주택 등 다양한 분야에서 협동조합이 활동하고 있다. 부문별 협동조합은 각자의 방식으로 발전해 왔고, 서로 다른 법에 근거하고 있으며 각기 다른 정부 부처의 감독을 받고 있다. 이는 개별 협동조합^{생협·농협}이 대중에게 널리 알려져 있지만, '협동조합'으로 각 조직이 잘 알려져 있지 않은 이유이기도 하다. 그래서 협동조합 관계자들은 공동의 협동조합을 널리 알릴 필요를 느꼈다. 새 연합 조직인 일본협동조합연계기구^{Japan Co-operative Alliance, JCA}는 내부 협동조합의 협력 촉진^{프로모션과 서포트}, 정책 제안, PR 활동^{메시지 확산}, 교육 제공, 연구 진행^{분석, 공유와 확산}의 역할을 수행한다.

출처_https://www.japan.coop/en/top/pdf/reorganization.pdf

마지막으로 최근 노동자협동조합법 제정 가능성이 매우 높아진 것도 중요한 지점입니다.[5] 이는 굉장히 큰 성과라고 할 수 있어요. 2010년

---

[5] 인터뷰가 진행된 이후인 2020년 12월 4일, 일본노동자협동조합안이 중의원 후생노동위원회에서 심사, 가결되었다. 이 법에서는 1)노동자가 출자하고, 협동하여 일하며, 1인 1표의 협동조합 원칙에 따라 민주적으로 사업과 운영에도 참여하고, 이를 통해 각자가 의욕과 능력에 맞춰 주체적으로 일하는 것을 가능하게 하며, 2)다양한 취업 기회를

2월에 초당파적으로 '협동출자·협동경영으로 일하는 협동조합법 의원연맹'을 결성하여 4월 총회에서 법안 요강안을 승인했습니다. 하지만 안타깝게도 의원연맹은 정권 교체 등의 정치적 변화를 겪으며 휴회를 했지요.

2012년 세계협동조합의 해를 계기로, 협동조합헌장 국회 결의를 목표로 결성된 협동조합진흥연구의원연맹이 2016년 7월에 '협동노동의 협동조합법' 제정을 선행 과제로 삼는다고 확인했어요. 그리고 2017년 4월에 초당파 의원연맹으로서 재편이 강화되었습니다. 이러한 결과로 그 해에 '협동노동의 법제화에 관한 작업팀'이 정부 여당의 정책책임자회의 안에 설치되었습니다. 중의원 법제국, 후생노동성과 노협연합회, 워커즈콜렉티브네트워크재팬 등의 관련 당사자 단체가 참가한 가운데 2년 여 동안의 토론을 진행됐어요. 그 결과로 2018년 12월에 법안 골자에 합의한 후, 2019년 4월 19일 의원총회에서 법인 요강을 승인했습니다. 노동자협동조합법 제정은 협동노동에 공공성이 부여된다는 점에서 그 의미가 크다고 할 수 있습니다.

한일 협동조합운동의 연대

말씀을 듣다 보니 한국과 일본의 협동조합 교류와 협력이 현실에서 얼마나 활발하게 이루어지고 있나 되돌아보게 됩니다. 한국과 일본 협동조합운동은 서로에게 무엇을 배울 수 있을까요?

우선 업종을 뛰어넘는 협동조합들의 연대가 필요합니다. 지금까지 한

만들어 일할 의지가 있는 모든 사람에게 양질의 일자리와 워크 라이프 밸런스를 실현하며, 3)지역의 다양한 요구에 대응하는 사업을 만들어 내어 지속가능하고 활력 있는 지역사회를 실현하는데 이바지할 것을 분명히 하고 있다. 이 법의 통과로, 이전에는 법이 존재하지 않기에 NPO, 기업법인 등으로 운영되던 조합은 3년 이내 총회를 통해 전환이 가능하고, 신규 조합의 설립은 3인 이상의 발기인 참여로 가능하다. 조합원의 4/5이상이 조합의 사업에 종사해야 하고, 사업 종사자의 3/4 이상이 조합원이어야 한다.

국과 일본은 생협은 생협끼리, 농협은 농협끼리 각 조직을 중심으로 상당한 교류를 지속해왔어요. 물론 앞으로도 지속적으로 교류해나가야 하지요. 여기에 더해 업종을 넘어서 국내에서 협동조합 사이의 연대를 이루고, 또 한 차원 나아가 총체적인 협동조합의 연대기구가 한국과 일본의 교류에 나서야 합니다. 일본은 일본협동조합연계기구[JCA]이 이미 설립되었기에 한국에서도 이와 같은 움직임이 있다면, 그 사이에서의 연대와 교류를 기대해볼 수 있겠습니다.

저는 한국의 협동조합운동으로부터 일본의 협동조합이 배울 점을 이야기하고 싶어요. 한국은 협동조합을 포함해 시민조직들이 지방자치단체와 협력 관계를 활발하게 맺고 있습니다. 서울시가 시민조직과 협업하는 모습을 보면, 일본의 상황보다 매우 앞서 있어 굉장히 배울 점이 많더군요. 또한 GSEF[6] 등을 통해 단기간에 사회연대경제를 발전시켰습니다. 앞으로가 더 기대됩니다. 일본에서는 지난 2014년 서울에서 개최된 GSEF 참가를 앞두고 결성된 '서울모임'이 관련 논의를 지속적으로 추진하고 있고, '사회적연대경제를 추진하는 모임'으로 이름을 바꾸어 현재도 활동을 지속하고 있습니다.

한국과 일본 양국의 상황이 다르기에, 서로에게 배울 점도 많습니다. 향후에는 협동조합과 관련하여 한국과 일본의 청년들 사이에서도 더욱 활발한 교류와 연대가 이루어지고, 좀 더 활동반경을 넓혀 국제교류에도 더 많은 힘을 쏟았으면 합니다.

6-GSEF(Global Social Economy Forum, 국제사회적경제협의체)는 세계도시 시장, 국제기구 대표 및 사회적경제 리더들이 모여 지역경제 활성화 등을 논의하는 사회적경제 분야의 국제 네트워킹 플랫폼이다. 사회적경제 조직과 지방정부 간 국제적 연대를 통한 일자리 창출, 공정한 성장 등 사회적경제의 체계적 발전과 지역문제 해결을 위해 2013년 11월 6~7일 열린 국제사회적경제포럼(GSEF 2013)과 이듬해인 2014년 11월 17~19일 열린 국제사회적경제협의체 창립총회(GSEF 2014)를 통해 설립됐다.

청년들이여, 국제적으로 연대하라

한국과 일본 청년들의 연대와 협력을 넘어 당부하고 싶으신 말씀이 있다면 부탁드립니다.

국내, 그리고 국제운동을 함께 강화할 필요가 있어요. 예전 세대는 자국에서만 활동하면 충분했습니다. 하지만 지금의 청년들은 국제적인 차원에서 관심을 갖고 국제운동에 참여해야 하기에 과제가 많다고 생각합니다.

오늘날 글로벌 기업들은 서로 강하게 연결되어 강력한 힘을 전 지구적 차원으로 확장시키고 있어요. 그에 비해 시민운동의 국제적인 연계는 너무나 약합니다. 글로벌 기업에 대항할 수 있을 만큼 충분한 힘을 갖추지 못하고 있어요. 그래서 앞으로 청년들이 세계적인 규모의 운동을 만들고 추진해 나가려면 헤쳐 나가야 할 것들이 많습니다.

흔히 'Think Globally, Act Locally'라고 말합니다. 이 슬로건이 앞으로 청년들의 운동에서 핵심이 되어야 한다고 생각합니다. 물론 지난 50년 전부터 사용된 표현이지만 그 중요성이 점점 커지고 있어요. 여기에 담긴 의미를 좀 더 구체적으로 살펴볼 수 있습니다. 'Think Globally'에서 'Globally'에는 어떤 의미가 담겨 있을까요? 크게 네 가지로 구분해서 살펴볼 수 있어요. 우선 지구는 그 자체로 우리 존재의 토대이기 때문에 가장 중요합니다. 둘째, 우리 생각의 기준이 자연에 기반해야 한다는 것입니다. 쉽게 결정 내리기 어렵고, 혼란스러울 때는 자연을 기준으로 삼아 생각을 전진시켜야 합니다. 셋째, 공간적인 측면에서 전 지구적인 연계의 의미가 담겨 있어요. 그래서 향후 유엔의 역할이 더 커지지 않을까 싶어요. 각 국가의 시민운동이 유엔에 영향력을 행사할 수 있게 되고, 또 유엔의 정책에도 깊이 관여할 수 있을 때 비로소 유엔의 역할이 전 지구적인 차원의 문제를 해결할 수 있을 만큼 격상될 것이라고 봅니다. 마지막으로 'Globally'에는 시간의 의미가 담겨 있어요. 지구적이라는 것은 인간의 시간이 아니라 '자연의 시간'을 중심에 두고 긴 역사를 생각해야 한다는 것입니다.

이제 'Think Globally, Act Locally'에서 'Locally'의 의미를 살펴볼까요? 여기에도 네 가지 측면에서 의미가 담겨 있습니다. 첫째, 자기 주변, 즉 나와 가까운 곳에서부터 활동을 시작하는 것입니다. 둘째, Locally에는 지역 기반 조직[CBO, Community Based Organizations]의 중요성이 담겨 있어요. 글로벌 기업의 경우 쉽게 지역과 지역 사람을 떠날 수 있지만 지역 기반 조직은 그렇지 않아요. 그래서 지역에 더 큰 의미를 갖습니다. 셋째, 지역 기반 조직을 얘기할 때 종종 지역 자치단체를 포함하지 않는데, 지자체야말로 지역 기반 조직과 긴밀한 네트워크를 통해 지역문제 해결에 중요한 주체이기 때문에 꼭 포함해야 합니다. 마지막으로 Locally는 커뮤니티를 풍요롭게 하는 사상이라고 할 수 있어요. 'Think Globally, Act Locally'에 담겨 있는 의미를 생각하며 한일 청년들이 앞으로 국제연대를 강화해 나가길 기대합니다.

부록

일본 협동조합헌장 초안 協同組合憲章草案

*2012 세계협동조합의 해 전국 실행위원회의 중요한 사업 중 하나인 '협동조합헌장'은 협동조합의 정체성과 존재 가치를 협동조합 스스로 재확인하고, 협동조합운동에 대한 사회와 정부의 인식을 높이며, 협동조합에 관한 정부 및 지자체의 정책을 정비를 권고하기 위한 목적으로 만들어졌다. 2012 세계협동조합의 해 전국 실행위원회에 구성된 '협동조합헌장 검토위원회*위원장: 토미자와 겐지*'에서 이와 관련한 논의를 진행하였다. 2011년 7월 전국 실행위원회에 협동조합헌장 초안이 보고되어 승낙을 얻었다. 이후 각 협동조합의 토의와 의견 수렴을 통해 최종적으로 내용을 보완하여, 2012년 4월 발간하였다.*

1. 들어가며

경제와 사회가 세계화 되는 흐름 속에서 세계적인 금융·경제위기, 대규모 자연재해 등에 있어서 협동조합은 지역사회에 뿌리내리고 사람들에 의한 상호부조를 촉진하는 것을 통해 생활을 안정시켜 지역사회를 활성화하는 역할을 하고 있다. 이렇게 중요한 역할을 하고 있는 협동조합과 관련하여, '2012년 세계 협동조합의 해'를 계기로 향후 한층 더 발전시키기 위한 기본적인 이념을 밝히고, 정부에 대해 협동조합 전체를 관통하는 협동조합 정책의 기본적인 개념과 방침을 명확하게 하도록 요청하기 위해 협동조합헌장 초안을 정한다.

일본은 2011년 3월 11일에 발생한 동일본대지진과 이에 동반하는 원자력발전소 사고에 따라 이제까지의 국토개발정책, 에너지정책, 사회경제정책, 지역경제정책, 지역경제와 지역사회 만들기 등의 분야에서 근본적으로 반성할 것을 강력히 요구받고 있다.

동일본대지진 당시, 정부에 의한 공적 지원이 지연되는 가운데 이제까지 길러온 협동조합 네트워크를 활용해서 재난 주민에의 지원을 적극적으로 펼쳤다. 협동조합 이외의 분야에서도 도처에서 시민에 의한 다양한 피해지 지원이 이루어져 공조·협동에 대한 관심이 높아졌다. 사회를 안정시키기 위해서는 자기책임^{自助}과 정부의 원조^{公助}만으로 충분하지 않고, 사람들이 서로 돕는 것이 필요하다는 사회적 인식이 확산되고 있다. 사람들이 서로 돕는 기반을 강화함으로써 무연사회를 우애와 연대의 사회로 바꾸어 공동체 붕괴의 증가, 인구 감소, 고용 불안 등으로 피폐해진 지역경제를 살릴 수 있도록 먹을거리·환경·에너지 등의 주제에 대처하고, 지속가능한 사회를 지향하며 미래를 개척하기 위해서는 상호부조 조직으로서의 협동조합 발전이 반드시 필요하다.

세계로 눈을 돌려보아도 같은 상황이라 할 수 있다. 세계는 현재 경제적 불황, 격차의 확대, 환경오염, 에너지 문제, 많은 개발도상국의 인구 폭발과 선진국의 저출산·고령화, 빈발하는 지진·해일·분화 등의 자연재해에 의해 위기에 직면해 있다. 특별히 1980년대에 시작하여 90년대에 들어 본격화 된 신자유주의에 기인한 경제의 세계화는 세계적으로 빈곤과 격차를 증대시켰다.

한편, 많은 나라에서 민주화가 진행되어 사회의 주권자로서의 시민이 사회 형성의 이니셔티브^{Initiative}를 발휘하게 되었다. 각국의 시민에 의한 사회 발전과 함께, 시민들이 협동하여 펼치는 사업과 운동으로서의 협동조합에 대한 의의와 협동조합에 대한 기대가 세계적으로 높아졌다. 세계적 금융·경제위기 하에서, 또한 지나친 시장주의에 대한 의구심이 표명되는 국제적 조류 속에서, 2009년 12월 유엔은 2012년을 세계 협동조합의 해로 선언하는 결의를 채택했다. 이 결의는 세계 각국의 사회경제 개발에 있어서 협동조합이 지금까지 달성해 온 역할과 오늘날의 사회·경제 문제의 개선에 공헌하는 가능성을 평가하고, 전체 회원국의 정부와 관계자에 대해 세계 협동조합의 해를 계기로 협동조합 인지도를 높여서 협동조합을 지원하는 정책을 검토·정비하도록 촉구하고 있다. 유엔의 이러한 요청에 응하는 것은 일본의 협동조합과 정부의 책무이다. 협동조합은 스스로의 노력에 의해 협동조합운동을 한층 더 발전시켜야 한다. 또한 정부는 협동조합의 발전을 촉진하기 위한 제도적 장치를 정비해야 한다.

2. 기본이념

근대적 협동조합의 기원은 19세기 산업혁명으로, 유럽 각국의 노동자, 농림어업자, 중소상공인, 소비자들이 삶을 지키기 위하여 자발적으로 조직한 협동의 활동이었다. 협동조합은 조합원이 출자하고 공동으로 소유하며 민주적으로 관리하는 사업체를 통해서 공통의 경제적·사회적·문화적인 필요와 염원을 충족하기 위해서 자발적으로 손을 잡은 사람들의 자치적인 조직이다^{협동조합 정체성에 관한 성명}. 협동조합은 상호부조의 비영리 조직으로 국민 경제의 일익을 담당하고 있다. 그 공통의 기본이념은 조합원의 상호부조와 협동이었다. 협동조합의 기본이념은 '한 사람은 만인을 위하여, 만인은 한 사람을 위하여'라는 말에 요약되어 있다. 협동조합은 '자조, 자기책임, 민주주의, 평등, 공정, 연대'라는 가치를 기초로 한다. 또한 협동조합의 조합원은 '정직, 공개, 사회적 책임, 타자에 대한 배려'라는 윤리적 가치를 신조로 한다^{협동조합 정체성에 관한 성명}. 협동조합은 경제적인 공정을 추구하여 경제적 약자의 지위 향상을 위해 노력함과 동시에 조합원의 출자·이용·운영 참가라는 참가형 시스템을 발전시키는 것에 의해 민주주의를 내재화 하는 학교로서 기능을 수행해왔다. 또한 협동조합은 '일 하는 보람이 있는 인간다운 일'을 창출하는 주체로의 발전이 기대된다.

협동조합의 이념은 세계에 확산되어 현재 ICA는 92개국의 협동조합에서 약 10억 명의 조합원을 가진, 세계 최대의 국제 NGO[비정부기구]가 되었다. 일본은 총 8,026만 명의 조합원과 64만 명의 직원을 보유하면서, 세계 유수의 협동조합이 활동하는 사회가 되었다. 이 협동조합은 주로 농림어업, 상공업, 금융, 공제, 소비생활 등의 경제영역에서 활동해왔지만, 최근에는 조합원을 위한 공익적 활동뿐만 아니라 의료, 복지, 육아 지원, 일자리 창출, 장보기가 어려운 사람들에 대한 생필품 제공 등 지역사회의 공익을 위한 활동을 강화하고 있다. 지금까지 사회 전반에 관한 공공재화 및 서비스의 제공은 국가의 역할로 간주되었지만, 대지진 이래로 NPO[비영리조직] 등의 시민조직이 추진하는 사회공헌 활동의 중요성이 주목 받고 있다. 협동조합이 이러한 활동에 대처하는 조직으로서 더욱 더 역할을 다하기 위해서는 협동조합 간의 협동을 강화하고, 지역주민이나 NPO 등 다양한 조직과 연대하며, 더욱이 행정과의 협동을 촉진해서 지역사회를 위해 활동하는 것이 필요하다.

3. 정부의 협동조합 정책에 있어서의 기본원칙

사회경제 개발에 이바지하는 협동조합의 활동을 지원하는 정부나 지방자치단체의 역할은 중요하다. 정부는 협동조합 정책 수행에 있어 상기의 기본이념을 근거로 하고, 이하의 원칙을 존중해야 한다.

(1) 발전에 지원적인 환경 만들기를 지향하는 가이드라인[2001]과 유엔노동기관[ILO]의 '협동조합 진흥에 관한 권고[2002]'에 유의하고, ICA의 '협동조합 정체성에 관한 성명[1995]'에 수록된 협동조합의 가치와 원칙을 존중한다. 협동조합에 다양한 정책을 적용할 때는 협동조합의 가치와 원칙에 준한 협동조합의 특성에 유의한다.
(2) 협동조합 설립의 자유를 존중한다. 협동조합제도는 모든 시민에게 열려 있다. 정부는 시민이 협동조합을 설립할 자유를 존중한다.

(3) 협동조합의 자치와 자립을 존중한다. 협동조합이 적극적으로 자치와 자립을 확보·유지하는 것을 중시하고, 정부와 협동조합이 대등하고 효과적인 파트너십을 이룬다.
(4) 협동조합이 지역사회의 지속적 발전에 기여하는 것을 중시한다.
협동조합이 지역사회의 지속적 발전에 기여하는 것을 지향하는 점을 중시한다. 재해 복구와 회복 등에 있어서 지역경제의 유력한 주체로 자리매김하게 한다.
(5) 협동조합을 사회경제 시스템의 유력한 구성요소로 자리매김하게 한다. 이제부터의 사회경제 시스템에서는 많은 사람들이 자발적으로 사업이나 경영에 참가할 수 있는 공정하며 자유로운 구상이 요구된다. 이것을 위해 공적 부문과 영리기업 부문뿐만 아니라 협동조합을 포함한 민간 비영리 부문의 발전에 유의한다.

4. 정부의 협동조합정책에 있어서의 행동지침

정부가 구체적인 협동조합 정책을 수행할 때에는 상기의 기본이념과 기본원칙을 근거로 하고, 다음의 행동지침을 존중해야 한다.
(1) 협동조합이 지역의 사회적·경제적 과제 해결에 대처할 때 그 활동을 지원한다. 협동조합이 안심·안전한 먹을거리 확보와 금융이나 공제를 수행하고, 지역의 고용·복지·의료·환경·교육 문제 등의 해결에 임할 때 그 활동을 지원한다.
(2) 지역의 필요에 따른 새로운 협동조합의 설립을 지원한다. 도시나 농어촌에서 시민에 의한 자주적인 경제활동을 촉진하고, 취업 기회를 늘리며, 재해로부터의 회복이나 지역사회 활성화를 도모하기 위해서 지역의 필요에 입각하여 다양한 관계자나 관계단체가 참가할 수 있는 계획을 맡는다. 또, 협동노동 형태의 협동조합 등 시민이 협동해서 출자·경영·노동하는 협동조합을 위한 법 제도를 정비한다. 또한, 재생 가능한 자연자원을 활용한 협동조합에 의해 분산형

에너지 공급사업 설립을 지원한다.
(3) 지역사회의 활성화를 도모하기 위해서 지역사회에 기반한 조직들을 지원한다. 지방자치단체는 지역사회의 활성화를 도모하기 위해서 협동조합 진흥 조례나 마을 만들기 조례 등을 제정하고, 협동조합·NPO·자치회 등 지역사회에 기반한 여러 조직을 지원한다.
(4) 협동조합에 관한 교육 및 연구를 지원한다. 협동조합에 대해 이해하는 기회를 확대하기 위해서 협동조합에 관한 교육을 초등학교부터 학교 교육에 도입하고, 대학에서는 협동조합 연구의 기회를 늘린다. 또한 여성, 고령자, 장애인, 자연재해 피해자들을 비롯하여, 희망자가 협동조합을 만드는 때에 필요한 교육과 취업훈련 기회를 확보한다.
(5) 협동조합의 국제적인 활동을 지원한다. 지구온난화, 환경오염과 파괴, 기아, 빈곤, 사회적 배재 등 여러 문제의 극복이나 다문화 공생 등에 기여하는 협동조합의 국제적 활동을 지원한다. 또한 개발도상국의 협동조합 육성을 지원하기 위하여 정부개발원조^{ODA} 등의 지원을 행한다. 특히 유엔의 밀레니엄 개발목표^{MDGs}에서의 협동조합의 기여를 강화하기 위해 필요한 대책과 지원을 행한다.
(6) 횡단적인 정책 전개가 가능한 구조를 마련한다. 협동조합 정책의 횡단적인 추진과 조정이 가능한 구조를 행정 내에 마련한다.
(7) 협동조합의 제도적 틀을 정비한다. 협동조합의 발전을 도모하기 위한 법제도에 대해 필요한 부분을 재검토 하는 것과 동시에 협동조합을 추진하기 위한 새로운 법제도에 대해 검토한다. 또한 세제, 회계기준, 자기자본 규제 등에 대해 검토할 시 협동조합의 특징에 유의한다.
(8) 협동조합에 있어서 재량권 강화를 지원한다. 협동조합의 지역조례, 사업 내용과 규모 등에 대응하는 유연한 제도 설계가 가능하도록 협동조합의 사업 운영이나 관리에 있어서 자치적인 재량권 강화를 지원한다.

⑼ 협동조합에 대한 포괄적인 통계를 정비한다. 협동조합이 경제활동에 미치는 영향을 종합적으로 평가하기 위해서 정부 통계가 없는 협동조합 분야에 대해서도 통계 작성을 추진하여 포괄적인 협동조합 통계를 정비한다.
⑽ 협동조합의 사회적 기여에 대해 조사한다. 협동조합의 사회적 역할을 평가하기 위하여 협동조합에 의한 인재 육성, 관계망 형성, 마을공동체 만들기, 자연환경 보전 활동 등의 사회적 기여에 대해서 조사하고 이 결과를 공표한다.

5. 맺으며

세계 협동조합의 해를 계기로 협동조합은 지역의 다양한 조직, 정부나 지방자치단체와의 협동을 촉진하고, 더욱이 공익적 활동의 발전을 도모하는 결의를 표명한다. 그리고 그 과정에서 협동조합은 새로운 활동 분야를 만들어 내고, 지역의 경제와 사회의 리더로서 역할을 담당한다. 정부는 지역사회를 활성화하는 협동조합의 역할을 인식하고 협동조합의 발전을 지원한다.

출처_「協同組合憲章草案の目指すもの」, 家の光協会出版, 2014年 4月, pp. 4~12.

사회적경제는 특정 조직 또는 이론을 의미하는 것이 아닌, 자본 중심 사회를 다른 방식으로 전환하려는 '삶의 방식'이 아닐까. 하지만 한국의 사회적경제 담론은 제도화와 조직에 국한된 경향이 있다. 사회적경제와 관련된 지원제도와 법이 우선하다 보니 세계적으로 유례없는 국가가 인증한 사회적기업까지 등장했다. 현재 상황이 이렇다 보니 '사회적경제란 도대체 무엇일까?'라는 질문이 거듭되었다. 협동조합의 원칙을 사회적경제에 적용하기에는 무리가 있는 걸까? 아직 개념화가 되지 않은 사회적경제의 여러 담론을 협동조합에 적용해야 할까? 운동성이 없는 사회적경제도 있을 수 있는 것일까? 꼬리를 물고 이어지는 질문을 함께 나누기 위해 신명호 선생님을 만나 이야기를 나눴다.

사회적경제, 운동인가 사업인가?
때론 즐겁게, 때론 고통스럽게
함께 문제를 해결하는 발명의 과정

신명호
사회투자지원재단
사회적경제연구센터 소장

사회투자지원재단 사회적경제연구센터 소장. 대학원 재학 시 故 제정구 선생이 이끈 빈민자활공동체인 복음자리에서 공동체생활을 하며 생산공동체를 만들었다. 이후 도시빈민연구소에서 빈곤과 불평등을 연구하며 실업 문제의 대안으로 협동조합과 사회적기업, 자활 등에 관한 정책연구를 진행했다. 『왜 잘사는 집 아이들이 공부를 더 잘하나?』(2019), 『빈곤이 오고 있다』(2020) 등을 집필했다.

"사회적경제는 제도에서 시작된 것이 아닌 '문제'에서 시작되었다"

선생님께서는 빈민운동, 자활, 사회적경제 영역에 오랫동안 참여하고 계신데요, 어떤 절실함 또는 기대로 운동을 시작하셨나요?

지금 진행되는 사회적경제의 흐름을 '운동'이라고 볼 수 있는지 의문이 있을 수 있습니다. 어쩌면 각자가 생각하는 '운동'의 정의가 다를 수도 있지요. 1980년대까지 이른바 사회변혁운동이라고 불렸던 '사회변혁론'은 이상적으로 추구하는 사회의 모습이 있었습니다. 그 모습을 만들기 위해서는 근본적인 변화, 즉 혁명적인 변화가 일어나야 했어요. 이를 위해 노동자, 농민을 조직하고 민중 정부를 이룬 후 정권을 갖는다는 하나의 계획이 있었습니다.

당시 운동에 참여했던 사람들은 그 계획 속에서 각자의 역할이 있었어요. 그 역할이 우리가 바라는 사회를 만드는 '숭고한 일'과 관련되어 있다고 생각했습니다. 공장에서 노동자들과 함께 고생하고 있지만, 우리가 꿈꾸는 '민중이 주인이 되는 사회'를 만드는 길이라는 믿음이 있었어요. 그 당시 변혁론은 그랬던 것 같아요. 우리가 바라는 사회를 각자 역할을 맡아서 진행하면 성취할 수 있다는 믿음, 그 믿음이 있었습니다.

저 역시 그 믿음에 도취해 있었던 사람 중 한 명이었습니다. 그런데 1990년대를 거치면서 깨달았죠. '우리가 계획한 대로 변하지 않는구나!…'. 정확하게 이야기하면 변화는 언제, 어떻게 올지 모른다는 것입니다. 성서의 표현을 빌리면 변화는 '도둑같이 온다'는 것이죠. 그렇다면 도대체 무얼 해야 하고 할 수 있을지 다시 고민이 되더군요. 고민의 이유는, 사실 그 변혁의 순간과 내가 연결되어 있다는 증거나 믿음을 갖기 어렵기 때문이었습니다. 예전에는 내가 하는 일을 통해 변화가 만들어진다고 생각했는데 근본적 변화가 언제 어떻게 올지 모른다는 거죠. 그렇다면 내가 하는 활동이 무슨 관계가 있을지에 대한 물음이 들더군요.

그래서 많은 사람이 '과학적 변혁론'에 기대가 아닌 회의를 갖기 시작하지 않았나 싶어요. '과학적'이라는 용어에는 인간이 예측할 수 있고, 필요한 시기에 변화를 만들 수도 있다는 의미가 담겨 있어요. 그런데 그렇지 않은 거죠. 변혁을 포기했냐고 물으면 그건 또 아니었던 것 같아요. 모호한 상황이었습니다. 1990년대를 거치면서 '내가 변혁을 간절히 원한다면, 변혁을 열망할 뿐 아니라 변혁을 앞당길 수 있도록 그냥 열심히 해야겠구나'라고 간단하게 정리했어요.

협동조합이 많아지면 사회시스템은 변할까?

협동조합, 사회적경제 조직도 현실에서 변화를 만들기 위해 분투하지만, 변혁보다는 변화 또는 보완제로 여겨지는 듯합니다.

협동조합을 중심에 두고 이야기해보겠습니다. 어떤 이들은 협동조합이 확산되면 사회체제가 근본적으로 바뀔 것이라고 생각합니다. 한편에서는 '사회적경제가 자본주의를 대안경제 시스템으로 바꿀 수 있다', 혹은 '사회적경제 그 자체가 대안경제 시스템이다'라고 생각할 수도 있고요. 하지만 저는 그렇게 생각하지 않아요.

초창기 협동조합운동의 선구자 중 일부도 협동조합이 많이 만들어지면 문제가 많은 자본주의의 체질이 바뀔 수 있고, 자본주의가 훨씬 더 인간적인 모습을 띤 경제체제로 바뀔 것이라고 기대했습니다. 역사를 훑어보면 협동조합이 증가해도 자본주의의 본질을 바꾸는 변화는 일어나지 않는다는 것을 알 수 있어요. 어쩌면 사회적경제는 기구한 운명을 타고 났는지 모릅니다. 자본주의를 넘어서려는 꿈을 갖는 동시에 시장에서 생존해야 하니까요. 자본주의적이지 않은 원리와 원칙으로 조직을 운영하지만 정작 시장에서 살아남아야 하는 혹독한 환경에 놓여 있습니다.

변혁운동은 이념 지향적이고, 이슈 투쟁의 성격이 강합니다. 협동조합은 어떨까요? 협동조합이 처음 영국에서 싹 텄을 때를 생각해봅시다. 로치데일공정선구자조합이 성공하기까지 무수한 실패가 있었어요. 요즘은 많은 사람이 생협, 협동조합 등을 어떻게 시작해야 할지 알고 있어요. 그런데 협동조합 초기에는 자신들에게 문제-생필품을 구하기 힘들고 돈도 없는 문제-가 있다고 여겼습니다. 고심 끝에 함께 하면 되겠다고 해서 공동구매라는 아이디어가 나왔고 이를 실현하면서 다시 생각지 못했던 문제와 마주합니다.

예를 들어, 소비자조합을 만들었지만 조합을 이용하고 싶은 사람들은 돈이 없는 겁니다. 가난한 노동자, 실업자들이 외상으로 물건을 구입해요. 그런데 이들의 상황이 나아지지 않습니다. 일자리를 구하지 못하고 수입이 없으니 외상을 갚지 못하죠. 결국 협동조합은 문을 닫습니다. 이런 무수한 실패 사례를 거쳐 현금 거래 원칙이 만들어집니다. 어떻게 보면 기가 막힌 아이디어가 발명 된 거죠. 아이디어를 실현하는 과정에서 오류와 실패를 겪고 또 성공도 합니다.

사회적경제운동이 이전의 변혁운동과 다른 점은 가난한 노동자와 실업자들이 먹고사는 문제를 해결하기 위해 만들었다는 것입니다. 일상생활에 필요한 질 좋은 생필품을 어떻게 적정한 가격에 확보할 것인지, 즉 노동자들의 생계와 직결된 문제를 아무도 해결해주지 않았기 때문에 스스로 자본을 모아 해결합니다. 그런 점에서 사회적경제운동은 한마디로 민중들이 자신을 불행하고 고통스럽게 하는 문제를 같은 처지에 있는 사람들과 함께 해결하려는 집단적 시도라고 할 수 있습니다. 그 문제가 먹거리일 수도 있고, 주택일 수도 있고, 의료일 수도 있어요. 모든 문제에 적용해 볼 수 있습니다.

왜 그런 일을 하는 걸까요? 아무도 해결해주지 않기 때문입니다. 법도, 제도도, 엘리트도, 정치인도 그 문제에 관심을 갖고 해결해주지 않기 때문에 스스로 나선 것입니다. 자신들이 안고 있는 공통의 문제를 해결하기 위해서 어떻게 해야 할지 궁리하고 이런저런 시행착오를 겪고, 그러한 시행착오가 쌓여서 비교적 성공률이 높은 어떤 하나의 패턴이 생겨났다고 할 수 있습니다.

다나카 나츠코田中夏子가 쓴 『이탈리아 사회적경제의 지역 전개』에 인상적인 문구가 있어요. 그는 "사회적협동조합은 고용의 조절판이나 실업자 대책이 아니다. 그것은 인간 내면의 절규가 만들어낸 사회적 발명이다"라고 말합니다. 협동조합을 '인간 내면의 절규가 만들어낸 사회적 발명'이라고 한 거죠. 협동조합을 굉장히 잘 표현했다고 생각해요.

'사회적 발명'이라는 용어는 몬드라곤을 연구한 윌리엄 화이트William Foote Whyte의 개념이지만, 어쨌든 없는 걸 만들어냈어요. 우리 앞에 있는 이 문제를 어떻게 해결할 수 있을지, 또 어떤 방식으로 '함께' 해결할 수 있을지 온갖 지혜와 자원을 결합해서 만들어내는 행위이기 때문에 발명인 셈입니다.

사회적경제와 사회적경제운동은 다른 것들과 달리 참여하는 사람들의 생활과 편익에 맞닿아 있고, 그것을 도외시해서는 굴러갈 수 없어요. 참여하는 사람들이 어쨌거나 자신에게 유익하다는 경험을 해야 유지될 수 있습니다. 정의롭거나 우리 사회의 어떤 당위성 때문이 아니라 나에게 필요하고 또 도움이 되기 때문에 하는 겁니다. 이점이 사회변혁운동과 가장 다른 부분이죠.

운동이란 무엇인가

계속 '운동'이라는 단어가 등장합니다. 협동조합에 가입하거나 일하다보

면 운동이라는 용어를 많이 접하는데요, '운동'이란 무엇일까요?

협동조합을 놓고 운동이냐 아니냐는 논란도 있습니다. 생협이 운동인가 아닌가 하는 이야기를 많이들 들어봤을 겁니다. 생협은 소비활동을 통해서 사람의 의식을 변화시키고, 우리 사회가 중요시하는 여러 가지 사회문제나 이슈들에 대한 정책적 변화 등을 도모합니다. 그 변화를 지속적으로 모니터링하고 부족한 부분에서는 개선을 요구하려는 목적으로 참여하고 활동하고 있으니 운동이라고 볼 수 있어요.

저는 여러분들이 '운동'에 대해서 어떻게 생각하고 있는지 궁금합니다. 제게 '운동'은 지금, 이 상태가 결코 행복하거나 조화롭지 않고 변화가 필요하다고 생각하는 사람이 주체가 되어, 사회를 변화시켜야겠다는 의지가 발현되는 과정입니다. 운동한다는 것은 계속 고민하고, 불가능해 보이지만 가능한 방법을 찾는 것인데 쉽지 않죠. 이러한 고민을 포기하고 협동조합을 사업체로만 운영한다면 운동이 아닙니다.

1980년대 잠시 신협에서 근무했습니다. 그때 신협연수원에서 신협을 '경제운동·윤리운동·교육운동'이라고 표현했어요. 실제로 지역에서 신협은 맡은 과제가 분명히 있었습니다. 그래서 운동성이 강조되고, 지역운동의 주요한 역할을 담당했죠. 당시 신협은 '신협운동'을 하고 있었습니다. 하지만 오늘날 신협에서 운동성을 찾기는 힘들어요. 이는 한국의 사회적경제가 가진 문제와도 연결되어 있다고 생각합니다.

사람들은 사회적경제를 언급하면서 법이나 제도, 이론이 먼저라고 생각해요. '사회적경제는 좋다'라는 전제하에 협동조합, 자활기업 등이 있고, 사회적경제를 한다는 것은 이러한 조직 중 하나를 선택하는 것으로 생각합니다. 사회적경제를 특정 조직형태를 취할 때 지원금이 얼마나 나오고, 또 어떤 이점이 있는지를 생각하며 '지원제도'로 취사선택합니다. 잘못된 것입니다. 이렇게 사회적경제를 인식하게 만든 정책이 수정되어야 해요.

원래 사회적경제는 제도에서 시작된 게 아니라 '문제'에서 시작됐어요. 당장 해결해야 할 문제는 무엇이고, 이를 함께 해결할 수 있을지를 먼저 고민해야 하는데 끌어올 수 있는 지원금이나 활용할 수 있는 프로그램 등 제도를 더 우선시하는 본말이 전도되는 상황이 지속되고 있습니다. 물론 제도를 활용할 수 있어요. 그 부분을 마냥 부정하는 것은 아닙니다. 하지만 제도라는 외피를 쓰고 무엇인가를 한다면 그 힘이 오래가지 않습니다.

한편에서는 '운동'의 피로감을 호소하기도 해요. 운동 조직 내에 세대 간 차이가 나타납니다. 생협을 아는 분들은 많이 공감할 텐데 윗세대는 헌신, 희생을 요구하지만 젊은 직원들은 그런 요구에 부담을 느낍니다. 때로는 사회적경제 영역의 기득권층으로 윗세대가 언급되기도 하죠.

협동조합과 사회적경제는 '평등'과 '윤리'라는 두 축이 있습니다. 즉 '민주적 운영과 평등'이라는 아름다운 가치와 원리를 갖고 있어요. 그 자체는 아름답습니다. 아름다운 원리를 갖고 있기 때문에 협동조합을 시작하면 모두 잘 될 것이라는 착각을 해요. 하지만 여기에 하나의 기둥이 더 필요합니다. 바로 '역량'입니다. 협동조합도 현실에서 생존해야 해요. 그 과정에서 갈등도 발생하고 실패도 합니다. 그 과정은 지극히 자연스럽습니다. 조직이 가진 문제를 해결하기 위해서는 역량이 필요합니다.

사회적경제, 지켜야 할 원칙은 무엇일까?

협동조합에 필요한 역량은 무엇이고, 또 어떻게 발전시킬 수 있을까요? 언급한 '역량'은 사업적인 부분을 의미하는 건가요?

협동조합 운영에 필요한 경영도 물론 필요합니다. 하지만 개인적으로 '협동조합 경영'이라는 건 존재하지 않는다고 생각합니다. 당연히 경영학을 모르는 것보다 아는 것이 협동조합 운영에 많은 도움은 됩니다. 그런데 경영학적 지식이 기업의 성공적인 운영과 비례하지는 않습니다. 협동조합경영학을 필요로 하는 사람들은 협동조합을 운영하다가 부딪히는 문제를 해결하고 싶어 합니다. 경영학에서도 협동조합 경영에 어려움을 겪고 해결 방법을 찾을 때, 그 해답을 명쾌히 알려주지는 않습니다. 일반 기업도 마찬가지입니다.

더 중요한 것은 구성원들이 함께 모여서 해결하고자 하는 의지입니다. 그리고 아주 미약하게라도 참여하는 사람들이 협동조합이 자신에게 유익하다는 경험을 해야 합니다. 과거의 노동운동처럼 머리로 필요를 갖고 행동하는 것은 한계가 있어요. 특정 사안에 대해서 회의만 하고 끝내는 것이 아닌, 일상생활에서 협동조합의 가치를 공유하는 기회와 경험을 계속 만들어야 합니다.

한때 복음자리공동체에서 살면서 주민 조직화와 주민운동, 빈민운동 등을 직접 경험했어요. 그때 선배들은 늘 이런 말을 했습니다.

"무엇을 위해서 저들을 어떻게 움직이려 하거나 뭘 하려고 하지 마라"

주민들과 함께 지내고, 놀고, 친해지고, 서로 믿는 관계가 우선이라는 겁니다. 그렇게 친밀한 관계를 쌓고 신뢰를 형성한 후, 무언가를 해보자는 이야기가 나오면 그제야 움직였어요. 리더가 지식을 제공하고, 길을 제시하고, 교육을 제공한다면 구성원들은 따르기만 하고 주체적이지 않은 모습을 보이기도 합니다. 이처럼 위에서 이끌려서 진행하는 운동이 과연 오래갈 수 있을까요?

참여를 독려하고 기다리고, 만들어가는 과정이 쉽지 않았을 텐데?

예전에 협동조합 방식으로 대안학교를 설립하는 일에 참여한 적이 있어요. 설립 과정에서 여러 차례 위기를 극복하면서 단결이 되더군요. 마당이 있는 집을 세 얻어서 학교 운영을 시작했는데, 점점 아이들이 많아져 고민 끝에 땅을 마련해서 학교를 짓자는 결정을 했어요. 문제는 돈이었어요. 당시 학교로 활용한 건물 보증금밖에 없었으니까요. 여러 방안을 모색하다 수풀이 무성하고 장사가 잘 안 되는 가게에 가서 무턱대고 가게 주인에게 학교 설립에 관한 이야기를 꺼낸 적도 있습니다. 유치하게 들릴지 모르는 작은 무용담이 쌓여가고 구성원들이 서로 격려하고 인정하면서 결속력이 생기기 시작했어요.

학교는 다음 아이들에게도 필요하기 때문에 채권 발행을 결정합니다. 과연 대안학교 설립을 위한 채권이 판매될지 반신반의했어요. 그런데 채권을 사는 사람들이 있더군요. 당시 학교 운영에 참여한 사람들이 적극적으로 주위에 팔기도 했고요. 그 결과 토지 매입과 학교 신축이 가능했습니다. 저는 이때 절실함과 관계의 단단함이 갖는 의미를 다시 한번 생각하게 됐어요. 협동조합은 사람들에게서 나온 힘에서 출발하고, 그 힘을 통해 문제를 돌파할 수 있어요.

칼 폴라니가 멜라네시아 사람들의 노동을 서술한 기록이 있어요. 폴라니의 기록을 요약하면 사람이 노동할 때, 꼭 이득을 목적으로 하지 않는 경우도 있다는 거죠. 노동은 때로는 인정, 경쟁, 노동이 주는 즐거움 등 다양한 동기에 의해서 비롯된다고 이야기합니다. 저는 조직에도 적용해볼 수 있다고 생각해요. 신나게 일하고 칭찬해주고, 인정하는 분위기를, 문화를 어떻게 만들 수 있을지가 과제이지 불가능하다고 생각하지 않습니다.

프로그램화된 한국의 사회적경제

조직문화의 변화. 사회적경제 조직에서 꼭 필요한 내용이라고 생각합니다. 지금의 사회적경제는 정부 지원금 때문인지 양적으로는 성장했지만 '운동'이라고 볼 수 있을지 애매한 부분이 있어요. 동시에 꼭 '운동'의 영역에 있어야 할까라는 의문도 있습니다.

앞서 언급한 것처럼 사회적경제를 '스스로 구원하는 운동'이라고 본다면 협동조합을 비롯해 굉장히 많은 시도가 이어졌습니다. 그런데 지금 국내 사회적경제를 지켜보면서 회의가 들 때가 있어요. 그 이유는 현재 한국의 사회적경제가 운동이 아닌, 프로그램으로 보이기 때문입니다. 운동은 그것이 가치 있다고 생각하는 사람들이 모여서 처음부터 돈이든 뭐든 스스로 마련하고 머리를 짜내서 궁리하는 노력을 해야 합니다. 반면, 프로그램은 문제의 원인과 이를 해결할 수 있는 인과관계를 찾아서 설계하는 것입니다. '사회복지 프로그램 설계'라는 교과서에 나와 있는 것 같아요. 이러저러한 방법으로 사람이나 돈 등의 자원을 구해서 투입하니까요. 프로그램은 원인, 자원 투입, 결과로 매뉴얼화 되어 있습니다. 매뉴얼이 있는 프로그램은 누가 하든 똑같은 결과가 나오게 되어 있고, 또 같은 결과가 나와야 합니다.

운동은 어떤가요? 누가 하느냐에 따라 결과가 다르고 그 결과를 정확히 예측할 수도 없어요. 정부 주도로 사회적경제를 지원하는 것을 무조건 나쁘다고 할 수는 없어요. 하지만 너무 지나쳐서 당사자들의 주체성이 약해지고 의존성이 높아집니다. 벌써 정부의 지원금이 없다면 사회적경제가 시장에서 유지하기 힘들다고 생각할 만큼 의존적인 상황이 돼버렸어요. 이 부분이 사회적경제에서 가장 큰 문제라고 생각해요.

저는 사회적경제라는 용어를 다시 생각해봐야 한다고 봅니다. 1970년대 유럽의 협동조합 등 여러 영역의 당사자 조직이 정부와 협상하기 위해 모였어요. 당시 정부와 협상할 때 자신들을 부르는 용어가 필요했고, 그래서 예전부터 사용한 사회적경제라는 단어를 다시 불러내어 사용합니다. 즉 당사자 조직이 스스로를 호명한 것이죠. 한국에서는 거꾸로 행정에서 사회적경제와 관련된 기업을 지칭하기 위해 사회적경제라는 용어를 사용하고 있어요. 개념 자체를 잘못 사용하고 있는 건 아니지만, 사회적경제가 주체성을 갖기 위해서는 용어에 대한 고민을 더 늦기 전에 해야 하지 않을까 생각합니다.

2부

협동의 대화

질문하는 협동
말하는 협동
생각하는 협동

한국과 일본 협동조합이
걸어온 길,
그리고 나아갈 길

일본생활협동조합연합회^{이하} JCCU, Japanese Consumers' Co-operative Union는 일본 전국의 생협이 가입해 있는 생협들의 전국연합회로 1951년 3월 설립되었다. 현재 약 320개 생협과 생협연합회가 가입되어 있으며, 회원 생협들의 전체 사업 규모는 약 3조 5천억 엔이고 조합원은 약 2,960만 명이다. JCCU는 연합회로 다양한 조직들과 소통하는 한편, 생협 운동 촉진과 관련한 정책 제안에도 활발히 참여하고 있다. 또한, CO·OP 브랜드 제품을 개발하여 회원 협동조합에 공급하고 있으며, 회원 협동조합의 사업 및 활동을 지원한다. 참고로 JCCU는 일본에서 가장 큰 소비자단체이기도 하다. 빠르게 변화하는 사회구조 속에서 새로운 생활의 필요를 느끼는 요즘, JCCU가 변화의 방향키를 어떻게 잡고 가는지 살펴보는 작업은 국내 생협에도 유효한 시사점을 줄 수 있을 것이다.

이 내용은 2019년 12월 일본생활협동조합연합회 이토 지로^{伊藤治郎} 섭외본부장과의 인터뷰를 기반으로 구성하였다.

생활협동조합의 규모화와 전략

일본생협연합회

일본 협동조합의 시작

일본생활협동조합연합회를 살펴보는 작업은 일본에서 협동조합이 등장한 시점에서부터 시작한다. 일본의 협동조합운동은 1868년 메이지 혁명 이후 일본의 사회·경제의 현대화 과정에서 발전했다. 1900년 이전, 협동조합의 법적 기반은 없었지만 실크, 차와 같은 부가가치 높은 생산물을 취급하는 협동조합, 농촌 지역의 비료 공동구입을 위한 협동조합, 도시 지역의 소비자를 위한 협동조합이 각각의 필요와 목적을 달성하기 위해 존재했다.

메이지유신 이후 일본은 경제 근대화와 산업자본 형성을 위해 여러 방법을 모색했다. 한편, 1900년대에는 농민 계급의 해체와 농민·농촌의 빈곤 문제, 도시의 소규모 기업이 겪는 재정적 어려움이 있었다. 이를 해결하기 위해 일본 정부는 독일의 신용협동조합으로부터 협동조합을 촉진하려는 방법을 학습하고, 1900년에 산업협동조합법을 제정했다. 산업협동조합법은 농업협동조합의 설립과 발전을 촉진하기 위해 만들어졌지만, 도시의 소비조합 당시 용어로는 구매조합 도 포함되어 소비자협동조합의 법적 근거를 갖추게 되었다.

일본은 포츠담선언을 번복하다 결국 1945년 8월에 항복을 선언했다. 패전 후 일본에서는 연합군 총사령부에 의해 정치, 경제, 교육 등 사회 각 분야의 전후 개혁이 추진되었다. 이는 비무장화·민주화에 기반을 둔 점령 정책이었다. 새로운 선거법에 따른 총선이 1946년 처음 실행되었고, 1947년 새 헌법이 반포됐다. 일본인들은 민주주의와 평화의 출현을 진심으로 기대했으나 전후 시대는 일상생활의 열악함을 동반했다. 기나긴 전쟁이 끝난 당시 1인당 식사량은 하루 300g 정도

밖에 되지 않았다. 그중 18%는 밀, 감자, 콩과 같은 대체식품이었다. 사람들은 살아남기 위해 필사적으로 식량을 구해야만 했다. 정부는 전시 관행에 따라 공인된 가격 및 공식 배급제를 재실행했다.

이러한 시대적 상황은 일본 소비자협동조합이 성장할 수 있는 배경이 되었다. 당시 주민들이 필요로 하는 식품이나 기타 생활용품의 공급을 위해 주거 공동체별 소규모 소비자협동조합이 조직된다. 이들은 주민들에게 식품 및 기타 생활용품을 배포하는 역할을 하고 있었는데, 공동체에 기반한 소규모 모임이 소비자협동조합으로 조직되기 시작했다. 그러나 현재 생협의 전신은 1960~1970년대 당시 대학생협 활동가들이 졸업 후 지역사회에서 전업주부를 조직화하면서 형성된 '시민생협'이라고 볼 수 있다.

전후의 혼란 속에서 살아남은 협동조합의 활동가들은 소비자협동조합을 재건하기 시작했다. 당시의 협동조합 활동가를 이야기할 때 가가와 도요히코^{賀川豊彦} 목사를 언급하지 않을 수 없다. 가가와 도요히코를 비롯한 협동조합 활동가들은 1945년 9월부터 꾸준히 협동조합운동에 대한 소명의식을 갖고 재건에 대한 회의를 진행했다. 그 과정에서 과거의 운동에 집착하지 않고, 하나의 협동조합운동 흐름을 만들어가기로 했다. 이에 1945년 11월 18일 가가와 도요히코 목사를 대표로 하는 일본협동조합연맹^{Japanese Co-operative Alliance, 이하 연맹}이 설립된다. 이 연맹은 JCCU의 전신이다. 연맹은 협동조합 설립, 인사 교육, 홍보 및 관련 지침을 제공했고, 각 현^縣마다 지부를 조직하여 지역 단위조합과 긴밀하게 연락했다.

당시 연맹은 소비자협동조합의 법적 지위 확보를 위해 애썼다. 협동조합기본법이 필요하다는 주장이 강했지만, 이미 농협법[1947년], 수협법[1948년]이 제정된 상황에서 협동조합기본법보다는 소비자협동조합의 단일법 제정이 현실적이었다. 일설에 의하면 연합군 총사령부가 일본협동조합의 세력화를 우려하여 기본법 구조에서 개별법 구조로 협동조합을 구분했다고 한다. 결국, 1948년에 소비자협동조합법이 제정되었다. 당시 연맹의 상임중앙위원인 야마모토 오사무가 이 법의 초안을 작성했는데, 핵심 내용을 간략히 살펴보면 다음과 같다.

(1) 일본 헌법 제25조는 건전한 생활 수준을 유지할 권리가 있다고 명시하고 있으며 이는 소비자협동조합의 기반으로 삼아야 한다.
(2) 신용·보험업에 대해 소비자협동조합에 권한을 부여해야 한다.
(3) 정부규제에 따른 사업권은 소비자협동조합에 부여되어야 한다.
(4) 로치데일협동조합의 원칙은 협동조합 행정의 기본으로 채택되어야 하며, 협동조합에 대한 정부규제는 제한되어야 한다.
(5) 여성가정주부이 협동조합의 조합원임을 인정해야 한다.
(6) 소비자협동조합은 원칙적으로 산업협동조합법에 따라 법인세에서 제외한다.
(7) 비조합원과 소비자협동조합의 거래는 전체 조합원 거래액의 15% 이내에서 허용한다.

국회는 비조합원 거래 금지를 포함한 추가 규제조항을 포함하여 1948년 10월 법안을 통과시켰다. 이렇게 제정된 소비자협동조합법은 사업권이 명확히 제시되어 있지 않고, 협동조합의 사업 활동을 제약하고 있었다. 그럼에도 불구하고 소비자협동조합에 법인격을 부여하고 로치데일 원칙에 기반한 민주적인 행정 운영 방안을 반영했다는 측면에서 의미가 크다.

일본협동조합운동의 선구자, 가가와 도요히코

가가와 도요히코[1888~1960]는 일본의 개신교 목사, 사회운동가, 교육가이자 '코프고베'의 설립자다. 고베 빈민가에서의 헌신적인 활동으로도 유명한 그는 우치무라 간조와 더불어 일본을 대표하는 기

> 독교 지성이자 지도자다. 그는 일본에서 협동조합을 처음으로 조
> 직하였으며, 협동조합 관련 저작과 강연 등을 통해 일본뿐 아니
> 라, 1930년대 미국 협동조합 지도자들에게도 큰 영향을 미쳤다.
> 기독교사회주의를 주창했으며 교리적 전도 활동에만 머물지 않고
> 일본 최초의 노동운동, 농민운동, 보통 선거운동, 무산 계층의 정
> 당운동, 협동조합운동 등 사회정의 실현을 위한 활발한 사회운동
> 을 선구적으로 개척했다. 가가와 도요히코 목사의 존재는 현재 많
> 이 잊혔지만, 활동 당시 그는 간디, 슈바이처와 더불어 현존하는
> 3대 성인으로 세계인의 존경을 받았으며 그의 영향을 받은 협동
> 조합이 이어지고 있다.[1]

일본생활협동조합연합회의 설립과 구조

JCCU의 두 가지 기능은 전체 생협을 아우르는 공통정책의 수립과 독자 브랜드 '코프$^{CO \cdot OP}$'의 개발 및 회원 생협 대상 도매 업무 수행이다. JCCU는 1951년 3월 가가와 도요히코 목사를 초대 회장으로 하여 설립되었다. 당시 JCCU 창립총회에서는 제3차 세계대전 발발에 대한 우려에 대응하여 '평화선언'과 '국민의 생활이 더 나아지는 것이 소비자협동조합의 이상이며 그것이 가장 중요한 소명'이라는 선언문을 채택했다. 이후 JCCU와 회원 소비자협동조합은 '평화와 더 좋은 생활을 위해서$^{For\ Peace\ and\ Better\ Life}$'라는 슬로건을 오랫동안 유지했다.

JCCU 회원은 직접 회원[2]과 간접 회원[3]으로 구성되어 있다. JCCU 설립 초기에는 여전히 회원 협동조합이 직면한 어려움이 해소되지 않

1-로버트 실젠, 서정민·홍이표 역, 2018, 『사랑과 사회정의의 사도 가가와 도요히코 평전』, 신앙과지성사.
2-전국 단위 또는 현 차원에서 일생협연합회의 제품을 직접 구입하고 회비를 직접 내는 비교적 큰 단위의 회원
3-지역 연합을 통해 제품을 구입하고 수수료를 지불하는 전국 단위 또는 현 단위 회원

은 상황이었다. 1951년, JCCU의 회원 조합을 살펴보면, 59개의 직접 회원[11개의 지역연합과 48개의 직접회원]과 268개의 간접 회원으로 구성되어 있었다. 지역 연합 회원이 JCCU에 부분적으로 지불하는 수수료를 사업상 어려움을 겪는 지역의 단위조합에게 거두는 것은 힘든 일이었다. 이러한 상황은 JCCU의 지속적인 재정 약화를 초래했다. 설립 초기의 예상과 달리 JCCU는 대규모 인력을 고용할 수 없는 상황이었고, 1960년대 초반이 되어서야 직원 규모가 10명을 넘게 됐다. 참고로 2017년 기준, JCCU 전체 직원 수는 1,482명이다.

JCCU는 출범 후 협동조합을 위한 비즈니스 교육 과정의 제공뿐만 아니라 회원 협동조합의 조직 및 사업 확대와 개선을 위해 노력했다. 교육 대상 기관은 월 매출 1천만 엔이 넘는 협동조합이었는데, 대상 협동조합은 초기에 11개에 불과했다. 이 중 단지 두 곳의 협동조합만이 나다와 고베의 지역 기반 협동조합이었고, 다른 곳은 직장이나 대학협동조합이었다. 지역에 기반한 협동조합들은 당시 힘든 시기를 보내고 있었다.

시부야에 위치한 일본생협연합회

현재 JCCU는 조직 규모, 성격이 다양한 회원 생협들로 구성되어 있다. 그래서 JCCU는 지속가능개발목표^{SDGs}의 추진 등 주로 생협의 큰 방향성을 제안하는 역할을 하고 있다. 지역생협들은 그러한 방향을 보면서 지역별 정책을 추진한다. JCCU가 회원생협으로부터 받는 회비는 큰 액수가 아니다. 회비는 사업 규모에 따라 결정되며 가입은 사업별로 또는 연합회 단위로 가입하는 구조다. 지역 단위로 가입하는 경우도 있다. JCCU는 주로 코프 브랜드 상품 판매를 통한 이윤으로 운영비를 마련하고 있다.

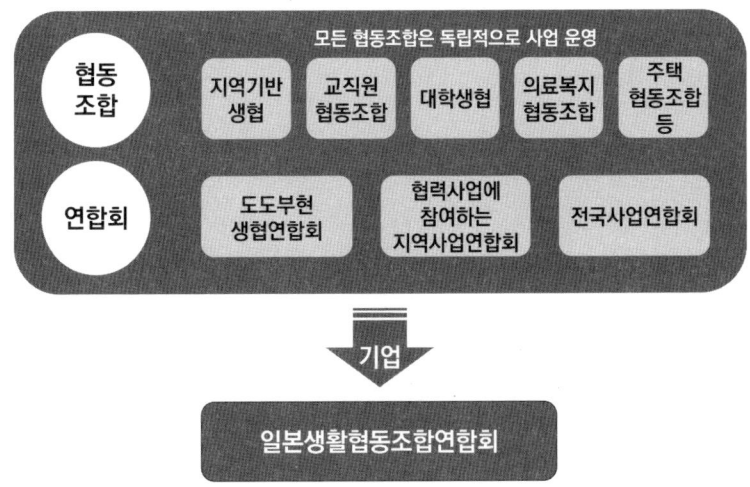

출처_ⓒ 일본생활협동조합연합회 2020년 지속가능보고서

JCCU의 거버넌스는 세 단계로 구분된다. 지역 기반, 분야별 단위생협이 1단계, 각 단위생협이 현 단위의 연락회를 조직하고 참여하는 것이 2단계, 그리고 마지막 3단계는 JCCU이다. JCCU 이사는 회원조직에서 선발되는데, 별도 선거를 거치지 않고 현 단위, 광역별로 지역에 비례하여 이사를 추천받는 방식을 활용한다. 이사회는 2개월에 한 차례씩 진행하며 주로 정책과 방침을 논의한다. 매년 6월에 개최되는 총회에서는 주요 정책과 중기활동계획 승인, 해당연도 사업보고와 예

산 승인 등이 진행된다. 총회에서 관련 내용이 결정되기 전, 1월에 전국 생협 대표자 회의를 개최하여 사업 활동 평가와 해당 연도 정세 및 전망을 다루면서 1차 안을 제시하게 된다. 이사회에서도 관련 논의를 진행하면서 의견을 수렴하여 총회에서 최종 승인을 하는 구조이다.

코프$^{CO·OP}$ 브랜드의 등장

유럽의 소비자협동조합이 다양한 PB 브랜드를 갖고 있듯이, JCCU에서도 자체 브랜드가 있다. 현재 JCCU가 자체 생산하는 코프 브랜드 제품은 5,400여 개에 이른다. 품질관리는 각 검사센터에서 이뤄지며, 품질관리 담당자가 전국 산지를 다니며 점검한다. 신규 물품이나 공장 이전과 신축 등 특수한 상황일 때는 점검사항이 보다 강화된다. 물품과 관련한 사건·사고가 발생할 경우, 기본적으로 회원생협과 함께 신속히 대응한다.

일상적으로 접하는 코프 브랜드는 1960년 코프 버터 생산에서부터 시작되었다. 1960년대 경제 호황과 소비자 라이프스타일 변화에 맞춰 일본 리테일 업계는 기민하게 대응했고, 그 결과 크게 성장할 수 있었다. 경제 변화는 대량 생산, 대량 소비 구조로 이어졌고, 업체에서는 변화에 맞춰 대량 유통 시스템이 필요했다. 당시 일본 서부 지역의 슈퍼마켓들은 대량 유통에 적합한 구조로 빠르게 전환하였고, 이를 시작으로 대량 유통 구조가 급속히 확산했다. 당시 소매업의 현대화 흐름이라 할 수 있는 '유통 혁명'에 대한 논의가 활발하게 이뤄졌다. 1960년대 후반에는 체인 슈퍼마켓이 급격히 증가하여 일본 전역에서 운영되는 이른바 '빅 체인'이 형성된다.

급속한 경제 규모 확대는 국민소득 증가와 국민 생활 수준 향상에 기여하는 동시에 새로운 사회 문제를 일으켰다. 대도시 외곽에 아파트

단지가 확산되었지만 주택 부족 문제는 계속되었다. 그리고 주택 문제와 관련해서 장거리 통근의 고단함, 보육 시설과 학교 부족 등의 문제가 거듭되었다. 도시에 사는 많은 이들에게는 이러한 상황이 심각한 고충이었다. 이와 반대로 농촌에서는 농업 생산인구 부족으로 인한 임시노동 구조가 일본의 식량 생산과 자급률을 계속해서 낮추고 있었다. 한편, 구마모토현 미나마타병, 니가타현 이타이 이타이병 등 이른바 공해가 유발한 질환이 전국 주요 공업 도시로 퍼졌다.

안전성, 생산자와의 긴밀한 관계 및 직거래 등은 현재 JCCU의 코프 브랜드를 떠오르면 연상되는 주된 개념이다. 하지만 1960년대 JCCU에서 자체 브랜드를 개발하게 된 배경에는 '적정한 가격'에 대한 조합원의 필요가 있다. 당시 일본생협이 추진하는 운동의 핵심은 유통업자의 중간착취를 배제하고, 업계의 독과점 체제에 대항하는 것이었다. 소매업계에서는 자체 브랜드 제품이 거의 없었고, 독과점 생산기업의 권한이 막강했다. 이는 제품 가격 책정에도 여지없이 반영되었다. 그 예로 한 소매점이 A 물품 가격을 임의로 할인할 경우, A 물품 생산업체의 영업팀에서는 해당 소매점에 출하를 정지하고 물품을 회수할 수 있을 정도였다.

코프 버터는 이러한 배경 속에서 개발됐다. 당시 낙농가에 돌아가는 수익은 낮고, 이를 원재료로 한 제품을 생산하는 제조업체는 높은 가격을 소비자에게 책정해 큰 이윤을 내고 있었다. 결국, 소비자들은 비싼 가격으로 제품을 살 수밖에 없었다. JCCU는 소비자와 낙농가가 겪는 문제를 해결하기 위해서는 불합리한 유통 구조의 개선이 필요하다고 판단한다. 그래서 자체적으로 코프 버터를 개발·생산하여 낙농가에 적정한 수익이 돌아가도록 하는 한편, 소비자 조합원에게는 적정한 가격으로 판매하였다.

1970년대 초, JCCU는 컬러TV의 이중가격에 분개한 다섯 개 소비자단체와 함께 '컬러TV 사지 않기' 운동을 펼쳤다. 전자제조업체에 반기를 든 것이다. 당시 20인치 컬러TV의 가격은 약 20만 엔이었는데,

일본 내수시장에서 판매되는 가격과 비교했을 때 수출 가격은 상당히 저렴했다. 이에 JCCU는 NEC(일본전기주식회사)와 제휴하여 20인치 컬러TV를 개발했고, 조합원 가격 98,000엔에 제품을 시장에 내놓았다. 이는 커다란 반향을 일으켰다. JCCU의 컬러TV 개발을 계기로 일반 제조업체에서도 같은 규격의 TV를 13만 엔으로 개발·판매하게 되었다. 생협이 시장에 큰 영향을 미치는 존재로 등장한 것이다.

현재 JCCU는 제조·생산업체와 공동으로 다양한 상품들을 개발하고 있지만, 1960~1970년대에 생협의 새로운 시도는 시장의 눈엣가시로 인식되었다. 하지만 JCCU는 소비자들이 가격 결정권을 갖고 있어야 한다고 생각했고, 같은 뜻을 지닌 일부 업체들과 협력하여 다양한 상품 개발을 이어갔다. 그때부터 지금까지 JCCU는 낮은 가격으로 충분히 좋은 제품을 개발할 수 있는 역량을 거듭 강화해오고 있다. 또한, 코프 브랜드 제품 개발을 보다 체계적으로 추진하기 위해 내부에 제품개발위원회를 설치하였다.

앞서 언급했듯이 일본 사회는 경제성장 과정에서 환경오염, 공해 등의 문제를 마주하게 된다. 소비자 조합원들은 생협이 환경 이슈와 관련하여 사회적 책임을 져야 할 것을 요구하였다. JCCU는 이에 적극적으로 반응했다. 예를 들어, 수질 환경 피해를 줄일 수 있는 새로운 형태의 합성세제인 '코프 비누' 등 사회적 필요와 요구를 담은 제품을 개발하기 시작한 것이다. 코프 비누 개발 당시 5천 명 이상의 조합원이 테스트에 참여하여 최종 제품을 출시하였다. 이처럼 소비자 조합원들의 소비자주권이 뒷받침되었기에 지금과 같이 JCCU가 성장할 수 있었다.

한편, 1970년대 연달아 발생한 석유 파동으로 인한 물가상승은 물자 부족 문제를 가져왔다. 이때 합리적인 가격으로 양질의 제품을 공급하는 생협에 많은 사람이 조합원으로 가입하게 된다. 한창 소비자 의식이 강화되던 시기였기 때문에 생협은 식품첨가물 배제, 표시제 등 안정성에 대한 고려와 산직(産直, 일종의 직거래운동) 개념을 생협운동의 중심에 배치했다. 이 부분은 현재 일본생협의 원형이 되는 시민생협의 설립과 발전에 크게 기여하게 된다.

당시 생협을 제외한 다른 업체에서는 표시제를 도입하지 않았다. 생협은 정부에서 법으로 강제하지 않을 때도 제품 성분을 공개했는데, 이 부분이 대중들의 오해를 사기도 했다. 소비자들은 생협이 상대적으로 더 많은 첨가물을 쓰고 있다고 오해한 것이다. 이후 생협은 정부와 소통하며 관련 법률이 정비될 수 있는 여건을 갖추었고, 그 과정에서 식품 성분표시에 대한 기준이 새롭게 정비됐다. 이 지점 또한 생협의 사회적 기여라고 할 수 있다. 회원생협 중 팔시스템, 생활클럽생협[4]은 자체적으로 더 엄격한 물품 취급 기준을 준수하고 있어, 때로는 코프 브랜드 상품을 취급하지 않는다. 현재 코프 브랜드 매출은 소매 기준 한화 약 5조 원으로 전체 생협의 연 매출 규모는 약 30조 원 정도다. 코프 브랜드 상품이 전체 매출에서 1/6을 차지하고 있다.

일본 생협의 최근 변화

그동안 생협은 조합원들이 필요로 하는 재화나 서비스를 효율적으로 제공한다는 기본적인 역할을 넘어 사회적 책임의 준수라는 측면에서도 활발히 활동해왔다. 생활의 이슈에서 국가적 이슈에 이르기까지 생협의 활동은 다양하고 폭넓게 연결되어 있다. 현재 일본의 생협은 저출산, 고령화 이슈에 직접 영향을 받고 있다. 그래서 고령자 친화 사업을 추진하는 동시에 미래를 생각해 젊은 세대들의 생협 가입을 위

4-생활클럽은 식품첨가물의 경우 일본 정부가 인정한 819개조차 엄격하게 더 줄여 단 85개만 허용한다. 지난 2월까지 누적된 방사능 검사도 10만5,000건에 육박한다. 사용한 것을 모두 밝힌다는 자신감은 가공식품의 솔직한 원재료 공개로 이어진다. 엄격한 공정 기준을 통과하지 못하면 거래할 수 없다. 농약 사용부터 포장 재질까지 까다롭게 취급하니 거래처 중 일부는 거래를 포기할 정도지만 역으로 조합원의 신규 가입을 유도하는 일등 공신이기도 하다. "생협의 이단아 '생활클럽'… 90% 이상 자체 상품", 〈한경매거진〉제1179호, 2018.7.4.

한 활동에도 관심을 기울여야 하는 상황에 놓였다. 생협은 젊은 세대, 특히 육아 세대를 대상으로 지자체와 연계해 육아에 필요한 분유, 기저귀 등 필수 재화를 키트^{Kit}로 제작해 배포하고 조합원 가입을 유도하고 있다.

코프미라이의 이동판매 차량과 이를 이용하는 요양원 어르신
출처_코프미라이 홈페이지(mirai.coopnet.or.jp)

사회적 책임의 측면에서 생협의 이동판매 차량이 늘어나고 있는 사례 또한 주목할 만하다. 지방 소멸로 생협 매장 개설이 어려워지고 고령화로 중장거리 이동이 쉽지 않은 조합원들이 늘어나면서 이동판매 차량을 운영하며 생협 물품을 공급하는 경우가 많아지고 있다. 이동판매 차량은 직접 눈으로 보고 구입을 원하는 노년층의 필요를 만족시키는 한편, 노년층이 집 밖으로 나와 또 다른 조합원, 판매 직원과 소통하는 계기를 만들었다는 사실에서 의미가 있다. 2019년 3월 기준, 일본 27개 현에서 활동하는 33개 생협에 의해 197개의 이동판매 차량이 운영 중이다.⁵ 최근에는 지방정부와 제휴를 맺어 노년층 대상 도

5-일본생협 중 3번째로 큰 코프삿포로는 조합원 수 176만 명으로 홋카이도 내 점유율이 63.6%에 이른다. 인구 감소, 고령화의 위기를 새로운 사업 기회로 삼고 있다. 먼저 과소지역의 장보기 문제를 해결하기 위해 펼치고 있는 것이 이동매장사업이다. '카케루(달린다는 의미)'라는 이름으로 펼치는 이 사업은 슈퍼마켓이 모두 철수한 지역에서 지역주민에게 큰 의지가 되고 있다. 특수하게 개조한 총 95대 차량에 1,000여 품목 정도의 상품을 싣고 주 2회 정해진 시간에 지역 구석구석을 찾아간다. 주 2회로 한 이유는 사람들이 일주일에 슈퍼마켓에서 쇼핑하는 횟수가 평균 2회이기 때문이다. 구비 상품 수도 작은 편의점의 절반 정도에 해당한다. 주 2회 방문하니 주문도 많이 들어온다. 매

시락 배달 서비스를 시작하기도 했다. 이는 지역사회의 노년층 돌봄의 역할 일부를 생협에서 담당하고 있는 것으로 볼 수 있다. 2017년 3월 기준, 44개 현의 48개 협동조합이 14만 4천 개의 도시락을 배달했다.

일본에서 생협 조합원 가입률이 높은 지역은 인구 감소가 본격화되는 지역인 경우가 대부분이다. 사회적 책임을 다하려는 생협의 활동은 때론 지자체의 역할과 임무가 생협에 전가되는 것은 아닌지 우려를 낳기도 한다. 부정적인 측면이 있을 수도 있지만, 생협 조직률이 높은 지역에서 확인되는 생협의 영향력을 긍정적으로 활용할 수 있다. 예컨대 생협을 둘러싼 여러 규제가 특정 지역에서는 완화되어 적용되는 경우이다.

JCCU는 2011년에 '사람과 사람이 이어지고, 웃음이 넘치며, 신뢰가 확대되는 새로운 사회를 실현'한다는 비전을 채택하여 다양한 실천을 이어오고 있다. '연대하는 힘으로 미래를 만들자'는 기조를 갖고 사람과 지역 간 연계성이 약해지는 가운데 생협은 지역, 사람과의 연대를 어떻게 강화할 것인지를 고민하고 있다. 지난 2011년 동일본대지진을 겪으며 생협 혼자의 힘이 아니라 다른 협동조합, 시민사회, 정부와 함께 사회 문제를 해결해야 한다는 인식이 높아졌다.

이동판매 차량 모습

출의 12%는 주문에 의한 매출이다. 공급자들은 단순히 물품의 공급자가 아니라 지역 어르신들의 지키미 역할도 함께 하고 있다. 지자체들이 가장 두려워하는 것이 어르신들의 고독사이다. 코프삿포로는 총 189개 지자체와 지키미협정을 체결해 물품을 공급하며 어르신들의 안부도 확인하고 있다.
"지방의 위기는 생협의 새로운 사업의 기회", 아이쿱생협(2019.7.18.)

도시락 배달 서비스 모습

한편, 사업에서 겪고 있는 변화는 내부적으로 또 다른 고민을 가져왔다. 현재 생협의 택배 서비스가 활발한 것과 달리 소규모 매장의 수익성은 점차 떨어지고 있다. 생협 전체적으로 흑자이지만 경쟁업체들이 점차 증가하고 있어 사업 구조 개혁이 필요한 상황이다. 여기에 앞서 언급한 저출산, 고령화 사회에 대한 대응방안이 연결되어 있다. 사회구조의 변화는 생협 조합원 참여에 바탕을 둔 운영 구조에도 많은 변화를 가져왔다. 과거 전업주부를 중심으로 조합원 활동이 진행됐다면, 최근에는 맞벌이, 미혼 등 여러 이유로 생협 활동 참여가 갈수록 떨어지고 있다. 다음 세대 임원^{생협활동가}을 어떻게 키울 수 있을지 새로운 방안을 모색해야 하는 상황이다.

안팎의 복합적인 변화에 대응방안을 찾는 동시에 JCCU는 글로벌한 흐름을 읽는 노력도 기울이고 있다. 2018년 JCCU는 UN이 정한 SDGs의 실현을 위해 7가지 행동을 '생협 SDGs 행동선언'으로 채택했다. 이는 SDGs가 목표로 하는 방향이 협동조합의 이념과 공통된 부분이 많다는 공감에서 비롯됐다. SDGs를 위한 7가지 실천의 내용은 다음과 같다.

지역사회 기반 소매 협동조합 현황

- 지속가능한 생산과 소비를 위해 상품과 생활을 개선해 나간다.
- 지구온난화 대책을 추진하고 재생 가능한 에너지를 이용하고 보급한다.
- 세계의 기아 및 빈곤을 근절하고 아이들을 지원하는 활동을 추진한다.
- 핵무기 폐기와 세계 평화를 지향하는 활동을 추진한다.
- 양성평등 남녀평등과 다양한 사람들이 공존할 수 있는 사회 만들기를 추진한다.
- 누구나 안심하고 살 수 있는 지역사회 만들기에 참여한다
- 건강 관련 활동을 넓히고 복지사업 및 서로 돕기 활동을 추진한다.

생협 SDGs 행동선언
출처_일본생협연합회 홈페이지

최근 JCCU는 제70차 정기총회에서 '일본생협 2030비전'을 채택했다. 2년에 걸쳐 전국에서 1천 명 이상의 조합원이 참여해 앞으로의 생협 모습에 대한 논의를 통해 비전을 만들었는데, SDGs를 기초로 생협이 추구해야 할 모습을 그리고 있으며 주요 내용은 다음과 같다.[6]

- 생애에 걸쳐 마음이 풍요로운 생활
  우리는 먹거리를 중심으로 각자의 생활에 도움이 되는 정도를 높여 전 생애에 걸쳐 이용할 수 있는 사업을 만들어나간다.
- 안심하고 살아갈 수 있는 지역사회
  우리는 생활 인프라의 하나로 지역에 꼭 필요한 존재가 되어 지역 네트워크에서 역할을 담당한다.
- 누구도 소외되지 않는 지속가능한 세상과 일본
  우리는 전 세계 사람들과 함께 지속가능하고 서로를 인정하

6-참고_https://jccu.coop/info/up_item/release_200612_01_01.pdf

는 공생 사회를 실현한다.
· 조합원과 생협에서 일하는 모두가 빛나는 생협
  우리는 미래로 나아가기 위해 건전한 경영, 조합원은 물론 일하는 모두가 빛나는 생협을 만들어나간다.
· 더 많은 사람과 연결되는 생협
  우리는 더 많은 사람과 연결되는 생협을 만들기 위해 연대와 활동의 기반을 강화한다.

JCCU는 조합원의 필요를 반영하고 시대 변화에 대응한다는 차원에서 비전 수립에 그치지 않고, 그에 따른 실천을 위한 기반을 탄탄히 다져가고 있다. 이때 오랜 시간 쌓아온 연합 조직으로서 JCCU의 노하우가 중요한 역할을 한다. 예컨대 사회를 향한 적극적인 메시지 발신으로 사회적 책임을 다하는 생협이 두드러지도록 하는 것이다.

한국과 일본의 생협운동이 가진 특징, 사회·경제·역사적 상황이 다르기에 일본생협연합회의 과거와 성과, 그리고 현재와 앞으로의 논의를 그대로 우리 사회에 가져올 수 없다. 하지만 생협을 둘러싼 환경이 급격한 변화의 파도에 올라탄 한국의 생협들이 어떤 상(象)을 그리며 나아갈 것인지에 대한 물음에 대한 대답에 JCCU의 그동안의 경험이 유효한 참고가 될 수 있을 것이다.

보다 자세한 일본생협운동 역사에 대해서는 사이토 요시아키, 다나카 히로시 역, 2012, 『현대일본생협운동소사』, 그물코 참고.

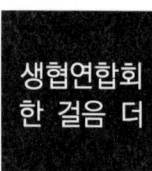

생협연합회
한 걸음 더

우리에게 생협연합회는 어떤 의미인가?

신효진

한국의 생협은 1998년 12월 제정된 소비자생활협동조합법[이하 생협법]에 근거를 두고 사업과 활동을 하고 있다. 법 제정 전 임의단체로 활동해 온 생협들은 생협법 제정으로 법의 보호와 정부의 지원을 받을 수 있게 되었다. 그러나 규제조항이 많아 법 제정 이후에도 생협들은 지속해서 법 개정을 추진하였고, 2010년 생협법 전부 개정을 이루어냈다. 그 과정에서 생협들은 전국연합회 설립의 근거를 갖게 된다. 이에 대학생협연합회, 두레생협연합회, 아이쿱생협연합회, 한살림생협연합회, 행복중심생협연합회와 같이 각각의 생협연합회가 설립되었다.

현재 일본의 JCCU와 같이 전체 생협의 의견을 수렴하여 정책화하고, 경영에 필요한 다양한 지원을 담당하는 생협들의 전국연합회는 부재하다. 1983년 소비자협동조합중앙회, 1990년 생협중앙회, 2002년 생협전국연합회로 이름을 변경하며 생협법 제정 활동, 생협 설립 지원 및 경영지도, 협동조합 교육 추진, 공동구매사업 등을 펼친 연합회가 과거 존재했다. 생협전국연합회는 2011년 해산 후, '생협전국연합회 설립을 위한 추진위원회'를 2017년까지 운영해 왔다.

생협 간 연대가 필요하다고 이야기하지만, 현재 각 생협은 생산, 유통, 판매 등 전체적인 시스템을 다른 생협 단체들과 연대 없이 독자적으로 운영할 수 있는 상황이다. 과거 해산된 연합회를 탈퇴한 경험을 가진 각 생협이 당위성만으로 연합한다는 것은 현실적이지 않다. 이러한 상황에서 생협들은 다시 한번 생협법 전면개정의 필요로 연대하였다. 현재의 생협법이 지난 10년간 생협이 이룬 성장과 발전을 담아내지 못하고 봤기 때문이다.

이에 2019년 12월 생협법 전면개정을 위한 국회 토론회를 시작으로 2020년 1월부터 5월까지 각 생협연합회 실무 담당자들이 준비모임을 거쳐 생협법 개정 15개 요구안을 잠정 합의하였다. 그리고 2020년 10월 '생협법개정추진위원회' 발족과 함께 ▲생협 정체성 강화 ▲조직 생태계 기반 조성 ▲금융 생태계 기반 조성 ▲정책 환경 조성 ▲생협 운영의 개선 등을 기본 방향으로 하는 15대 과제를 발표하였다.

과거 '생존'을 고민했던 생협들은 이제 '성장'을 고민하고 있다. 협동조합 7원칙의 하나인 '협동조합 간 협동'이라는 원칙을 가져오지 않아도 연대를 통해 개별적으로 흩어져 있을 때 불가능했던 일들이 가능하다는 것을 우리는 알고 있다. 지난 2010년 생협법 전면개정 성과가 그것이다. 꼭 필요한 변화를 안팎으로 제안하고 공감을 얻으려면, 함께 모여서 공통의 의견을 만들어 전달할 때 실효성이 더 크다. 연대로부터 힘이 생기고 훨씬 더 많은 협상력이 생긴다. 생협법 개정이라는 공통의 목표 설정은 다시 생협 간 결속을 가져왔다. 목표 달성을 위한 공동의 입법 활동은 또 다른 연대의 시작이 될 수 있다.

생협 조직들은 각각 조직 성격이 다르다. 빠르게 변화하는 시대에 대응하여 대안을 만들고 사업·운영의 지속가능한 기반을 다져야 한다는 필요를 같이 갖고 있지만, 이를 풀어가는 방법에는 차이가 있을 수 있다. 한편, 협동조합이 사업체이자 결사체이듯 때로는 비즈니스의 방식으로 접근하거나 결사체의 방법으로 풀어내야 할 수도 있다. 좋은 판단을 내리기 위해서는 각기 다른 목소리를 듣는 것이 필요하다. 이 때 생협전국연합회는 그 다름 사이에서 균형을 잡는 역할을 할 수 있다. 사실 연합회의 당위성은 각 생협 조직들의 필요와 의미 부여에서 비롯된다.

생협법 15대 개정 과제

생협 정체성 강화	1. 생협 정체성 강화 조항 추가 2. 생협의 비영리법인 명시 3. 소비자 개념 정의 명문화 4. 비조합원 사업 이용 기준 정비
조직 생태계 기반 조성	5. 전국연합회 설립 요건 개선 6. 조합 공동사업법인 설립 근거 마련 7. 출자회사에 대한 생협법 적용 8. 독점규제법 적용 예외 명문화
금융 생태계 기반 조성	9. 생협채권 발행 근거 마련 10. 출자전환·회전출자 제도 도입
정책 환경 조성	11. 주무부처 이관(공정거래위→기획재정부) 12. 생협 발전계획 수립·정책심의회 제도화
생협 운영의 개선	13. 생협 운영 자율성·정관 자치 확대 14. 생협 지원 주체·범위 확대 15. 학교생협 임직원 겸직 허용

한편, 생협전국연합회를 다시 추진하기에 앞서 생협 운동의 역사 속에 존재한 연합회를 돌아보는 작업이 필요하다. 역사에 깊이 자국을 남겼지만 명쾌하게 드러내지 못한 기록들을 다시 꺼내 들여다볼 수 있어야 한다. 연합회가 해산된 배경과 맥락을 확인하는 과정에서 우리가 생각하는 생협전국연합회의 존재 의미와 가치를 확인할 수 있기

때문이다. 또한, 이는 지난 실수를 반복하지 않기 위한 과정이기도 하다.

일본생협연합회 1층에 비치된 코프^(CO·OP) 물품

JCCU의 과거와 현재 그리고 미래를 향한 청사진을 살펴보는 것은 우리가 만들어갈 생협전국연합회를 상상할 때 참고할 수 있는 하나의 사례가 될 수 있다. 연대와 협력이 만들어내는 가능성과 기회가 무궁무진하다는 사실을, 물론 이를 만들어가는 과정에서 겪게 되는 무수한 부딪힘 역시 존재한다는 사실을 앞선 걸음에서 확인할 수 있기 때문이다. 생협법 개정이라는 목표를 두고 내디딘 생협 간 협동의 걸음이 생협전국연합회에 어떤 영향을 줄 수 있을지 앞으로의 여정이 사뭇 기대된다.

국제노동기구^{이하} ^{ILO}는 2019년 6월 연례총회 선언문을 통해 고용의 긍정적인 미래를 위해서 협동조합과 사회연대경제의 역할을 강조했다. 사회연대경제$^{Social\ and\ Solidarity\ Economy,\ SSE}$는 협동과 연대, 그리고 윤리적이고 민주적인 운영을 하는 사회적기업, 협동조합, 상호공제조합 등 다양한 형태의 조직들을 포괄하고 있다. ILO 총회에서 구성원 전체의 합의 하에 사회연대경제의 중요성을 처음으로 명시한 것이다.[1]

ILO가 사회연대경제와 협동조합의 중요성을 인정하기 전에도 이러한 흐름은 있었다. 1980~90년대 민영화가 추진되던 가운데 일본 노동자협동조합은 '노동의 시민성을 회복'을 위한 실천을 이어갔다. 노동자협동조합연합회 차원에서는 의제활동과 사업 영역을 이끌었고, 지역별 특성에 맞춘 사업 또한 확대해나갔다. 40여 년의 노동자협동조합 운동 실천을 통해 최근 법제화를 이루어냈다는 면에서 일본노동자협동조합은 한국 사회에 영감을 주기에 충분하다. 지금부터 일본노동자협동조합이 걸어온 길과 현재의 고민을 함께 살펴보자.

―
이 내용은 2019년 12월 일본노동자협동조합연합회 나카노 오사무^{中野理} 이사와의 인터뷰를 기반으로 구성하였다.

1-"ILO가 전망하는 노동의 미래는?", 〈이로운넷〉 2019.7.19

노동자협동조합의 어제와 오늘

일본노동자협동조합연합회

일본노동자협동조합이 걸어온 길

제2차 세계대전 이후 일본에서는 실업자가 엄청나게 늘어났다. 당시 일본의 인구를 5천만 명 정도로 보는데, 그중 1천만 명이 실업자였을 것이라고 예상한다. 일본 정부에서는 그 사람들에 대한 실업대책사업을 시작했다. 1941년에 일시적으로 긴급법을 제정하였고, 정식으로는 1947년부터 시작했다. 당시에 이 실업자 대책사업으로서 실제로 진행됐던 사업은 도로 보수, 하천 보수 사업인데 공공사업으로 보이지만 정부가 실업 대책으로 만든 사업이었다.

  이 같은 실업 대책 차원의 공공사업이 가장 늘었을 때가 1960년대 초반인데 대략 35만 명 정도가 이 사업에 참여했다. 인원 구성을 보면, 전쟁 시 배우자를 잃은 여성들이 대부분이었다. 그들에게 국가가 취업 기회를 주고 공공사업을 펼쳤다. 이때 일했던 노동자들이 전일본자유노조라는 노동조합을 만들어서 이 노동조합에 가입하여 정부에 실업 대책의 일을 통해 소득을 얻었다. 당시에 전일본자유노조에 속한 실업자, 일용직이 25만 명이었다. 한편, 1960년대부터는 실업 대책이 점점 축소됐다. 국가가 취업 기회를 주는 것이 일종의 사회주의라는 비판을 받으면서 단계적으로 축소해가는 것으로 결정됐기 때문이다. 그럼에도 정부 수주의 공공사업은 1995년 무렵까지 이어져 왔다.

  사람들은 정부가 제공하는 일자리가 축소됨에 따라 다시 실업자가 되게 되면 곤란하기에, 스스로 자신들이 사업단을 만들기 시작했다. 1970년대 초에 이 같은 성격의 조직이 전국적으로 100개 정도 설립되었다. 이 같은 배경으로 사람들이 모여 사업단을 만들었는데, 실제로 하는 일은 과거와 다른 바 없이 운영되었다. 왜냐하면, 정부에서 사업단에게 위탁하는 방식이었고, 이 정부의 위탁사업에 대해 조합원이 일하는 것이었기 때문이었다. 일의 종류도 역시 도로 보수, 하천 정비 같은 마찬가지의 일이었다. 조합원층도 비슷해서 중년, 고령자 여성들이 대부분이었다. 이들은 '중고령고용복지사업단'이라는 이름으로 변경해서 일을 했다. 그리고 1979년에 이 사업단의 36개 단체가 모여서 전국 중고령고용복지사업단협의회를 결성하였는데, 이 사업단이 바로 일본노협연합회의 역사적인 기원이 되는 조직이다.

1982년에 전국협의회가 직접 운영하는 방식으로 변환이 되면서, 다시 한번 센터사업단이라는 이름으로 변경되었다. 센터사업단은 치바현 나가레야마시에 있는 토호카츠병원의 청소일을 하는 것에서부터 시작됐다. 이 시기부터 병원에서 청소위탁을 받았다. 민주적인의료단체연합회^{민의련}와 의료생협이 있던 병원이었다. 당시 민의련은 무의촌이나 농어촌에 진료소를 만들어서 보편적 의료가 가능하도록 하는 운동을 하고 있었고, 의료생협이 계속 생기고 있었다. 민의련이나 의료생협과 센터사업단의 생각이 비슷하다고 느꼈기 때문에 이런 단체들이 센터사업단에 청소사업을 위탁했다.

노협이 펼치고 있는 사업 중 '녹화환경'이라는 것은 실업사업 정책의 일환으로 지속되고 있었다. '협동조합 간 제휴'라는 것은 생협의 물류를 노협이 위탁받아서 수행하는 것인데, 이것은 1980년대 후반에서 1990년대 초반에 확대되었다.

이 시기에는 조직은 존재했으나 실제로 협동조합 형태로 활동하는 것은 아니었다. 이 상황에서 당시 일본 내 농협이나 생협의 관계자들로부터 '당신들이 하려는 것은 유럽에 있는 노동자협동조합과 같은 것이 아니냐'라는 의견을 듣게 되었다. 이런 의견에서 아이디어를 얻어, 1980년 중반에 스페인 몬드라곤이나 이탈리아 노동자협동조합 등에 견학을 가게 되었다. 1987년에 직할사업단이 유럽 협동조합 견학에서 배운 것을 바탕으로, 본격적으로 조직이 협동조합 성격으로 대전환하게 되었다. 예를 들어 1인 1표의 적용, 출자원칙 제정 등 노협의 필수조건을 갖춘 센터사업단으로 자리 잡게 되었다.

한편, 일본에서는 1990년대에 들어서면서 고령화 문제가 심각해졌다. 이전에는 녹화사업, 병원사업, 물류사업이 메인이었지만, 1990년대 중반부터는 이탈리아 연수를 받은 성과로 사람과 지역에서 필요한 사업을 하자는 이념 아래에서 간병 사업과 돌봄서비스를 시작했다. 일본 내의 변화도 있었다. 2000년부터 개호보험이라는 장기요양보험이 시작됐다. 이에 따라서 데이서비스센터나 재가요양서비스, 쇼트스테이[2]와 같은 사회돌봄서비스 운영이 가능해졌다. 이에 따라, 이 분야의 사업들이 늘어나기 시작했다. 이 같은 배경으로, 현재 돌봄과 복지 관련한 사업이 다른 종류의 노동보다 최대의 파이를 차지하게 되었다.

장애인 복지와 관련해서도 많은 사업이 진행되고 있다. 법적으로는 장애인종합지원법이 있어서 후생노동성 주관으로 장애인의 취업 지원을 위해 여러 정책을 펼치고 있다. 그 일부를 노동자협동조합이 위탁을 받아 수행하고 있다.

일본에서는 2004년에 지정관리자제도[3]가 시작되었는데, 민영화에 해당된다. 복지시설, 지역아동센터 등을 위탁하는 방향으로 가는데 노동자협동조합은 민영화라는 단어를 쓰지 않는다. 대신 '시민화'라고 표현한다. '시민화 해 나가자'는 구호를 외치면서, 시민의 손으로 운영해가는 방식으로 나아가고 있다. 이에 육아 지원^{지역아동관}, 커뮤니티센터와 같은 위탁 사업들도 일본의 노동자협동조합에서 큰 비중을 차지하고 있다. 또한, 최근 일본 사회의 고령화와 장기불황은 일본 노동자협동조합의 활동이 새로운 국면으로 펼쳐지는 계기가 되고 있다. 2000

2-쇼트스테이(ショートステイ)는 단기보호로 단기입소생활개호라고도 하며, 개호보험 가입 노인이 하루에서 1주일간 단기로(연속 이용은 30일까지) 시설에 입소하는 서비스이다. (이명아 외, 2018, 「다양한 취약계층을 위한 일본 서비스 지원주택의 특성 연구」, 한국주거학회논문집29(3), 81~94면.)
3-지정관리자제도(指定管理者制度)는 지자체의 재정난과 경영 효율화의 관점에서 민간활력 도입(아웃소싱)을 추진하기 위하여, '민에게 할 수 있는 것은 민으로'를 구호로 고이즈미 내각의 2003년 지방자치법 개정에 의해 추진되었다. 지정 관리자의 대상은 자치단체가 지정하는 법인 및 기타 단체이며, 민간사업자나 NPO등이 폭넓게 포함된다. (自治労政治政策局資料, 2004)

년대 이후 경제 침체가 지속됐는데, 이는 비단 일본만의 문제가 아니라 전 세계적인 현상이었다. 2008년 리먼 사태 이후, 기업에서 비정규직들을 대량 해고했다. 이 사람들이 공원에 모여들었고 그 사람들을 대상으로 배식활동을 펼치기도 했다.

청소년들은 특히 버블경제 붕괴 영향을 크게 받았다. 1990년대 중반에 대학을 졸업한 사람들은 취업난을 겪었다. 직장이 있어도 비정규직이 많았고, 안정적인 고용 지속마저 불확실한 상황에 처했다. 2019년 현재도 전체 노동인구의 38% 정도가 비정규직이다. 한국 같은 경우도 마찬가지일 것이다. 90년대부터 2000년대에 들어서면서 히키코모리[4], 니트[5]가 점점 늘어났고 청소년 자살률도 높아졌다. 2000년대에 후생노동성에서 청년세대의 사회 복귀를 위한 정책을 폈는데, 그중의 하나가 청년서포트스테이션이다. 청년서포트스테이션은 집에서 전혀 나오지 않고 자기 방에만 틀어박혀 있는 친구들에게 일상생활 훈련을 할 수 있도록 도와주고 있다. '아침에 일어난다. 깨끗하게 씻는다. 식사를 해야 한다' 이런 기본적인 훈련부터 시작해서, 직업과 관련한 취업교육도 진행하고 있다. 명함을 어떻게 들고 다니면서 어떻게 전달하는지, 컴퓨터 노트북은 어떻게 사용하는지 이런 기초적인 것까지 교육하고 있다. 즉, 취직이나 취업의 입구라고 볼 수 있다. 전국 106곳에 청년서포트스테이션이 마련돼 있는데, 그중에서 노협은 25군데를 위탁받아 운영하고 있다.

경기 침체가 장기화되면서, 청소년이었던 히키코모리도 나이가 들었다. 국제 청소년의 기준인, 39세까지의 청년 히키코모리 인구와 40세부터 60세인 중년의 히키코모리 인구를 조사해 보니 40세 이상인 중

---

[4] 1970년대부터 일본에서 나타나기 시작해, 1990년대 중반 은둔형 외톨이들이 나타나면서 사회 문제로 떠오른 용어이다. 히키코모리는 '틀어박히다'는 뜻의 일본어 '히키코모루'의 명사형으로, 사회생활에 적응하지 못하고 집안에만 틀어박혀 사는 사람들을 일컫는다. (두산백과 참고)

[5] 학생도 아니고 직장인도 아니면서 그렇다고 직업 훈련을 받지도 구직 활동을 하지도 않는 젊은이를 니트(Not in Education, Employment or Training, NEET)라고 칭한다. 니트는 사회에 나가는 것에 대한 불안이 원인이 되는 경우가 많으며, 보통 스스로 수입을 얻지 못해 부모에게 의지한다. (한국기업교육학회 HRD 용어사전 참고)

년 히키코모리 인원수가 청년보다 더 많았다. 39세까지가 55만 명, 40살부터 60세까지가 61만 명 합계 101만 명인 것으로 나타났다. 후생노동성 공식 조사결과이기 때문에 조사에 포함되지 않은 경우까지 예상하면, 일본 전역에 200만 명 정도의 히키코모리가 있지 않을까 예측하고 있다. 39세까지는 청년이기에 마련되어 있는 지원정책이 있지만, 중고령 히키코모리를 위한 정책은 사실상 아직 없다.

일본의 사회안전망을 살펴보면 1차는 실업보험, 이후에는 생활보호 이 두 가지밖에 없다. 이 상황에서 히키코모리가 고령화되는 것이 사회 문제가 되어 일명 '8050문제'가 증가하고 있다. 이는 80대의 부모와 그 부모의 연금에 의지하며 동거하는 50대 히키코모리를 의미한다. 최근에 농림수산성에서 차관까지 했던 고위관료가 히키코모리인 44세의 아들을 찔러 죽이는 사건이 발생했다. 아들이 수시로 어머니에게 폭력을 휘두르는 것을 보다 못한 아버지가 결국 살인을 저질렀는데, 너무나 가슴 아픈 이런 사건들이 큰 사회 문제가 되고 있다.

한편, 정부는 2015년에 생활곤궁자자립지원제도[6]를 만들었다. 사회보장안전망으로서 실업보험과 생활보호의 중간 영역이라 할 수 있다. 일본의 생활보호는 가구소득이 기준 미만이면 신청해서 받을 수 있다.[7] 한국의 국민기초생활보장법에서는 취업 능력이 있는 경우는 반드시 자활근로를 하거나 공동체를 만들게 되어있는데, 일본은 그런 의무가 없어 취업 훈련을 받고 싶어도 연계해줄 수 있는 길이 지금까지는 없다. 2015년 이 제도가 생기면서 취업 지원과 같은 개념이 생겨났는데, 히키코모리가 일을 할 수 있도록 훈련을 지원하는 것이다. 전국

---

[6] 생활곤궁자자립지원제도란 '현재는 생활보호를 수급하고 있지 않지만 생활보호에 이를 우려가 있는 사람으로서 자립이 예상되는 사람'을 대상으로 자립 촉진을 도모하는 것이다. 이를 위해 일과 주거, 자녀의 학습에 대한 자립상담을 중심으로 한 계획 및 지원을 수행한다.

[7] 일본 헌법 제25조 1항의 '모든 국민은 건강하고 문화적인 최저 한도의 생활을 영위할 권리를 가진다'의 내용에 의거한 지원제도이다. 후생노동성에서는 가구의 인원, 연령 등을 고려하여 한 세대의 1개월 분 최소 생활비 기준 모델을 설정한다. 이 최소 생활비 기준에 미치지 못한 경우, 부족분이 보호비로 지급된다. 예를 들어, 30대 독신 가구의 경우 73,720엔, 노인 부부 가구의 경우 115,890엔, 30대 어머니와 10세 미만 두 자녀로 구성된 3인 가구의 경우 140,710엔 정도이다. (2020년 10월 기준)

1,800개의 지방자치단체 중 이런 역할을 하는 복지사무소가 설치된 곳은 구백여 개 곳이다. 모두 생활곤궁자자립지원제도에 따라 지원하고 있는데, 노동자협동조합은 그중 백여 곳에서 서비스를 하고 있다.

생애주기를 살펴보면 아이가 성인이 되면서 빈곤한 상태로 빠지는 경로를 나타내는 '빈곤의 연쇄사슬'이 있다. 부모가 바빠서 맞벌이를 하다 보면 아이는 학교에 가지 않고, 또 학원에 갈 기회가 없어서 상대적으로 실력이 떨어진다. 아이가 이 같은 경로를 통해 추후 빈곤한 성인이 되지 않도록, 학습지원 및 돌봄 등을 포함해서 지원한다. 노동자협동조합은 전국에서 백군데 정도를 운영하고 있다. 이와 같이 노동자협동조합의 역사를 보면 사회적으로 배재된 중년 여성들을 위해 시작된 만큼 사회적으로 배제된 곳에 대해 마음을 나누며 함께 살아가자는 생각을 가지고 있다. 또한 일본의 노동자협동조합은 사회적인 상황에 맞추어 적극적으로 대응하면서 사업 분야를 확대해나가고 있다.

일본노동자협동조합연합회의 현황과 특징

2017년 기준 사업액은 329억 엔, 취업자는 14,535명, 고령자생활협동조합 조합원은 51,783명이다. 사업액은 현재 기준으로는 연간 335억 엔 정도이다. 이 중에 220억 엔 정도가 일본노동자협동조합 전국협의회 차원에서 직접 운영하는 센터사업단에서 이룬 수입이다. 전체 연합회 인원이 1만 5천 명 정도이지만, 조합원인 센터사업단은 1만 명 정도임으로 70% 정도가 조합원으로 가입하고 있다.

고령자협동조합은 노동자협동조합연합회의 조합원이 아니라 간병 서비스를 받는 고령자들이 조합원이고, 그 수가 5만 명 가량이다. 따라서 합쳐서 6만 5천 명이 전체 조합원으로 구성되어 있다. 기본적으로 고령자협동조합은 생활협동조합 법인이지만 노동자협동조합에 가입되어 있다. 1990년대쯤에 노동자협동조합 내에서도 생협을 만들어서 고령자들의 생활을 지원하자는 움직임이 있었기 때문에 지금까지도 포함된 것이다.

이 부분에서 생협에서 하는 워커즈콜렉티브[8] 운동과 노협^{워커즈코프}은 서로 다른 것인지 의문이 들 것이다. 하지만 넓게 보면 워커즈콜렉티브도 노동자협동조합의 일종이라 할 수 있다. 역사적 기원으로 보면 워커즈콜렉티브는 1985년 즈음에 요코하마 지역의 생활클럽 단위 생협에서 시작됐다. 생협의 조합원들이 스스로 조직하고 참여하여 자신들이 생협의 사업을 위탁받아 일자리를 일으킨 것이다. 역사적인 배경과 출발 동기 측면에서 차이가 있다.

8-일본의 워커즈콜렉티브는 생협조합원에 의한 자주관리형 노동자협동조합을 말한다. 임금노동과 자원활동 사이 중간지대를 단계적으로 확장하는 운동이다.

일본노동자협동조합연합회의 조직 운영

일본 노동자협동조합 센터사업단에는 1만 명이 소속되어 일하고 있고, 전국에 350개소 정도의 사업소가 있다. 사업소에서 여러 가지의 사업들을 진행 중인데 각 사업소마다 한 달에 한 번 회의를 통해 결정한다. 평가나 보상을 사업소에서 결정하게 되어있다. 결정 원칙은 1인 1표이기에 모두에 의해 결정되고, 참여자들의 생계 자체가 걸려있는 곳이므로, 신중하고 조심스럽게 합의를 통해 결정한다. 다만 한번 결정하면 흔들리지 않고 안정적으로 지속한다.

한 사업소에서 여러 사업을 하는 경우도 있어 동일하게 근무평가를 하기 어려우므로 회의를 통해 상호평가를 하거나, 각자의 부족한 부분을 다른 사람이 보충하게 하거나, 좋은 부분은 늘어날 수 있게 하고 있다. 또 기본적인 급여 체계를 마련해 얼마를 받고 있는지 투명하게 공개하고 있다.

이렇게 회의를 통해 여러 사안을 결정할 경우 의견 표현을 잘 하지 않는 사람도 있고, 동의하지 않는 경우도 있어서 사이가 나빠지거나 공동작업 등에 영향을 미치는 경우도 있다. 이 부분을 해결할 확실한 묘약은 없다. 어떻게든 합의를 만들어갈 수밖에 없다. 그래서 각 사업소마다 리더의 역할이 굉장히 중요하다. 리더의 성격, 성향에 따라 잘 이끌어가는 곳도 있고, 잘 안 되는 곳도 있다. 안 되는 곳에서는 리더를 바꾸자는 제안이 나오기도 한다. 실제 현장에서는 인간관계라는 것이 잘 안 맞으면 출근을 안 하는 경우도 있다. 이럴 경우 '우리가 무엇을 위해서 노동자협동조합을 하고 있는지, 이 사회를 어떻게 하고 싶은지, 관계의 시야를 보다 넓혀 이 지구를 어떻게 할 건인지' 리더들은 특히 많은 고민을 하게 된다. 그것을 바탕으로 리더는 서로 간에 흔들리지 않는 합의를 만들어갈 수 있도록 노력한다.

리더 선출은 협동조합이기 때문에 회의를 통해 결정하게 된다. 350개의 센터사업단 사업소에 1만 명의 조합원이 있다면, 단순하게 나누면 28.5명당 한 명의 리더가 필요하다. 그 단위에서 총회를 열어 대의원을 뽑고, 그 위에 또 15개의 사업본부마다 대의원총회를 열고, 마지막으로 도쿄 본부에 모여서 총회를 연다. 조합원 한 명의 의견이 단계를 밟아 상향식으로 본부로 모이는 대의원총회를 하고 있다.

조직 운영과 관련하여, 사업적으로 적자가 났을 때 책임지는 구조와 이익이 생겼을 때 분배하는 구조에 대해서도 살펴보자. 조직의 특성에 따라 3가지 분배 방식이 있다. 하나는 참여하는 기준에 따른 분배 방식이다. 생협의 경우는 이용배당, 주식회사의 경우는 투자한 만큼 되돌려주는 출자분배이다. 하지만 우리는 노동 분배를 한다. 즉, 일한 만큼 분배한다. 이익이 생기면, 그때는 분배하지 않고 두 가지의 방식으로 정립된다. 하나는 자립 적립금이라는 용도로 조합원들의 학습, 연수를 진행하거나 신규 프로젝트를 시작하는 자금으로 쓸 수 있게 적립한다. 또 하나는 분기분할 적립금으로 기본적으로 회사의 자금으로 계속 남길 수 있도록 확보하는 자금으로 적립된다. 조합원 출자금은 1인당 5만 엔이고, 장애를 갖고 있거나 형편이 어려우면 만 엔씩 나눠서 내기도 한다. 국제적으로는 노동자협동조합이 다른 협동조합에 비해 출자금이 상당히 높은 편이다. 하지만 일본 노동자협동조합의 출자금이 낮은 이유는 대부분이 제조업이 아니라 사회서비스 제공의 역할이기 때문에, 그렇게 많은 자금이 필요하지 않기 때문이다. 조합원이 되면 자기 급여의 2개월 치를 출자하자는 것을 목표로 독려하고 있는데, 출자금은 개인마다 다르다.

하지만 여기는 노동 분배를 하고 있으므로 출자금을 많이 낸 사람에게 특별한 혜택이 있지는 않다. 노동시간에 따라 분배가 되기 때문에 모두가 한 표를 가지는 원칙은 달라지지 않는다. 협동조합은 출자금에 따라 달라지는 일은 없고, 그 부분에서의 차별이 나타나지 않는 구조이다. 하지만 적자가 났을 때는 적립금에서 추가하여 1인당 어느 정도 출자금으로 보충하게 되어 있다. 적자가 나면 본인이 낸 출자금에서 몇 퍼센트 정도 기준에 따라 보존을 해야 한다. 다른 사람들에 비해 출자를 많이 했다고 하면 같은 퍼센트를 적용할 시에 금액이 많아지게 된다. 이런 의미에서의 차이는 있다. 적자가 나는 일은 거의 없지만, 개호보험이 시작될 무렵에 정부로부터의 운영비 지급 시기가 지연되면서 적자가 발생한 일이 있기는 하였다.

   화제를 바꿔, 최근 이슈를 살펴보자. 일본 노동자협동조합연합회 차원의 센터사업단과 각 지역 사업단이, 업종에 따라서는 일종의 경쟁관계를 형성할 수도 있게 되었다. 이럴 경우, 일본노협연합회에서는 과연 어떻게 개입하거나 조정하는지 궁금증이 생길 수 있다. 실제 나가노현에서 이와 같은 일이 대두된 적이 있다. 노동자협동조합 나가노와 나가노의 센터사업단이 같은 공모 사업에 신청하는 일이 있었다. 센터사업단 같은 경우는 지역 사업단보다 규모도 크고 재정 상황이 좋기에, 센터사업단의 힘이 강해질 수밖에 없다. 연합회가 조절해가면 좋겠지만, 어려움이 있다. 그래서 센터사업단 자체를 더 키운 후 지역 내에서 분할하거나, 지역에 있는 조직과 연계해서 사업을 추진해가는 등의 방법을 취하고 있다. 하지만 여전히 해결해야 할 부분이 많다. 이 부분은 시행착오를 겪으면서 보완해나갈 수밖에 없을 것 같다.

   최저임금과 관련해서는, 모든 사업에서 잘 지켜지고 있다. 어려운 사람들과 함께 걸어간다는 것은 우리 조직의 주요 가치이기 때문이다. 또한 장애인 고용에서도 보다 적극적이다. 노동자협동조합에서 장애인 취업자는 취업자 전체에서 9% 정도이다. 중증 장애인들도 포함되어 있다. 일본 기준을 보면, 기업에서 50명당 1명, 즉 2% 정도는 장애인을 의무 고용해야 하는 기준이 있다. 프랑스는 이 기준의 3배인 6% 정도이다. 우리는 9% 정도를 고용하고 있다.

   청년의 신규 입사에 대한 고민은 다음과 같다. 일본노동자협동조합에서는 매년 대졸 신입사원을 6~7명 정도 뽑고 있다. 하지만 그만두는 사람들도 꽤 있다. 청년에게 어떻게 접근할지 고민하고 있으나, 어떻게 접근하느냐의 현실적인 대처방안은 결여되어 있는 편이다. 대학에서 강의하면서 느끼는 것은, 자기 목표나 활기가 있는 사람들은 이곳보다는 외무성, 유엔, 또는 직접 회사를 만드는 경우가 많다는 것이다. 미국 같은 경우는 젊은 사람들이 블루보틀의 워커즈 버전을 만드는 등의 움직임이 있는데, 앞으로는 그런 사업들까지 고민을 해야 하지 않을까 생각한다. 우리도 업종이 더 다양해져야 한다고 생각한다. 사업 방식의 면에서, 지금까지는 나이든 사람들이 했던 방식이기 때문에 앞으로 청년층들이 매력을 느낄 수 있게끔 노력할 필요가 있다. 플랫폼 사업도 함께 하고, 기업가 정신도 함께 완성해 갈 필요가 있다.

다가올 미래와 앞으로의 과제

마을만들기 일환으로 추진된,
여성들의 임업 일자리 참여 포스터

노협의 실천기록에 대한
다큐멘터리 영화 「워커즈」 포스터

일본노동자협동조합은 지난 40년 동안 노동자협동조합법이 없는 상태에서 세 가지 법인격을 활용하여 운영해 왔다. 기업조합, NPO법인, 사단법인이 그것이다. 다양한 형태를 활용하다 보니 제각각이면서 행정으로부터 지원을 받기도 어려웠다. 그러나 지난 40년 동안 현장에서 꾸준히 실천하는 모습을 보고, 정치인들이 움직이기 시작했다. 여당에서도 협동노동의 노동자협동조합을 만들자고 해서 법조문이 만들어졌고 제정을 앞두고 있다.[9]

최근 새롭게 강조하고 있는 중요한 가치가 있다. 'Food, Enegy, Care'라는 이념을 가지고 자급형 자립 커뮤니티를 만들자는 FEC정책이 그것이다. 2011년 동일본 대지진을 계기로 스스로 만들어 사용하는 에너지 방식을 생각하게 되었다. 가령, 마을 만들기 차원으로 여성들이 임업에 참여하고 있다. 과거에는 산을 관리하는 건 삼림조합이 하는 것이라고 했는데, 지금은 삼림조합이 아니더라도 마을 활성화 차원에서 간벌사업을 할 수 있게 되었다. 조합원이 휴경지에 가서 농장을 개척하고, 농업을 운영하는 것도 가능하다. 이처럼 농업이나 임업에 참여함으로써, 개인의 소득보전만 추구하는 것이 아니라 궁극적으로 지역사회나 마을을 활성화하여 커뮤니티를 만든다는 관점으로 확장되어 가고 있다.

여기에 일본노동자협동조합에서는 연합회 차원에서 정책적으로 새로운 사업이나 일자리를 창출하기 위해 노력하고 있다. 케어 부분은 잘 되고 있는데, 앞으로는 임업이나 농업, 식품 쪽으로도 여러 가지 새로운 시도를 하려고 모색하고 있다. 또한 국제적으로는 플랫폼 노동의 협동^{플랫폼협동조합}[10]에 대해서도 관심을 가지고 있다. 미국에서는 우버가 많은 돈을 벌지만, 운전사들은 개인사업자로 참가하기에 사회보험에 가입하지 못 하는 등 불안정하게 일하는 것이 문제가 되고 있다.

9-인터뷰가 진행된 이후인 2020년 12월 4일, 일본노동자협동조합안이 중의원 후생노동위원회에서 심사, 가결되었다.
10-플랫폼 협동조합(Platform Co-operative, Platform Coop)은 협동조합주의 원리에 기반한 디지털 플랫폼이다. 플랫폼 협동조합은 디지털 시대의 새로운 협동조합 모델이다. 플랫폼 경제의 발전을 대표하는 공유경제 비즈니스 모델은 소수의 이윤을 보장하는 자본주의적 속성에 기반한 디지털 플랫폼 기업모델이다. 기업적 공유경제는 취약한 노동조건 속에서 노동자로서의 기본권조차 보장받지 못하는 플랫폼 노동자들을 양산하고 있다. 플랫폼 협동조합은 플랫폼 경제의 기술을 활용하면서 기업적 공유경제의 문제를 극복할 수 있는 모델의 하나로 탄생하게 되었다.
김은경, 2020, "이슈&진단: 플랫폼 협동조합, 공정경제의 출발", 경기연구원.

그래서 미국에서는, 우버를 협동조합화 또는 노동조합화 하는 것이 필요하다는 목소리가 나오고 있지만, 일본은 아직 이러한 고민을 하지 못 하고 있다.[11] 플랫폼 노동의 협동조합화에 대해서는 좀 더 많은 고민이 필요한 문제이기에, 국내외 여러 협동조합이나 조직단체들과 교류와 협력으로 현재의 과제들에 대한 더 나은 방법을 함께 찾고 실행해 보고 싶다.

11-뉴욕 뉴스쿨 문화미디어 교수인 트레버 숄츠(Trebor Scholz)는 10년간 디지털노동을 연구한 활동가다. 저서 『우버의 저임금 노동자들은 어떻게 디지털 경제를 혼란에 빠뜨리는가』에서 디지털 노동이 제기하는 문제점을 분석하고, 온라인 노동시장과 P2P, 협동조합운동을 결합하는 방식으로 '플랫폼 협동주의'라는 개념을 주창했다. 숄츠 교수는 '가치를 만드는 사람이 플랫폼을 소유한다. 적당한 급료를 안정적으로 지급한다. 운영과 데이터 관리를 투명하게 한다. 일하는 사람과 소통을 강화한다. 결정 과정에 참여시킨다. 법률적 보호를 제공한다. 이동이 잦은 노동자에게도 사회보장을 제공한다.' 등이 플랫폼협동조합의 원리라고 강조한다. ("플랫폼 '독점'에서 '공유'로 플랫폼협동조합이 뜬다", "독점 넘어 협동으로", 〈이로운넷〉 2019.8.23., 2019.6.24.)

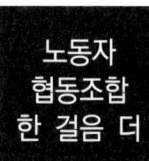

한국에서 바라본
일본 노동자협동조합법 제정에 대한 단상

김정원[1]

2020년 12월 4일, 모두 127조로 구성된 노동자협동조합법안이 일본 국회에서 가결되었다. 1995년에 일본노동자협동조합연합회[이하 일본노협연]가 관계부처와 법제화의 검토를 시작한 지 25년 만이다. 일본에서는 1978년 산림조합법 이래 42년만에 새로 맞이한 협동조합법이다. 시민 참여를 근간으로 하는 협동조합이라는 점에 초점을 맞춘다면 1948년의 소비자생활협동조합법 이래 72년 만이다. 이로써 일본의 노동자협동조합 조직화는 새로운 전기를 맞이하게 되었다. 앞으로 어떤 미래가 펼쳐질지 귀추가 주목된다.

일본노협연은 오래 전부터 한국과 매우 밀접한 관계를 맺어왔다. 그

---

[1] 자활정책연구소장과 전북대 학술연구교수를 역임했으며, 현재는 전북대 사회학과 계약교수이다. 빈곤과 사회적경제를 화두로 꾸준히 공부하고 글을 쓰고 있다. 『사회적기업이란 무엇인가』, 『협동노동기업의 도전』 등 다수의 저서를 집필했다.

래서인지 한국의 사회적경제 현장에서도 일본의 노동자협동조합법 제정을 둘러싼 진행 과정에 대해 관심을 가지고 지켜보고 있었다. 그럼, 이번에 제정된 일본의 노동자협동조합법은 어떤 의미를 갖고 있을까? 또한 그간 한국과 일본노협연은 어떤 관계를 맺고 있었으며, 두 나라의 차이는 무엇일까? 함께 알아보자.

노동자협동조합법은 일본노협연의 오랜 숙원이었다. 현장 활동의 조직 경험이나 사업의 시스템, 그리고 조직의 역량은 일본노협연이 한국에 비해 더 높은 수준지만 제도적 뒷받침이 없었기에 종종 어려움을 겪곤 했다. 물론 이 어려움을 극복해나가는 중에 조직의 역량이 더 성숙해지기도 했을 것이다. 법적 근거가 없는 상황에서 일본의 노동자협동조합들은 기업조합이나 NPO를 비롯한 다양한 법인격을 활용해 사업을 전개해나갔었다. 하지만 이러한 법인격은 한계를 지닐 수밖에 없었다. 기업조합을 설립하는 것은 도도부현의 지사로부터 인가를 받아야 하기 때문에 시간이 걸릴 수밖에 없었으며, NPO 법인은 조합원에 의한 출자를 인정받지 못하고 직접 수행하는 사업도 복지와 관광진흥 등으로 제한되어 있었다. 특히 기업조합이나 NPO 법인은 노동자협동조합이 아니기 때문에 조합원들이 노동자협동조합의 조합원으로서 정체성을 갖기도 쉽지 않았다.

이제 이러한 어려움을 덜게 된 것이다. 물론 쉽지 않은 과정이었다. 1980년대 중반부터 노동자협동조합으로서 정체성을 갖기 시작한 일본노협연이 본격적으로 법제화를 추진한 것은 1995년이었다. 일본노협연은 1995년에 관계부처에 법제화의 필요성을 제기한 이래 2000년에는 법 제정을 목표로 한 시민회의를 발족해 시민운동으로 법제화를 추진하기 시작했다. 또한 정치권과 소통도 지속적으로 진행해갔으며, 그 결과 2008년에는 여야를 넘어서는 초당파적인 의원연맹이 발족해 법제화의 가능성을 더 확장시키기도 했다. 이러한 노력 끝에 2017년에 자민당과 공명당으로 구성된 여당 내부에 실무팀이 설치되어 법안 작성에 대한 논의를 시작했고, 결국 2020년 12월에 국회를 통과한 것이다. 가결된 노동자협동조합법안의 주요 내용은 다음과 같다.

첫째, 노동자협동조합은 조합원이 스스로 출자하고 각자의 의견을 반영해 사업을 행하며 스스로 일하는 것을 기본 원리로 한다.
둘째, 노동자협동조합은 영리를 목적으로 사업을 하지 않는다.
셋째, 노동자협동조합 설립은 준칙주의^{관청의 인가를 받지 않음}에 입각하며, 3인 이상의 발기인이 있으면 가능하다.
넷째, 노동자협동조합은 조합원과 노동계약을 체결해야 한다.
다섯째, 사업 제한은 없지만 노동자 파견사업을 행할 수는 없다.
여섯째, 현존하는 기업조합 또는 NPO 법인은 시행 후 3년 내에 총회 의결을 거쳐 조직을 변경해 노동자협동조합이 될 수 있다.

오랜 숙원이 해결된 때문인지, 일본노협연은 노동자협동조합법의 제정에 기대가 크다. 일본노협연 산하 협동총합연구소가 발행하는 『협동의 발견』 2020년 12월호에는 "노동자의 주권과 결사의 자유를 인정하고 직장민주주의를 보호할 수 있게 되었다.", "시민이 기대하는 삶과 일, 그리고 지역을 만들어가는 힘을 낼 수 있게 되었다.", "사람과 사람, 사람과 자연의 관계가 풍요로운 사회를 지역에서부터 만들어갈 수 있게 되었다."는 기대가 소개되기도 했다.

그러나 이러한 기대가 얼마나 실현될 수 있을지는 솔직히 미지수이다. 어느 나라나 법이 만들어져 그간 시민들의 자율적 실천으로 작동되던 영역이 제도화되면 제도화의 힘에 의한 변화를 겪기 마련이기 때문이다. 일단 일본노협연이 지니고 있는 노동자협동조합 연합 조직으로서의 대표성에도 변화가 발생할 수 있고, 또는 다양한 세력들이 일본노협연에 가입해 일본노협연 자체가 조직적으로 커다란 변화를 겪을 수도 있다. 또는 영리를 목적으로 사업을 하지 않는다는 조항이 사업을 진행하는 과정에서 제약이 될 수도 있다. 따라서 노동자협동조합법의 제정을 통해 일본의 노동자협동조합 운동을 더욱 활성화될 수 있을 것이라는 기대보다는 좀 더 그 추이를 지켜볼 필요가 있다.
　일본에서 노동자협동조합법이 제정되는 과정은 지난한 세월이었다. 일본노협연은 무려 25년에 걸쳐 법제화 필요성에 대한 문제를 제기하고 시민사회를 조직했으며, 정치인들을 설득해나갔다. 이런 어려움 때문인지 일본노협연은 그동안 한국의 제도화 과정에 부러운 눈초리를 보내기도 했었다. 물론 한국과 일본노협연이 처음 만났을 때는 한국도 관련 제도가 없는 노동자협동조합의 불모지대였다.

한국과 일본노협연의 만남

　1993년 여름이었다. 당시 일본노협연 산하 협동총합연구소 전무이사였고 나중에 일본노협연의 이사장을 역임하게 되는 칸노 마사즈미^{菅野正純}가 한국의 협동조합을 탐방했다. 그때 추천을 받아 한국의 1세대 노동자협동조합 중 하나였던 '실과 바늘'을 방문했고 여기서 김홍일^{현 사회투자지원재단 이사장}을 만난다. 계획되지 않은 만남이었다.
　1994년 1세대 노동자협동조합들 대부분이 으레 그랬던 여러 어려움을 견디지 못하고 '실과 바늘'은 문을 닫는다. '실과 바늘'은 문을 닫았지만 후일을 기약했고 김홍일은 노동자협동조합에 대해 지속적인 고민을 해나갔다. 그러던 중 일본의 노동자협동조합 자료를 접하게 되었고 현장을 직접 보기 위해 일본을 방문한다. 그곳에는 잊고 있었던 칸노가 있었다. 이렇게 해서 한국과 일본노협연의 관계가 본격적으로 시작된다.
　당시 일본노협연은 노동자협동조합의 국제연대, 좀 더 좁혀서는 '아시아 노동자협동조합의 연대'라는 틀 속에서 한국의 노동자협동조합운동 진영과의 교류에 적극적인 자세를 가지고 있었다. 특히 한국과 일본 모두 노동자협동조합의 구성원들이 '빈곤층'이라는 공통점을 가지고 있었다. 한국과 일본이 교류의 지속화를 모색하던 시점은 마침 한국의 1세대 노동자협동조합들이 지속가능성의 문제에 직면해 있었던 때였다. 뭔가 새로운 돌파구가 필요했었던 시점에서 한발 앞섰던 일본의 경험은 중요한 자산이 될 수 있었다.

특히 1996년에 한국에서 시작된 '시범 자활지원사업'은 중요한 전기가 된다. '시범 자활지원사업'은 정부와 노동자협동조합운동 진영의 교류 속에서 탄생했기에 당시만 해도 노동자협동조합을 만드는 발판으로 여겨졌고 한발 앞서 있던 일본의 사례는 좋은 참고 대상이었다. 일본노협연 역시 법제화에 대한 관심을 싹틔운 직후인지라 정부의 지원을 받아 노동자협동조합을 조직하는 것으로 여겨진 한국의 사례는 좋은 참고 대상이었다. 한국에게 일본은 사업 운영에서 앞선 사례였고, 일본에게 한국은 제도화의 앞선 사례였던 것이다. 이렇게 해서 한국의 자활사업 현장과 정부 담당자들이 일본노협연을 방문하고 일본노협연은 한국의 자활사업 현장과 노동자협동조합 현장을 방문하는 교류가 진행된다.

이후 잠깐 중단되었던 시기도 있었지만 한국과 일본은 계속 교류를 진행해갔다. 다만 한국에게 파트너는 여전히 일본노협연이지만 일본에게 파트너는 좀 더 다원화되었다. 이는 한국의 제도 변화와 관련이 있다. 자활지원사업은 국민기초생활보장법의 제정과 함께 노동자협동조합의 조직화에서 빈곤층에게 자활서비스를 제공하는 활동으로 그 중심축이 옮겨갔고 2012년에 제정된 협동조합기본법은 직원협동조합이라는 한국적인 노동자협동조합을 탄생시켰다.

그리고 협동조합기본법의 제정과 함께 한동안 정체 상태에 있던 노동자협동조합의 연합조직이 재등장한다. 현재의 '일하는사람들의협동조합 연합회^{이하 워커쿱연합회}'이다. 워커쿱연합회의 초기 리더 그룹들은 2000년대 초부터 자활사업 현장과 발을 맞춰 한국노동자협동조합연합회나 한국대안기업연합회 등을 함께 했었기에 일본노협연과 파트너십을 형성하는 것이 자연스러웠다.

한국과 일본 현장의 차이점

　이렇게 한국과 일본노협연은 '빈곤 문제에 대한 대응'과 '노동자협동조합의 조직화'라는 두 키워드를 가지고 계속 교류를 해왔다. 하지만 한국과 일본의 현장은 다르다. 일본노협연은 역사적 경험을 공유하는 이들의 조직적 실천 속에서 성장을 해왔다. 짧게는 1979년의 〈중고령 고용·복지사업단 전국협의회〉에서부터, 길게는 제2차 세계대전에서의 패전 후에 있었던 실업자 운동에서부터 이들은 역사를 공유해왔고, 리더 그룹의 일관된 철학 속에서 사업을 조직해왔다. 그렇기에 조직적 결속력이 비교적 높고, 사업과 활동 역시 매우 전략적이다. 전조합원 경영에서부터 사회연대경영에까지 이르는 이들의 경영론, 협동노동과 좋은 일도 대표되는 노동관, 그리고 지역 거점으로서의 활동을 상징하는 '모두의 집' 등은 이러한 면모를 잘 보여주는 사례들이다. 한 마디로 주체가 잘 조직되어 있다. 반면에 한국은 그렇지 못하다.

　한국의 자활사업 현장은 제도화 이후 노동자협동조합 운동의 지향이 소멸되어 갔고 현재는 사회복지 전달체계의 한 현장으로 고착화되었다. 한국지역자활센터협회나 최근 발족한 한국자활기업협회가 있지만 역사적 경험과 철학을 공유하는 결속력 좋은 조직이라고 보기 어렵다. 한국의 노동자협동조합 조직화 현장 역시 일본과는 다르다. 한국은 노동자협동조합이 아니라 직원협동조합이다. 요건만 갖추면 직원협동조합일 수 있기에 역시 역사적 경험과 철학의 공유가 부재하다. 실제로 워커쿱연합회는 국제적 대표성은 가지고 있으나 가입 회원 수가 매우 적어 국내 직원협동조합들에게 영향력을 갖지 못한다.

　한국에서 자활사업 현장과 노동자협동조합 현장은 일본보다 이르게 법적 근거를 가질 수 있었다. 하지만 그것이 노동자협동조합의 활성화를 가져왔다고 보기는 어렵다. 물론 자활사업 현장은 1,300여 개에 이르는 자활기업을 조직해냈고 한국의 직원협동조합도 600여 개가 넘는다. 하지만 그것은 '활성화'라기보다는 '양적 성장'이다.

제도화는 양적 성장을 용이하게 하는 힘을 갖는다. 국가는 자원 배분에서 가장 강한 결정권을 갖고 있는 존재이다. 그런 국가가 제도를 만들어 활동의 장을 공식화시켰다. 이 장에는 국가가 요구하는 요건을 갖추기만 하면 누구나 참여할 수 있다. 이 요건에 역사적 경험과 철학의 공유는 포함되지 않는다. 따라서 공유된 사회적 가치와 목적, 그리고 전략이 아닌 각자의 이해관계가 집합적 실천의 매개가 된다. 노동자협동조합을 활성화시킬 수 있는 조직된 힘이 작용하기 어려울 수밖에 없다.

일본은 어떻게 될까? 법은 이제 만들어졌다. 던져진 주사위는 아직 땅에 떨어지지 않았다. 그나마 일본노협연은 역사적 경험과 철학을 공유하고 있다. 이는 제도화라는 환경의 변화가 가져올 수 있는 문제점에 대응할 수 있는 힘이 될 수 있다. 그래서 일본노협연의 미래를 지켜보는 것은 흥미로운 과제이다.

일본에서는 메이지정부에 의해 산업조합법^{1900년}이 제정됐다. 생협에서는 협동조합의 민간 주도성을 강조하며 가가와 도요히코 주도로 설립된 고베 구매조합을 역사적으로 중시한다. 1900년 이전에 시도되었던 도쿄의 공립상사共立商社, 동익사同益社, 오사카의 공익상점共立商店까지 거슬러 올라가면, 일본 협동조합의 역사는 120년이 훌쩍 넘는다. 이 기나긴 시간 동안 협동조합운동에 참여한 이들의 발자취는 잘 보존되고 있을까?

도쿄 상지대학 근처에 위치한 일본생협연합회 자료실를 방문하면 그 궤적을 상세히 살펴볼 수 있다. 자료실은 20세기 초 산업조합과 관련된 자료부터 최근 지역 생협자료까지 구축·수집하고 있다. 특히 전후戰後 활발하게 진행된 소비자협동조합과 관련된 자료에 특화되어 있다. 얼마 전, 협동조합 자료를 종합적으로 관리·운영한 농협중앙회의 협동조합자료센터가 문을 닫게 되면서 생협연합회 자료실의 역할은 더욱 중요해졌다.

안내를 맡은 미사키 케이코三崎敬子[1]는 협동조합 역사와 자료의 중요성을 강조하며 자료실 곳곳을 안내해 주었다. 생협 연표 작성 및 자료집을 사료와 꼼꼼히 비교한 그의 첨삭 자료는 놀라웠다. 그는 "역사는 정확히 기록되어 이어져야 합니다. 현재의 관점으로 역사적 사실이 미화되어서는 안 됩니다"라고 말했다. 그의 열정이 어디서 비롯되었는지 궁금했다. 코로나19로 인해 도쿄로 찾아가 이야기를 나눌 수 없는 상황이었기에 이메일로 대화를 나누고, 서면 인터뷰를 진행했다. 다음 내용은 그가 쓴 일본생협연합회 자료실 연혁 원고를 바탕으로 하며, 부족한 부분은 추가 인터뷰로 보강하였다.

협동조합 아카이빙,
운동의 시간을 연결하다

일본생협연합회 자료실

본 원고는 일본협동조합연계기구Japan Co-operative Alliance, 이하 JCA 발행지 『にじ』(2019년 가을호, No.669)에 게재된 미사키 케이코三崎敬子, 「협동조합 역사 자료의 수집·보관·공개·활용의 현재 상황과 이후 전망協同組合を学ぶ–協同組合に関する史資料の収集·保管·公開·活用の現状と今後の展望—アーカイブズ、ライブラリ」을 번역한 것이다. 일부 부족한 내용은 미사키 케이코와 서면인터뷰를 통해 보강하였다. 원고의 저작권은 JCA에 있으며, 사진은 집필진이 별도로 찍었다.

1-1959년 도쿄에서 태어났다. 1982년 3월 중앙대학 법학부를 졸업하고, 같은 해 4월에 일본생협연합회에서 일하기 시작했다. 국회에서 여성차별철폐조약 비준을 위한 법정비를 결정한 시기에 취업활동을 하여 일본생협연합회 본부 채용, 지방배치 여성 제1호로 간사이 사무실 상품관리과에 배치되었다. 1985년, 지역연합회 설립 시 간사이지연(関西地連) 사무국으로 이동했다. 규슈를 제외한 서일본 21개 부현의 조합원 활동 교류에 관한 기획을 담당했다. 1990~1992년 사이 파견 후, 1992년에 돌아와 일본생협연합회 '생활과 상품 연구실'에서 〈일하는 주부의 식품에 대한 필요 및 욕구 조사〉, 〈밥과 쌀의 소비 실태조사〉, 〈개인택배 이용 조합원의 욕구조사〉 등의 조사 업무를 맡았다. 2000년부터 2005년까지 카탈로그 사업부 품질관리 담당을 맡았고, 2005년부터 자료실에서 일하고 있다.

일본 생활협동조합의 출발

영국 산업혁명이 진행되는 가운데, 생활협동조합은 노동자의 생활을 향상시키기기 위한 노동조합과 함께 마치 쌍둥이처럼 동시에 탄생한 조직이다. 그중에서 로버트 오웬주의자[2]들이 설립하고 경영에도 성공한 로치데일공정개척자조합Rochdale Society of Equitable Pioneers이 현재 협동조합의 선구자로 알려져 있다. 일본에서도 메이지시대 식산흥업정책을 시작으로 위로부터의 산업혁명이 촉진되고, 지식인이 협동조합을 소개하면서 공립상사共立商社 등이 설립됐다. 노동운동이 시작되던 초기에는 노동자생협도 만들어졌지만, 당시 설립된 협동조합은 지속되지 못했다. 그 후 '다이쇼 데모크라시'라고 불리는 사회정세 속에서 가가와 도요히코賀川豊彦 등의 지도자가 설립한 현재의 코프 고베 및 시민과 노동자를 주체로 한 생활협동조합-당시 명칭은 구매조합과 소비조합이었다-이 많은 도시에서 설립됐다.

---

[2]-19세기 사회개혁자인 로버트 오웬을 따르던 사람들을 일컫는 표현이다. 로버트 오웬 및 오웬의 사상을 '공상적 사회주의(Utopian Socialist Philosophy)'라고 표현하는데, 이는 이른바 마르크스 중심의 과학적 사회주의와 비교하는 과정에서 만들어진 부정적인 표현으로 볼 수 있다. 인간의 노동과 자본 그리고 공동체에 대한 새로운 이론과 실천이 주목되는 최근, 로버트 오웬 등의 사상과 그의 실험에 다시 살펴볼 필요가 있다. 로버트 오웬에 대한 보다 자세한 내용은 G.D.H.콜의 『로버트 오언』(칼폴라니사회경제연구소협동조합, 2017)을 참고.

로치데일공정개척자조합일까 공정선구자조합일까?

이 글에서는 Rochdale Society of Equitable Pioneers를 '로치데일공정개척자조합'이라고 번역하고 있다. Rochdale Society of Equitable Pioneers을 번역할 때, Pioneers을 개척자나 선구자라는 두 가지 용어를 모두 사용한다. 일본생협연합회의 출판물 중 가장 오랫동안 지속 발간되고 있는 『생협 핸드북』1964년 초판의 경우 2009년 개정 시, '선구자'로 변경하는 것에 대한 논의가 있었다. 그러나 산업조합중앙회에서 번역한 1924년의 문헌에도 '유한책임 로치데일 공정개척자조합有限責任ロッチデール公正開拓者組合'이라고 되어 있고, 1949년 협동조합연구소에서 편집하고, 시사통신사로부터 출판된 『생활협동조합편람』중 「제3장 생활협동조합의 역사」에도 '로치데일개척자조합'으로 되어 있다. 생협 진영에서의 수년간의 경과를 소중히 여기기로 해서 '개척자'라는 단어를 그대로 사용하였다.

일본에서 협동조합이라는 분야를 새롭게 열어가자는 의욕을 갖고 외국 문헌을 번역하고 배우며 실천해온 기개를 느낄 수 있었다. 농협 진영 안에서는 논란이 있었지만 '선구자'라는 용어를 사용하게 되었다는 이야기를 들었다. 그 에피소드를 나카가와 유이치로中川雄一郎 선생님께 물어 보니, '개척'이라는 단어는 홋카이도 개척이나 만몽滿蒙 개척 등의 고통스러운 이미지가 있어서 사용하기 꺼려하는 것이 아닐까라고 대답하였다. 모든 것이 역사적 경과가 있다는 것이 느껴졌다.

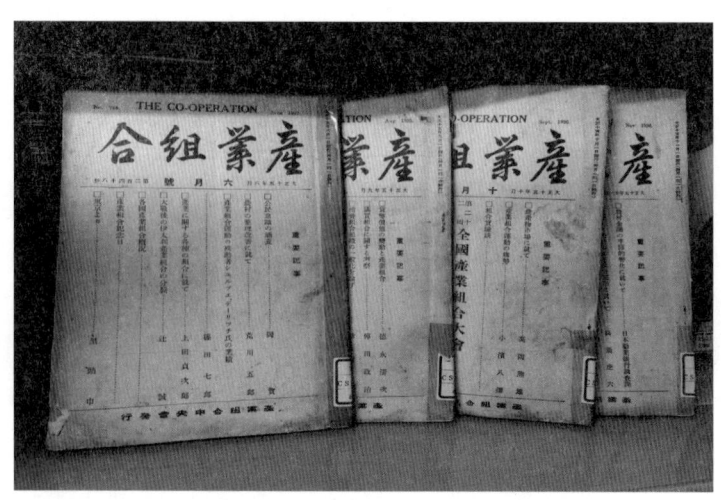

1916년 산업조합중앙회에서 발행한 잡지 〈산업조합〉.
(일본생협연합회 소장)

일본 농촌에서는 경제 근대화·산업자본이 형성되는 가운데 농민층 분해와 빈곤이 사회 문제로 등장했다. 이 문제를 해결하기 위해 일본 정부에서는 독일의 슐츠 델리츠Hermann Schulze-Delitzsch가 주창한 도시시가지 신용조합과 라이파이젠Friedrich Wilhelm Raiffeisen이 지도한 농촌 신용조합 등을 농촌 경영에 활용하기 위해 도입을 모색했다. 이 과정에서 독일 협동조합이라는 단어는 일본어로 '산업조합産業組合'으로 번역됐다.

일본에서 1900년에 제정된 산업조합법은 농촌을 중심으로 현재 주로 접하는 농업협동조합이하 농협과 같은 조직을 만들기 위해 제정되었지만, 도시 지역에서 설립된 협동조합도 산업조합법을 기반으로 활동했다. 당시 산업조합중앙회에 전국소비조합협회약칭 전소협가 설치되어 전국 생활협동조합의 지도를 담당했지만 이념 대립으로 단결이 어려웠고, 군부와 권력에 의해 전국소비조합협회가 탄압 받아 경제가 통제되어, 결국 미국에게 배급권도 빼앗기고 사라지게 됐다.

패전 직후, 전쟁 전부터 협동조합운동에 참여한 협동조합 리더들은 활동을 재개했다. 가가와 도요히코는 전쟁 전부터 협동조합운동을 모색하기 위해 동료를 모았고, 1945년 11월에 일본협동조합동맹日本協同組合同盟, 약칭 일협동맹을 설립해 새로운 협동조합법 제정 운동을 모색했다. 전후의 경제 혼란과 식량난 속에 식료품과 물자 획득을 위해 생활협동조합이 지역과 직장, 대학과 학교 등에서 재건되고 신설됐다. 하지만 생활협동조합의 설립에도 불구하고 농협과 수협은 독자적으로 법률을 제정할 움직임을 보였다. 이러한 분위기를 알아챈 일본동조합동맹은 '일본생활협동조합동맹'으로 조직명을 변경하고, 생협법 제정 운동으로 방향을 전환했다. 이러한 방향 전환으로 1948년에 소비생활협동조합법이 제정됐다. 소비생활협동조합법 제정 이후, 일본생활협동조합동맹은 해산하고 소비생활협동조합법에 기반한 일본생활협동조합연합회日本生活協同組合連合会, 이하 일본생협연합회를 1951년에 창립했다.

일본생협연합회 1층에 자리한 가가와 도요히코 동상

창립 초기, 일본생협연합회는 중앙회 기능을 맡는 연합회로 출발했다. 1954년 소비생활협동조합법의 개정에 의해 비로소 전국연합회의 도매사업이 인정되어 개별 생협의 상품사업에 대한 개선과 강화를 위해 여러 가지 공동구입 활동이 시행되었고, 1958년에 전일본사업생활협동조합연합회^{약칭 사업연事業連}이 설립되었다. 그 후, 1965년에는 일본생협연합회와 전일본사업생활협동조합연합회가 합병하고 중앙회 기능과 사업 기능을 모두 갖춘 연합회가 되었다.

편년사^{編年史} 편찬과 일본생협연합회 자료실 연혁

10년사 편찬
1960년대 전반

일본생협연합회에서는 설립 10주년, 25주년, 50주년을 맞아 역사 편찬 사업을 진행했다. 설립 10주년 편찬 사업^{사업연합회와 합병} 전은 관련된 자료 수집부터 집필까지, 거의 전 작업을 대학생협연합회 직원이었던 소마켄지^{相馬健次3}에게 위탁하여 진행했다. 1964년에 10주년 자료집이 나오고, 그 다음해에 『현대일본생활협동조합운동사』가 발행됐다. 10년사는 연합회 역사가 아닌, 일본생협운동의 역사로 단위생협과 현 연합회의 자료를 중심으로 관계자와의 대담도 함께 정리돼 있다. 일본동맹의 생협법안 작성에도 참가한 리더 중 한 명이자 1957년 재직 중에 병으로 세상을 뜬 쿠보타 마사토시^{久保田正利} 상무이사의 자료도 유족으로부터 기증받아 활용되었다.

당시 일본생협연합회는 재정적으로 여유도 없고, 도쿄 신바시^{新橋}에 위치한 노동금고회관에 사무실을 세들어 지내던 상태였다. 경제적·공간적인 사정으로 10년사 편찬을 위해 수집된 자료는 대학생협연합회와 대학생협연합회 연구소에 보관했는데, 오랫동안 일본생협연합회로 돌아오지 못했다.

3-소마켄지(相馬健次)는 이후 전노제(全労済)에서 일했으며, 『전후 일본생활협동조합사 戦後日本生活協同組合論史』(일본경제평론사, 2002)를 집필했다.

일본생협연합회 자료실 설립 담당자가 배치되다
1974년에 시작

일본생협연합회 자료실의 출발은 당시 키노시타 야스오^{木下保雄} 전무이사가 기관 회의 등을 꼼꼼하게 스크랩한, 이른바 '키노시타 자료'를 비치한 서가 코너였다. 키노시타 전무이사는 가정구매조합 출신으로 전소협에 파견되었다. 전후에는 일협동맹 직원, 가가와 도요히코 회장과 같은 기독교도로 주변의 신임이 두터웠는데, 1969년에 재직 중 병으로 세상을 떠났다. 전전^{戰前}부터 생협운동의 리더였던 후지타 이츠오^{藤田逸男}, 기쿠타 카즈오^{菊田一雄}, 토자와 니사부로^{戸澤仁三郎}가 세상을 떠난 후, 유족으로부터 자료를 기증받았다. 1973년 말 총무부의 쿠리타^{栗田芳之助, 토자와 니사부로의 사위}가 자료실 조성을 맡게 되었고, 1974년 4월부터는 자물쇠가 채워진 책장을 구입하여 임원 응접실에 두고 키노시타, 기쿠타, 토자와의 사료를 비치하고 보관하는 책임을 맡았다.[4]

『일본생활협동조합연합회 25년사』편찬
1977년 3월

창립 25주년 연합회 역사 편찬을 준비하면서 임원실의 3명-쿠리모토^{栗本昭}을 포함-과 총무부의 쿠리타가 실무를 맡았다. 일본생협연합회의 총회·이사회·상무이사회·각종 위원회 자료, 기관지인 『생협운동』 등의 출판물, 회원생협의 연사·의안서 등의 1차 자료를 쿠리타가 수집·정리했다. 이를 계기로 일본생협연합회의 기본적인 자료 정리가 진행되고, 이것이 모체가 되어 자료실이 확립될 수 있었다.[5]

---

[4] -栗田芳之助, 日生協資料室所蔵の旧来資料について, 『生活協同組合研究』(1984年 12月号 No108).
[5] -栗本昭, 『日本生活協同組合連合会25 年史』編纂の目標と成果 『生活協同組合研究』(1985年 8月号 No116).

'협동조합 도서자료센터' 운영 참가
1979년 4월

'협동조합 도서자료센터 안내서'-숲中과 협동조합경영연구소의 연명판連名版, 사진-의 서두에 쓰인 설립 취지는 다음과 같다.

출처_미사키 케이코 원고

"전국농업협동조합중앙회가 농업협동조합법 공포 30주년을 기념하여 협동조합 간 협동의 일환으로 수협·생협이 협력·참여하여 설립되어 1979년 4월소화 54년에 준공되었다. 센터는 협동조합에 관련된 도서 및 자료를 통일성을 갖고 수집·관리하고 영속적으로 지속적으로 보존하여 이용을 촉진할 수 있도록 노력하며, 협동조합운동의 장기적인 발전에 이바지하기 위해 설립되었다."

2019년 JCA 『にじ』여름호, No.668에 마에다 켄기前田健喜 연구원의 「전후 일본 협동조합 간 협동의 역사초록」에도 쓰여 있었던 것과 같이, 1966년

ICA 원칙에 '협동조합 간 협동'이 추가되었다. 이후 일본에서도 이종^{異種} 협동조합 간 협동이 활기차게 진행되었다. 1980년대까지 각 지역에서 생산농가와 소비자를 직접 연결하는 직거래 사업-생산과 소비제휴^{産消提携}-이 확대되어 전국연합회에서도 서로서로 사업적으로 제휴를 확대하게 되었다.

이러한 흐름 속에서 '협동조합 도서자료센터'[6]도 설립되어 협동조합계의 유명한 사서인 후루쿠와 미노루^{古桒實}를 중심으로 NDC^{일본 십진분류법, Nippon Decimal Classification}을 기초로 '협동조합 분류코드'가 고안되어, 목록이 만들어져 협동조합에 관련된 도서 및 자료의 수집·관리가 진행되었다. 참고로 생협연합회 자료실에서는 '생활협동조합분류표'를 더욱 업그레이드한 '생협분류코드'를 데이터 베이스로 사용 중이다.

대학생협연합회 연구조직에서의 자료 이관 사업
1980년대 중반

대학생협연합회관^{당시에는 나카노에 위치}에 있던 〈생활문제연구소〉에서 정리·보존했던 일본생협연합회 관련 자료를 이관하는 사업이 계획되어 '일본생협연합회 관련 자료조사연구검토회'가 설치되었다.[7] 이 사업이 진행되는 가운데, 와세다대학 사회학 연구소의 다케다켄^{竹田務}에게 전전부터 전후의 '쿠보타^{久保田} 자료', '키노시타 자료'의 가치 평가를 의뢰했다. 이후 984년 2월 17일 다케다 선생는 일본생협연합회 총무부의 오오다^{太田吉泰} 부장에게 '실사소견'을 전달했다. 그는 일본생협연합회에서 의뢰한 자료가 역사적 자료로 귀중하기 때문에 형태별로 자료를 분류하여 제본, 마이크로필름 등의 방법으로 보존할 것을 조언해주었다. 이 조언을 받아들여 일본생협연합회 창립 전, 일협동맹의 『일본협

6-농업협동조합법 공포 30주년을 기념하여 농협·어협·생협이 협력하고 참여하여 1979년에 협동조합 도서자료센터가 설립되었다.
7-『生活協同組合研究』(1984년 9월호 No.105)에 1985년 6월호까지 이관사업 중 작성한 자료리스트가 게재되어 있다.

동조합신문』제1호부터 107호까지 마이크로 필름을 촬영하고, 일본 출판사御茶の水書房에 의한 복각판 발행으로 이어졌다.

일본생협연합회 연구소 설립과 자료실 목록 작성
1980년대 중반

1980년대 일본은 경제 호황을 맞아, 민간기업에서는 종합연구소를 만들어 사회경제의 동향을 읽는 사업을 전개했다. 이런 흐름 속에 기업의 '종합연구소總研' 설립이 유행했다. 일본생협연합회도 1984년 총회 당시 제3차 전국 중기계획에서 연구소 설립 검토가 제기되었고, 1987년 총회에서 '제4차 전국 중기계획'에서 새로운 연구소 설립계획을 확인한 후 11월 이사회에서 '새로운 연구소 설립 구상'으로 대학생협연합회의 연구조직인 〈생활문제연구소〉를 계승하면서 새로운 연구소로 발전시킬 것을 결정했다. 연구소 설립 준비와 함께 일본생협연합회 자료실 관할은 종합기획실로 이관되면서 가타노 유키오片野行雄가 담당하여 1988년~1989년에 걸쳐서 자료목록이 작성됐다. 1989년 10월에 〈생협종합연구소〉약칭 생협총연가 설립되었고, 생활문제연구소의 저널 『생활협동조합연구』가 새로 설립된 생협종합연구소의 연구저널로 계승되어 통권이 됐다. 이 저널은 지금까지 매월 발행되고 있다.[8]

일본생협연합회 자료실 확립과 생협종합연구소의 관리 위탁
요츠야四ッ谷 이전: 1990년대

1990년 4월, 상무이사회에서 '문서취급규정'이 생겼다. 이와 함께 기관회의 자료와 함께 역사적 자료를 보관하고 보존할 장소로 자료실이 설치됐다. 자료가 생협연합회 회관 6층 임원실에서 지하 1층으로 옮겨졌기 때문에 직원들이 이전보다 자료를 쉽게 열람하고 이용할 수

8-『生協総研10年のあゆみ』「資料室概要」참고.

있는 환경이 조성됐다. 1992년부터 생협종합연구소의 관리 위탁으로 두 명의 직원-상근직원 2인, 비상근직원 1인까지 포함 총 3명-으로 구성되어 지금까지 이어지고 있다. 이후 1995년 한산·아와지 대지진으로 코프고베 본부 빌딩이 무너지는 사건을 계기로 전국연 본부의 생협회관-1968년 준공, 증축이 겹침-의 내진강도도 문제되어, 시부야에 신관을 건설하고 1999년에 이전을 하게 되었다.

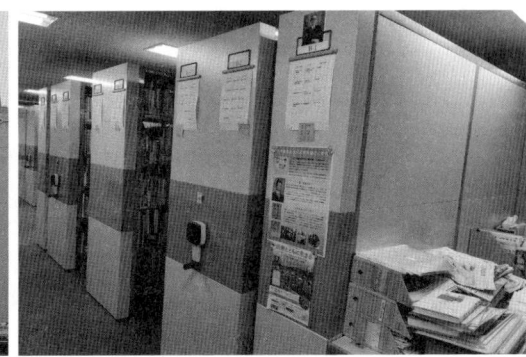

일본생협연합회 자료실이 위치한 건물과 내부

다만 생협종합연구소와 자료실은 거의 같은 시기에 주부회관 플라자 에프^{주부연합회의 신관} 6층과 5층에 공간을 마련해 이전했다. JR요츠야역 앞에 위치한 입지 좋은 건물의 한 층을 확보하고, 바닥 보강공사를 한 후 가동서가^{稼動書架}를 설치했다. 회의실도 함께 설치한 자료실 개설에 대한 의의는 컸다. 이전한 공간은 전국 회원과 연구자에게 접근이 용이한 장소라고 평가 받았다. 또한 2011년 동일본대지진으로 수도권에도 큰 피해가 있었지만, 다행히 보강공사를 한 가동서가가 무너지지 않아 파손되는 사료는 없었다.

일본생협연합회 50주년 기념사업으로의 역사편찬
2000년대 초

1999년 제1차 이사회에서 '50주년 기념 역사편찬위원회'가 꾸려져 플라자에프 6층에 50주년 기념 역사편찬실이 개설되었다. '50주년 기념 역사편찬위원회'는 옛 직원이 편찬 작업에 참여하여 자료실의 자료뿐 아니라 전국 생협의 설립연도·합병연도 등을 조사했다. 2002년에 『현대일본생협운동사』, 같은 『자료집』[전 3권 이후 CD-ROM판 추가]이 간행됐다.
2003년에는 『현대일본생협운동소사』, 『일본생협연합회 50년사』가 각각 간행됐다. 이 편찬 작업을 통해 일본생협의 내셔널센터-일본 국내에서 중심적인 역할을 맡은 생협의 부설기관이라는 의미-로서의 자료실이라는 성격이 강해졌다. 자료에 대한 목록은 1989년에 작성된 후, 컴퓨터의 스프레드시트를 사용한 관리를 거쳐 2000년에 '자료실 데이터베이스^{Access}'에 데이터가 이관되어 50년사 편찬에도 활용되었다.

일본생협연합회 기관운영부의 직접 관리
2002~2009년도

『50년사』를 편찬하는 과정에서 일본생협연합회 기관회의[총회·이사회·상무이사회 등] 자료의 정리·보관이 아주 중요하게 다뤄졌다. 이에 자료실에 대한 생협종합연구소의 관리 위탁이 해제되어, 기관운영부 관할로 변경됐다. 정규직원 1명이 비공개 기관회의 자료를 맡고, 촉탁직원 1명이 공개자료를 담당하는 체제가 되었다. 기관회의 자료는 '문서취급규정'의 영구 보존대상 문서다. 하지만 전쟁을 거친 후, 질이 낮은 종이에 인쇄되었던 자료는 열화가 심한 상태였다. 아카이브에 대한 지식과 기술의 인식이 부족한 상황이라 자료가 흩어지지 않도록 합본으로 제본하는 정도에 그쳤다. 이후에는 이 제본을 해체하여 마이크로필름 촬영을 하지 않고 되는대로 PDF 파일로 만드는 방법이 취해지고 있었다.

2005년에 미사키 케이코가 자료실에 부임했을 때, 기관회의 자료의 PDF 파일을 작성하여 디지털 아카이브 시스템인 Ridoc에 등록하는 작업을 이어서 했지만 설립 이후 30년의 총회자료까지만 하고 중단되었다. Ridoc상의 데이터는 IBM의 그룹웨어 Lotus Notes에 이관되었는데, 안타깝게도 기관회의 자료의 전자 데이터에 대한 보존 방침이 확립되지 않은 채 현재에 이르고 있다.

일상적으로도 현장 영역에 대한 자료 조회가 많기 때문에 총회와 이사회의 합본 자료를 키워드로 검색할 수 있도록 총 목차, 목록을 엑셀 파일로 작성하는 작업을 우선적으로 진행했다. 그리고 이외에 별도 목록 리스트를 만들어서 관리·보관하여 요청 시 제공하고 있다.

일본생협연합회 총무부 관할, 생협종합연구소의 관리 위탁
2010년부터

기관회의 자료 정리가 일단락 된 후 자료실 관할은 총무부로, 일상 업무관리는 생활종합연구소로 위탁되었다. 중앙회 계통의 기관 운영부보다 전체를 관리하는 부서에서 관할했기 때문에 2011년에는 '자료실 데이터베이스' 수리비용이 인정되었다. 덕분에 데이터베이스를 어느 정도 사용하기 쉽게 개선이 됐다. 2019년 7월 현재, 서적 분류 등록은 약 15,000개, 정기간행물 기사와 논문 목차 등록은 약 5만개이다. 생협종합연구소의 홈페이지www.ccij.jp에 '생협연구자자료 데이터베이스' 코너가 개설되어, 역사자료 데이터를 제공하여 자료를 직·간접적으로 공개하고 있다. 여기에 2018년부터는 국제부로부터 자료정리 등을 요청받아 국제부에서 보관하고 있던 국제협동조합연맹[ICA] 대회 자료와 해외 협동조합 역사 자료의 목록 정리를 마친 덕분에 ICA와 관련된 자료도 검색할 수 있게 됐다.

사료적 가치가 높은 역사 자료의 보존을 시작하다
2013년부터

2009년, '가가와 도요히코의 헌신 100년 실행위원회'가 결성된 후, 일본생협연합회 내에 연구회가 만들어졌다. 미사키 케이코가 연구회 간사로도 활동했던 이 연구회는 2010년부터 협동조합 전반으로 주제를 확장하여 'JCCU협동조합학당塾'이라고 명칭이 바뀌었다. 명칭은 변경되었지만 계속해서 가가와 도요히코 기념 마츠자와 자료관賀川豊彦記念松沢資料館과 교류를 이어갔다. 가가와 도요히코 기념관 부관장인 스기우라 히데노리杉浦秀典는 미사키 케이코에게 자료실 업무 시 유용할 거라며 국문학연구자료관www.nijl.ac.jp이 주최한 2012년 아카이브 칼리지 단기 코스를 권유했다. 그곳에서 배운 지식을 바탕으로 사료적 가치가 높은 자료를 분류하여 보존하는 작업을 시작했다.

  1950년대 일본생협연합회의 기관지와 전전戰前의 생협 기관지 등을 시작으로 마이크로필름 촬영과 디지털 촬영을 진행했고, 일부는 외주 작업을 맡기기도 했다. 또한 국립국회도서관NDL에서 소장하고 있지 않은 역사 자료는 마이크로필름을 양화한 후, 이 양화된 필름을 복사하여 사본을 만든 후 증정본 담당자에 확인을 거쳐 기증하는 절차를 진행 중이다. 아무래도 국립국회도서관에서 자료를 소장하게 되면 보존 환경에 대한 걱정도 사라지고, 사회적으로 보다 폭넓게 활용할 수 있는 가능성도 커지기 때문이었다. 그래서 국립국회도서관과 연계하여 매년 일정한 분량의 자료를 국립국회도서관에 축적하고 있다. 참고로 2019년에 다룰 자료는 설립 100주년을 맞는 가정구매조합-설립 시 이사장은 요시노 사쿠조吉野作造로, 전후 재건하지 못하고 해산됨-의 조합원 홍보지啓蒙誌 『홈 유니언』을 대상으로 할 예정이다.

일본생협연합회 자료실 이용 환기를 위한 세미나 개최
2014년부터

직원들에게 자료실 활용을 장려하기 위해 2014년부터 토요일에도 자료실을 오픈하고 있다. 토요일에 자료실을 문을 열게 되면서 '자료실 토요강좌'도 시작했다. 2015년까지는 일본생협연합회 그룹에서 일하는 직원, 은퇴한 선배 등으로 한정하여 강좌를 진행했다. 2016년부터는 생협에 관심이 있는 사람이나 생협을 연구하는 사람 등 다양한 분야에 있는 사람들에게도 토요강좌의 문을 열고, 다양한 기관에 홍보를 하고 있다. 1년에 네 번 가량 기획되었고, 하반기에 강좌가 진행되었다. 2018년부터는 'COOP 아카이브 세미나-사람과 역사에서 배우다'라는 명칭으로 강좌명이 바뀌었다. 일본생협연합회 회원생협 웹사이트 '정보플라자'나 생협종합연구소 홈페이지를 포함한 인터넷 정보를 보고 참가할 수 있도록 홍보 중이다.

일본생협연합회 자료실에서 소장한 사료를 바탕으로
진행하는 'COOP 아카이브 세미나'
출처_일본생협종합연구소 홈페이지

〈일본생협연합회 자료실에서 진행한 세미나〉

2016년
· 야나기타 쿠니오^{柳田国男}의 소비조합론
· 전전^{戰前}·전후^{戰後} 생협 여성리더 오쿠 무메오^{奥 むめお}에게 배우다
· 요시노 사쿠조와 협동조합, 가가와 도요히코와의 협동
· 전전^{戰前} 소비조합의 조합원 활동에 대해

2017년
· 일본생협연합회 제3대 회장 이시구로 다케시게^{石黒武重}로부터 배우다
· 일본생협연합회 제4대 회장 나가바야시 사다오^{中林貞男}로부터 배우다
  - 평화와 더 좋은 생활을 위한 구현
· 전전^{戰前}·전후^{戰後} 조사이^{城西}소비조합 주요 인물들의 생협활동

2018년
· 협동조합의 참여형 민주주의 - 조합원 참여가 되살아나는 것을 지향하며
· 1970~80년대 일본 협동조합 연대의 고양^{高揚}을 돌아보다
· 일본생협연합회 제5대 회장 다카무라 이사오^{高村勳}로부터 배우다
  - 가가와 도요히코에게 이끌려 시작한 생협활동 등 다수 강좌 진행

일본생협연합회 자료실의 역할 발휘

일본생협연합회 자료실은 일본생협연합회 내부와 외부를 불문하고 협동조합 관련 역사 자료를 제공하는 활동에 적극적으로 임했다. 자료실은 『일본생협 50년사』 편찬 후, 의료부회^{현재 의료복지생활협동조합연합회}와 코프공제 사사와 회원 사사 제작, 생협 관계자의 자서전·평전·유고집 등을 제작할 때에도 자료를 제공해주는 역할을 하고 있다.

자료실 담당자로서 미사키 케이코가 겪은 경험을 바탕으로 자료실 역할을 정리하면 다음과 같다. 첫째, 일본생협연합회 홈페이지와 『생협 핸드북』, 전국 생협 임직원용 통신교육 교재 개정 시 참여하여 역사 서술에 대한 부분 점검 및 수정하는 역할을 맡는다. 둘째, '코프상품 50년' 준비 시 작성된 연표를 토대로 본부 빌딩 코프플라자 1층

에 개설된 '코프 상품뮤지엄'의 역사적 내용을 검토하는 일에 협력하고 있다.

일본생협연합회 상품 50년 연표

더불어 교육·연구와 관련된 역사 자료 열람에 대해서는 첫째, 생협·협동조합 관련 연구자와 연구기관이 이용할 수 있도록 지원하고 있다. 둘째, 이전부터 진행된 대학 연구실에 협동조합 관련 자료와 정보를 제공하여 졸업논문·석박사 논문을 위한 열람을 지원하고 있다. 셋째, 여름방학을 이용하여 매년 도쿄에서 세미나를 진행하는 간사이 대학의 스기모토 다카시^{杉本貴志} 교수의 사료 열람 실습과 메이지대학의 졸업논문 등을 지원하고 있다. 넷째, 노동조합과 협동조합의 임원 육성을 위해 설립된 호세이 대학의 대학원 과정^{연대사회협회의} ^{협동조합} 프로그램 참가자도 지원하고 있다.

일본생협연합회 자료실이 역할을 발휘할 수 있는 일

『일본생협연합회 50년사』가 편찬되었을 당시에는 디지털 역사 자료 구축이 본격화되기 전이었다. 그렇기 때문에 그 당시에 게재된 사진은 디지털화되지 않았다. 이후에도 디지털화 작업이 미진하여 자료 제공 요청이 있을 때마다 원본 자료에서 스캔하는 것으로 대응하고 있는 실정이다. 또한 최근 자료가 이관될 경우 문서 자료들로 그치고, 규정 상에 명기가 되어 있지 않는 사진과 같은 디지털 자료들을 수집하지 못하는 게 조금 걱정이 되지만, 이러한 상황을 잘 정리하여 향후 역사 편찬 작업 시 필요하다고 생각되는 역사 자료 수집 등을 위해 내부 제안을 할 예정이다.[9]

협동조합의 아카이브, 라이브러리, 뮤지엄의 현실

ICA가 런던에서 제네바로 본부 이전 시 많은 자료를 유실했다는 이야기를 국제부 직원에게 전해 들었다. 일본 또한 마찬가지로 JA일본농협그룹에서 빌딩 재건축과 사무실 이전 시 비슷한 일이 일어났다. 특히 '협동조합도서자료센터'가 문을 닫은 것은 너무나 안타까운 일이다. 협동조합도서자료센터의 자료 중 생협과 관련된 역사 자료는 이미 생협연합회자료실에 이관되었고, 어협漁協과 관계된 자료는 국문학 자료관에 이관될 예정이다. 농협과 관계된 자료는 남겨두어야 할 것을 엄선하는 작업이 진행되고 있는데, 이관처 정보를 포함한 데이터베이스 등을 활용할 수 있도록 작업해주길 간절히 바라고 있다.

9-현재 일본 생협에서는 디지털 아카이브(Digital Archive)라는 개념이 구축되어 있지 않다. 환경 문제에 대처하기 위해 종이자료의 비중은 줄이고 디지털 자료의 비중은 증가하고 있다. 하지만 디지털 자료에 대한 관리가 아직 정립되어 있지 않다. 연합회에서는 '정보의 수집-가공-발신-보관-보존' 중 마지막 단계인 '보관-보존'을 최근까지도 주요한 과제로 다루고 있지 않다. 또한 문서관리규정에서 사료의 대상이 종이자료에 국한되어 있기 때문에 사료에 대한 재인식의 확립이 시급하다.

협동조합도서자료센터로부터 이관된
협동조합 연구자 혼이덴 요시오의 자료

    2018년에 일본협동조합연계기구^{JCA}가 설립되어 2019년 5월 14일에 조난신용금고^{J城南信用金庫} 강당에서 협동조합연구조직 등이 모인 교류회가 열렸다. 그때 교류회에 참석하여 각 조직의 본부 또는 연구조직이 도서실 및 자료실을 운영하고 있는지 물어보았다. 2019년 7월 기준으로 일본농협^{JA}과 관련된 기관 중에서는 JA전중·JC공제연합회·농림중금종합연구소는 자료실이 있고 담당자$^{비정규직원\ 포함}$가 상주하고 있지만 비공개이기 때문에 주로 내부 임직원만 이용할 수 있다고 한다.

    이외에 국민공제 COOP^{전노제} 자료실이 본부 빌딩 근처 빌딩에서 씽크탱크인 전노제협회와 함께 공간을 이용하고 있어서 일본생협연합회 자료실과 생협종합연구소의 상황과 비슷하고 전해 들었다. 이곳은 모두 외부에서 연구 등의 목적으로 자료실을 이용할 수 있고 자료도 열람할 수 있다고 한다. 또한 조난신용금고에서는 요시하라 다케시^{吉原毅}가 이사장을 맡을 당시, 개인 임원실을 없애는 개혁을 진행하여 전 이사장실을 자료실로 만들었다고 한다. 신용금고도 관련 동료들이 알 수 있도록, 그리고 협동조합을 누구라도 알 수 있도록 전시한 박물관을 만들어 일본생협연합회의 '코프상품 뮤지엄'과 같이 사전신청하면 견학할 수 있도록 준비하고 있다고 한다.

일본의 협동조합 자료실 등 네트워크 구축에 대한 전망

일본에서는 역사 자료를 적절하게 보관·보존하고, 다음 시대에 역사적으로 검증하는 것 자체가 공공재산이라는 의식이 부족하다. 그렇기 때문에 역사자료의 보관·보존과 관련된 제도를 마련하려는 움직임도 전반적으로 더딘 편이다. 공문서관리법, 정보공개법 정비에 기반하여 국립공문서관[NA] 신관이 헌정기념관 부지에 건설될 예정이지만, 각 현의 공문서관을 포함하여 아키비스트 인재 육성은 더디기만 하다. 다른 선진국에 비해 뒤쳐졌다고 할 수 있다. 반면 최근 민간기업에서는 기업정체성[identity] 전략 중 하나로 회사 역사편찬실을 설치하고, 공개 역사자료관을 정비하여 활용하는 사례도 증가하고 있다.

협동조합이야말로 역사의 축적 속에서 협동조합의 이념과 실천을 널리 사회에 알리고, 이 역할을 맡을 실천가와 연구자를 늘리기 위해서 연구자료를 활용할 수 있도록 애써야 한다. 또한 연구를 통해 공개할 부분을 정비하는 것을 중요한 과제로 삼고 협동조합 간 연대를 진행하고, 그 속에서 연구주제 등을 검토해야 한다. 현재 연대는 많지 않지만, 협동조합 자료실 등의 네트워크를 구축하고 정보를 교환하고 공개할 수 있는 일부 정보의 목록을 준비하여 온라인에서 플랫폼을 구축하는 등의 작업은 할 수 있을 것이다.

역사의 기억과 기록에 대하여

그동안 일본생협연합회에서는 『현대일본생협운동사』, 『현대일본생협운동소사』, 『일본생협련 50년사』 등을 발행했다. 2021년은 일본생협연합회가 설립된 지 70주년을 맞는 해이다. 『50년사』가 발행된 지 20여 년이 지난 현재, 전국 생협 임직원들이 일본 생협 역사를 배울 기회가 거의 없어졌다. 물론 생협연합회에서 진행하고 있는 통신교육에 '생협입문코스', '초급코스'를 통해 간략한 역사를 알 수 있기는 하지만, 일본 근현대사를 바탕으로 시대 상황에 따라 어떤 과제로 생협을 설립했고, 설립한 분들이 주력한 부분과 특징을 정확히 배울 필요가 있다.

일본의 협동조합 리더 중 한 명인 가가와 도요히코를 통해 협동조합을 학습하는 것은 진행과 중단이 반복되지만, 세계적으로 유명한 가가와 도요히코에게만 배우는 것으로는 부족하다. 20세기 초, 전쟁 중에 산업조합중앙회에 전국소비조합협회가 설치되어 전국 소비자조합을 지도했지만, 이데올로기가 다른 그룹끼리 결합이 어려웠기 때문에 결국 군부와 권력에 의해 탄압을 받았다. 경제적 통제도 받게 되었을 뿐 아니라 쌀배급권도 빼앗겼다. 이러한 부정적인 역사負の歷史에서도 배우는 자세가 중요하다. 역사를 통해 많은 선인들의 뜻이나 투쟁에 대해 배울 수 있다. 역사를 배우는 것은 자신의 현재 활동을 시간축 가운데 두고 거듭 되돌아보고, 그 이후를 확실히 보기 위해서 반드시 필요하다.

다가올 일본생협연합회 70주년을 좋은 기회로 삼아, 역사를 배우고 이를 이어갈 동료를 늘리고자 한다. 일본에서는 협동조합 간 협동이 활력을 얻으며 협동조합도서자료센터가 설립되었다. 현재는 문을 닫은 상태이지만 곧 새로운 구축이 있을 것으로 기대한다. 앞으로 협동조합 간 협동이라는 큰 틀에서 새로운 협동조합 자료 네트워크가 만들어지길 바란다.

한국에 생협전국연합회가 부재한 상황에서 생협 간 울타리를 넘어서, 생협 간 연계를 강화하는 수단이 될 수 있는 자료실 설립 프로젝트를 진행해보는 건 어떨까? 생협자료실 또는 연구소에서는 매년 총회 의안서와 관련 자료를 모을 수 있기 때문에 이를 비교할 수도 있다. 자료를 바탕으로 경영 수치도 비교하고 공통된 문제점을 논의할 수도 있지 않을까. 우선 사람들이 모여 시작해보면 좋겠다. 조직의 역사 자료뿐 아니라 퇴직자 등 인적 네트워크를 활용하여 역사 자료를 기증 받는 것도 할 수 있다. 조직에서는 이미 폐기되어버린 자료를 개인이 소장하는 경우도 적지 않다.

역사를 잇기 위해서는 세대를 초월한 사람들을 의식적으로 잇는 네트워크 것도 중요하다. 그들을 통해 역사 자료를 받을 수 있을 뿐 아니라 구술사라는 자료를 남겨서 기록하면, 이를 함께 읽으며 역사를 이어갈 수 있다. 협동조합의 역사 계승을 위해 현역 임직원뿐 아니라 퇴직하신 분들, 그리고 연구자의 활동을 적극적으로 받아들였으면 한다.

더불어 2018년 4월에 설립된 일본협동조합의 새로운 연대조직인 '일본협동조합연계기구Japan Co-operative Alliance, 이하 JCA'는 JC종합연구소JC 総研를 개편한 법인으로 설립할 때 ①협동조합 연계, ②정책 제언과 홍보, ③교육과 연구라는 세 가지를 주요 기능으로 내걸었다. JCA는 전후戰後 직후 설립된 '일본협동조합동맹'의 영문명 Japan Co-operative Alliance과 같지만, 현재는 '연계기구'라는 명칭을 사용하고 있다.

이와 같이 한국에서도 생협 간 연대조직을 만들면 좋겠다. 다양한 개성이 있는 생협들이 교류하면서 서로 배우고, 절차탁마切磋琢磨하며 함께 도모할 수 있는 일을 실천하는 것이 중요하다.

각자 보관하고 있는 협동조합 자료를 공유하여 생협의 역사와 이념 등의 연구에 활용하고, 그 성과를 통해 학습과 실천으로 활용할 수 있다. 이 과정을 통해 다시 이념의 부족한 부분이 보완되고 연결되어 시대가 요구하는 생협, 그리고 협동조합의 사회적 역할을 발휘하길 기대한다. 마지막으로 아시아 이웃 국가들 간 협동조합 제휴를 강화하여 자국뿐 아니라 세계인들이 보다 나은 사회를 누릴 수 있도록 함께 힘썼으면 하는 바람이다.

협동조합
아카이빙
한 걸음 더

협동조합 아카이브가 우리에게 주는 선물

김이경

영국 로치데일협동조합은 협동조합에 관심있는 이들에게 친숙한 곳일 테다. 로치데일협동조합을 떠올리면 Co-op 크게 적힌 붉은벽돌 건물과 선구자 28명의 흑백사진이 자연스럽게 연상될 것이다. 우리는 어떻게 약 180년 전에 활동한 로치데일협동조합의 분투를 알고 있을까. 아마 홀리요크$^{George\ Jacob\ Holyoake,\ 1817\sim1906}$와 G.D.H.콜$^{George\ Doulas\ Howard\ Cole,\ 1889\sim1959}$ 등이 영국 협동조합운동을 자세히 소개하는 글을 썼기 때문이 아닐까. 이들은 『로치데일공정선구자협동조합$^{Rochdale\ Pioneers}$』(1857), 『영국 협동조합의 한 세기$^{A\ century\ of\ Co-operation}$』(1944) 등을 통해 협동조합운동과 노동운동의 역사를 꼼꼼히 기록했다.

 이들이 협동조합운동의 역사를 기록할 수 있었던 배경에는 협동조합인$^{Co-operator}$의 기록을 축적하는 문화가 자리하고 있다. G.D.H.콜은 로치데일 박물관에서 로치데일협동조합의 기록뿐 아니라 전국 각지의 협동조합에서 보내준 자료를 바탕으로 책을 집필했다. 그는 "다 활용하지 못할 정도로 풍부한 자료를 제공"해준 협동조합인들 덕분에 생생한 역사를 기록할 수 있었다며 이들에게 감사를 표했다.

협동조합론에 큰 영향을 미친 비어트리스 웹 또한 영국 협동조합운동 저서 집필 시 1860년대부터 축적된 협동조합 자료에 둘러싸였음을 회고했다.[1] 그녀는 협동조합에 참여한 이들이 쓴 편지와 잡지 및 각종 서류를 매일 여섯 시간 이상 읽으며 글을 썼다. 그 덕분에 영국 협동조합운동의 다양한 흐름을 그려낼 수 있었다. 현재 영국에는 협동조합 유산 트러스트Co-operative Heritage Trust, 국립협동조합아카이브National Cooperatice Archive, 협동조합대학 등에서 200년간 이어지고 있는 협동조합 관련 기록을 보관·활용하고 있다.

다른 나라는 어떤 상황일까. 영국만큼 체계적으로 협동조합 자료를 수집하는 나라가 드문 것이 현실이다. 이탈리아와 일본, 캐나다에서는 규모는 크지 않지만 민간에서 협동조합 자료를 축적하고 이를 활용하여 협동조합의 대중화에 애쓴다는 점에서 살펴볼만하다. 협동조합의 도시로 불리는 이탈리아 볼로냐에는 '이탈리아 협동조합/사회적경제 정보센터가 마련되어 있다. 협동조합 정보센터는 1988년 볼로냐 레가코프Legacoop에 의해 창립되어 1890년부터 지금까지 200여 개의 협동조합 및 사회적경제와 관련된 자료를 수집·보존·보관하고 있다. 이 자료를 활용하여 30권 이상의 출판물이 제작되었고, 협동조합 교육자료로도 활용 중이다. 현재 100년[1883~1987년]에 이르는 레가코프 및 볼로냐 지역 협동조합약 6,000개의 자료를 디지털화하는 작업을 진행 중이다.

캐나다 퀘벡에는 데자르뎅 신용협동조합 설립자인 데자르뎅Alphonse Desjardins, 1854~1920의 이름을 딴 기념관Maison Alphonse-Desjardins이 있다. 이 기념관은 데자르뎅 부부가 살던 집이자 레비민중금고Caisse populare de Lévis의 사무실이다. 알퐁스 데자르뎅 역사협회SHAD, Société Historique Alphonse Desjardins가 기념관을 소유·운영하고 있으며 초기 협동조합운동의 상황

1- 비어트리스 웹, 조애리 외 역, 2008, 『나의 도제시절』, 한길사 참고.

과 철학 등을 공유하며 당시 물품도 보존하고 있다. 데자르뎅 역사협회는 협동조합 설립자들의 역사를 후속세대에 전하기 위해 잡지와 책 출판을 이어가고 있다. 이외에 협동조합 설립자를 기리는 기념관은 영국 뉴타운에 위치한 로버트 오웬 기념관과 스페인 몬드라곤의 마리아 신부 기념관 및 일본 고베의 가가와 도요히코 기념관, 원주 무위당 기념관 등이 있다. 일본은 앞서 살펴본 것처럼 일본생협연합회 자료실에서 지속적으로 협동조합 사료를 수집·보존·관리 중이다.

한국 협동조합운동 자료는 어디에 있을까?

한국 상황은 어떨까. 얼마 전 발간된 『한국 협동조합운동 100년사』 (2019)를 통해 한국 협동조합운동의 대략적인 흐름이 정리되었다. 하지만 협동조합 조직과 인물, 사건의 단면을 보여주는 사료史料는 한 곳에 모이지 못했다. 한국에는 아직 일본생협연합회 자료실과 같은 공간이 부재하기 때문이다. 공간의 부재는 자료의 부재를 의미한다. 또한 정리와 연구도 단단하지 못함을 보여주는 단면이다. 그런 까닭에 협동조합 역사를 살펴보려면 국회도서관, 국립중앙도서관, 신협, 생협 등을 전전할 수밖에 없고, 그 과정에서 한국에도 일본생협연합회 자료실과 같은 공간이 있으면 얼마나 편할까라는 부러움과 아쉬움을 느끼게 된다. 한국에 협동조합 관련 자료관이 있다면 보다 쉽게 역사 자료와 인물을 검색하고, 추가된 사료가 있다면 위탁 관리를 맡길 수 있을 것이다.

현재 한국의 협동조합운동 사료는 각 기관별로 흩어져 있으며 대부분 관리 주체가 명확하지 않은 상황이다. 일제강점기 협동조합은 물론이며 해방 이후 사료도 행방을 알 수 없는 경우가 많다. 특히 1920년대 이후 전국적으로 설립된 일제강점기 소비자협동조합과 1960~70년대 협동조합운동을 이끈 신협, 그리고 1980년대 이후 성장한 생협과 관련된 자료 수집·보존·관리의 미진함이 아쉽다.

 2020년 겨울, 상주시에 협동조합 역사문화관이 설립되면서 1926년부터 시작된 협동조합운동사協同組合運動社의 사료가 새롭게 발굴·정리되었다. 사회적경제 관련 정책을 진행하는 과정에서 지자체 주도로 역사문화관이 설립된 점은 긍정적이지만, 협동조합 역사문화관이라는 명칭에 걸맞게 역사 자료를 보다 ' 적극적으로 다뤘으면 하는 바람이다.

 신협 자료는 더욱 아쉽다. 해방 이후, 1960~70년대 신협의 발전은 단순히 은행 점포의 증가를 의미하지 않는다. 당시 신협에서 운영한 협동교육연구원은 일반 시민에게 협동조합 교육을 제공하는 유일한 기관이었다. 신협 조합원뿐 아니라 협동조합에 관심있는 이들은 길게는 한 달, 짧으면 2~3일 동안 협동교육연구원에서 머물며 협동조합 역사와 이론, 회의진행법, 지역 사회개발 참여 등 다양한 교육 프로그램에 참여했다. 교육을 이수한 시민들은 지역의 신협운동을 이끌었고, 생협 설립으로 나아갔다. 해방 이후 한국 협동조합운동의 씨앗을 뿌린 이 실천의 기록은 어디에 있을까. 아쉽게도 관련 자료는 유실되거나 뿔뿔이 흩어져 찾을 수 없는 상황이다.[2]

 생협 자료는 각 조직별로 따로 보관하고 있지만 체계적인 관리는 부족한 것으로 보인다. 아이쿱협동조합연구소에서는 협동조합 역사에 많은 공력을 기울여 '아이쿱 아카이브'를 만들어 별도 공간에 아이쿱 자료 및 협동조합 사료를 보관하고 있으며 온라인 홈페이지 icooparchive.org도 운영 중이다. 연구소 내에 문헌정보학 전공자를 아키비스트Archivist로 배치하여 자료를 관리하고 있는 점도 주목할만하다. 한살림은 온라인에서는 '한살림 자료곳간'을 운영하고, 모심과살림연구소에서 관련 자료를 수집·보관 중이지만 체계적인 관리가 이루어지지 못한 상황이다. 다른 생협의 경우, 연구를 전담하는 별도 기관이 없기 때문에 산별적으로 사료가 보관되어 있을 것으로 예상한다. 이는 생협

---

[2]-아이쿱아카이브(icooparchive.org)의 '협동운동 선구자 구술기록'에 참여자 구술 자료가 일부 공개되어 있다.

이 한국 협동조합운동의 30년 역사를 담당하는 큰 축임에도 불구하고 자료 수집·보관 등에는 미진했음을 보여주는 지점이다. 앞으로 각 생협의 자료가 취합·정리된다면 한국 협동조합 역사를 이해하는데 중요한 역할을 할 것이다.

영국 뉴타운에 위치한 로버트 오웬 박물관

협동조합의 역사를 기록·보관한 아카이브는 왜 필요할까? 영국 협동조합대학 관계자는 "아직까지 많은 대중은 협동조합이 무엇인지 모릅니다. 그렇기 때문에 협동조합이 왜 중요한지, 협동조합운동의 역사와 유산이 왜 중요한지 이해가 부족한 상황입니다. 젊은 세대들을 대상으로 '협동'이 구체적으로 어떤 의미이며 어디서 유래했는지 알리는 노력을 해야 합니다."라고 언급한다. 즉 협동조합이 아직도 대중에게는 생소한 개념이기 때문에 적극적으로 협동조합을 알려야 한다는 것이다. 이때 협동조합 아카이브는 '협동'의 의미를 보다 구체적으로 그리고 흥미롭게 보여줄 수 있는 장소이자 도구가 된다.

협동조합 아카이브는 단지 과거의 수집이 아니다. 옛 자료를 모으는 행위는 미래를 가로막고 과거를 추억하기 위함이 아니다. 시간은 매순간 흐르고 있기에 현재는 곧 과거가 된다. 영국 협동조합 아카이브에서 코로나19에 대응하는 각 협동조합의 자료를 발빠르게 수집하는 것과 같이 매순간 '협동의 역사'는 기록되어야 한다. 과거와 현재의 행위, 이에 대한 기록은 다가올 미래를 준비하는 지도이기 때문이다.

3부

협동의 대화

질문하는 협동
말하는 협동
생각하는 협동

협동조합, 현장에서 다시 보기

협동조합에서
일하는 이들의 위치는 어디인가

김이경

협동조합에 관한 세 가지 질문

1·2부에서 충분히 다루지 못한 주제 중 하나는 '협동조합과 노동'이다. 협동조합은 주인인 조합원의 책임감과 참여가 강조된다. 여기에 한 가지가 더 필요하다. 바로 협동조합이라는 일터가 신나는 곳이어야 한다. 협동조합에서 일하는 이, 즉 노동자가 행복해야 한다. 1부에서 언급된 것처럼 주인이 아닌 직원에게 '주인됨오너십'을 강조하는 것은 무리이다. 그런데 현재 한국 협동조합의 상황은 어떠한가.

이 글에서는 한국과 일본의 소비자생활협동조합을 중심으로 협동조합에서 일하는 이들이 겪는 딜레마와 노동 문제, 직무교육 등을 살펴보려 한다. 이를 통해 협동조합에서 일하는 노동자는 어떤 위치에 있어야 하는지 돌아보고자 한다.

협동조합 분야에서 연구·활동하며 풀리지 않는 질문이 있다. 왜 협동조합 또는 사회적경제 관련 단체에서는 여러 행사 시 청년의 목소리에 듣는 자리를 마련하지만, 청년들은 이 영역을 떠나거나 매력을 덜 느끼는 걸까? 사회적경제의 중요성은 지속적으로 강조되고 조합원 주권도 중시하지만, 조직에서 일하는 직원 성장에 대해서는 왜 관심도가 낮을까? 협동조합이 노동운동과 함께 출발한 역사가 있음에도 불구하고 한국에서는 왜 협동조합에서 일하는 이들을 노동자로 인식하지 않으려는 분위기가 있는 걸까? 물론 필자의 주관적인 느낌일 수도 있다. 하지만 이 질문은 그동안 협동조합 및 사회적경제 담론이 규범적이고 현장과 괴리되었다는 것을 의미하기도 한다.

협동조합이 지속적으로 성장하고 그 가치를 이어가려면 다양한 세대가 공존해야 한다. 즉 협동조합에서는 젊은 세대가 떠나는 조직문화를 해결하려는 의지와 실행이 필요하다. 하지만 협동조합·사회적경제 행사에서는 발제자 중 한 명을 20~30대로 배치하고, 청년의 목소리를 그저 '들을 Hearing' 뿐이다. 청년들은 매번 경직된 조직문화, 노동과 활동의 모호함, 리더십 부재 등을 지적하지만 이들의 목소리가 행사장 밖을 넘어서는 일은 거의 드물다. 또한 스피커는 바뀌지만 앞자리에 앉은 이들은 거의 그대로이다.

2018년 한국사회적경제연대회의에서는 '사회적경제 인재상 수립을 위한 활동가 100인에게 묻다'라는 설문조사를 진행했다. "이 분야에서 오랫동안 활동할 수 있었던 이유"로 좋은 인연과 사람들·운명·신념과 지향 등이 주로 언급되었다.[1] 오랫동안 일할 수 있었던 이유가 아닌 '활동'할 수 있었던 이유라는 단어 선택에서도 노동보다는 활동이 더 강조되는 것을 알 수 있다. 물론 이 부분은 협동조합과 사회적경제는 자원활동 영역의 조합원, 회원 활동이 임금노동만큼 중요한 비중을 차지하기 때문에 사용되는 단어라는 점은 충분히 인지하고 있다.

하지만 협동조합에서 풀타임으로 일하는 주변 30대들은 '활동'을 강조하는 조직에서 "나는 노동을 하는데, 노동이 아닌 활동을 하라는 선배들의 말을 어떻게 이해해야 할지 모르겠다.", "도대체 활동이 뭐죠?", "노동자가 아닌 활동가, 조직가, 운동가라는 정체성을 강조하는데, 제가 하는 일을 왜 그렇게 해석해야 하죠?"라는 고민을 하고 있

---

[1] 박봉희, 2019, 「사회적경제의 인재상」, 『생협평론』 34호, 아이쿱협동조합연구소, 147면.

다. 협동조합에서 일하는 20~30대 대부분은 전문성을 어떻게 쌓을 수 있을까를 고민하지, 운동가가 되기 위해 취업한 것은 아니기 때문이다. 세대 간 차이 때문인지, 아니면 젊은 직원이 '운동의 학습화'가 되지 않아서인지, 협동조합에서 일하던 청년들은 일터를 떠난다. 이러한 상황에 대한 협동조합의 전략은 무엇일까. 협동조합은 일하는 이들의 만족도를 높이는 실질적인 고민을 더이상 늦추지 말아야 한다.

이는 두 번째 질문과 이어진다. 협동조합에서 직원은 조합원을 지원하는 역할을 담당한다. 소비자협동조합은 조합원 대표와 실무책임자에게 의사결정권이 대부분 집중되어 있기에, 그 일을 수행하는 직원의 목소리가 반영되는 경우는 드물다. 레이들로Alexander Fraser Laidlaw[2]는 이 사회에 직원대표를 포함시키는 (국내)법이 부재해도 협동조합에서는 자발적으로 이에 대한 토의가 필요하다는 점을 강조했다. 하지만 한국의 경우 노동자협동조합 외에는 노동자 대표를 세우는 사례가 거의 없다. 또한 협동조합과 관련하여 여러 논의가 진행되지만-주로 제도개선 논의가 높은 비중을 차지한다- 직원의 성장과 관련된 내용은 드물다.

협동조합에서 일하는 것과 일반 기업에서 일하는 것의 차이점은 무엇일까. 사실 업무에는 큰 차이가 없다. 그럼에도 불구하고 협동조합에서의 노동에 '다른 무엇인가'가 있다면, 어떤 차이점이 있는지 설명하는 단계가 필요하다. 하지만 그 과정은 단절된 채, 1세대 선배그룹의 고난과 도전이 신화화되어 규범적으로 전해진다. 당연히 그 전달의 울림은 약하고, 지속가능한 노동으로 이어지지 않는다.

협동조합에서는 1세대의 헌신을 강조하고 협동조합이 가진 가치를

---

[2] A.F.레이들로(Alexander Fraser Laidlaw, 1908~1980). 캐나다에서 태어나 코디 박사(Moses Coady)와 함께 지역개발과 협동조합이 결합된 안티고니쉬 운동(Antigonish Movement)에 참여했다. 1958년부터 약 10년 동안 캐나다협동조합연합의 사무총장을 역임하는 등 다양한 협동조합운동에 참여했다. 국제협동조합연맹(ICA)의 요청으로 「21세기의 협동조합 Co-operatives in the year 2000」(1980)를 작성하였다. '레이들로 보고서'라 불리는 이 문건은 21세기 협동조합의 지속가능성과 관련하여 현재까지도 협동조합운동에 참여하는 이들의 지침서가 되고 있다.

지키려 한다. 선구자에 대한 존경과 그 뜻을 잇는 것을 강조한 나머지, 협동조합 내에 노동 문제가 제기되거나 노동조합을 만들면 노동자의 권리로 이해하기보다 '당신들이 어떻게 우리에게 이럴 수 있어'라는 감정이 앞서는 듯하다. 협동조합운동은 영국, 프랑스 등에서 노동자의 연대로 시작했고, 노동조합운동과도 연결된다. 하지만 현재 한국 협동조합에서는 노동조합, 노동자라는 단어가 선호되는 분위기는 아닌 듯하다.

협동조합에서 서로 존중하면서 일하고, 다음 세대까지 이어지는 노동 현장은 어떻게 만들 수 있을까. 이 글은 규모화된 생협을 중심으로 이 질문을 던지고, 여러 논의를 정리하고자 한다.

협동조합과 노동자의 권리

로치데일협동조합은 이미 많은 이들이 알고 있는 것처럼 당시 협동조합으로서는 보기 드문 성공을 거뒀다. 로치데일협동조합 선구자들은 자신들의 생활을 개선하고 이상을 실현하기 위해 결사했다. 이를 실행하기 위해 협동조합에서 일하는 노동자들의 최저임금과 8시간 노동제 등을 보장했다. 또한 도서관 설치와 각종 도서와 매체를 비치하여 조합원과 노동자들이 사회 문제에 관심을 갖도록 했다. 로치데일협동조합의 성공은 단순히 매장 사업의 확장을 넘어, 인간다운 삶과 노동을 실현했다. 180여 년이 지난 지금은 어떠한가?

생협은 일반 기업과 달리 노동 문제가 외부에 드러나는 경우가 드물다. 뿐만아니라 생협 직원이 하는 일이 무엇인지 충분히 알려져 있지 않다. 생협의 노동은 각 직무에 따라 다양하게 이뤄진다. 각 생협 연합회의 경우 물품 개발과 식품·물류 관리, 정책 검토, 지역생협과 의견 조율, 홍보, 전산 등을 담당한다. 지역생협은 그야말로 조합원을 직접 만나고 물품을 판매·관리하는 현장이다. 지역생협은 매장 운영,

공급^{배달}, 조합원 조직 및 활동 지원 등 해야 할 일이 방대하다. 또한 별도 법인으로 운영되기 때문에 조합원 리더^{이사회}와 실무그룹의 긴밀한 협력이 요구된다.

생협은 일반 기업에 비해 대외홍보, 소비 트렌드 및 경제 상황에 대한 대응이 그리 빠르지 않다 보니 업무 흐름이 원활하지 못한 경우가 많다. 이에 매출 하락에 대한 대응과 사업 논의 과정에서 조합원 그룹과 실무 그룹에서 갈등이 불거지기도 한다. 노동과 관련해서는 업무가 많음에도 불구하고 매장 인력을 축소하거나 추가 노동시간을 인정하지 않는 등의 문제가 발생하는 경우도 많다. 주로 내부 문제이기 때문에 외부에서는 알 수 없는 경우가 대부분이지만, 간혹 외부로 문제가 드러나는 경우도 있다.

1993년에 창립한 A생협은 2020년 3월 한 노조 지회와 단체협약을 맺었다. 보도에 따르면 노동조합 지회장은 "홀로 무력하게 무너져서 퇴사하지 말고, 홀로 부당한 것에 항의하지 말고, 목소리를 함께 내기 위해 노조를 만들었다"고 말한다. A생협의 경우, 매장사업 외에 배달·전화 주문 및 이용조합원 변화 등 새로운 변화에 대응할 인력 충원이 필요했지만 예산 문제로 적은 인력으로 매장을 운영할 수밖에 없었고, 직원들은 이전보다 노동시간이 증가했다. 결국 조합원과 소통은 줄어들고 휴식시간도 부족했다. 포괄임금제 도입과 주휴수당·연차유급수당의 미지급 등 문제가 이어져 직원들은 노동조합을 결성하게 되었다. 약 1년의 논의 끝에 A생협은 매장 운영에 최소 네 명의 인력은 보장되어야 함을 명문화하고, 포괄임금제 폐지, 매장 내 최소인원 보장, 노동조합 활동 보장 등을 주요 내용으로 한 협약을 체결했다.

한살림과 아이쿱생협에서도 지속적으로 노동 문제가 제기되고 있다. 한살림전북에서는 매장활동가들이 처우 개선을 요구하며 민주노총 산하 노동조합을 설립했다. 한살림서울의 경우 물류 위탁 계약을 맺고 있는 공급조합에서 임금 인상을 요구하며 파업했다. 아이쿱생협의 경우 언론에 보도된 것처럼 2017년에 결성된 구례자연드림파크지회^{민주노}

총 소속와 아이쿱생협의 갈등은 계속되고 있다. 이외에 서울의료복지사회적협동조합, 대학생협, 지역신협 등에서도 노동자 처우 개선을 요구하며 노동조합을 설립하고 있다.

한살림과 아이쿱생협에서 노동자의 위치

한국 생협 중 한살림은 수도권을 중심으로 노사협의회 형태의 '실무자일터살림협의회'이하 실무자협의회'를 운영하고 있다. 실무자협의회에서는 실무자의 임금·복지·근무조건·고충처리·인사교류 등 노동 관련 사항을 협의한다. 한살림 실무자협의회는 다른 지역보다 상대적으로 실무자 수가 많은 수도권을 중심으로 결성되어 있다. 노사협의회가 노조 역할을 일부 맡고 있다고 해도, 노사협의회는 노동조합과 비교하면 법적 강제력이 약하고 최종 결정권이 사용자에게 있다. 또한 단체협약 및 노동쟁의파업 등을 진행할 수 없기 때문에 노동 문제 발생 시 노동자가 충분히 보호를 받지 못하는 상황이 생길 가능성이 크다.

한살림 노동구조의 독특한 점은 실무자협의회 외에 활동가협의회도 존재한다는 것이다. 한살림은 실무자노동과 조합원노동의 이중구조라는 복잡한 형태를 갖고 있다. 이 부분은 한살림 노동구조의 특이점이라 할 수 있다. 한살림의 경우 보통 떠올리는 직원 외에 조합원노동으로 불리는 활동가 직군이 있다.[3] 조합원이 직원을 고용하는 고전적인 방식을 벗어난 독특한 형태로, 조합원이 조합원을 고용하는 방식도 겸하고 있다.

· 실무자협의회
　연합회, 수도권 지역생협 실무자로 구성

---

[3] 이와 관련해서는 강내영·김이경, 2019, 「생활협동조합 활동가 역량 강화 방안연구」, 모심과살림연구소 참고.

- 활동가협의회^{연합회, 서울, 성남용인 등}

  조직활동가, 매장활동가, 주문상담활동가 등으로 구성
  * 조직활동가: 조합원 조직 및 소통 지원^{소모임, 각종 위원회, 행사 등}
  * 매장활동가 매장 관리·계산·물품 관리 등을 담당
  * 주문상담활동가: 조합원 물품상담^{Customer Service}

활동가는 협동조합에 적극적으로 참여하는 조합원이자 임금을 받는 노동자라는 복합적인 성격을 갖고 있다. 즉 고용구조에 속한 조합원이다. 한살림에서는 '조합원노동'과 '조합원활동'^{이사회·대의원활동 등}이라는 용어를 사용하여 조합원의 참여을 구분하는데, 이는 일본생협 그린코프의 영향을 받은 것으로 보인다. 그린코프에서 오랫동안 실무책임을 맡은 유키오카는 『유연한 생협으로의 도전^{しなやかな生協への挑戦}』를 통해 '조합원활동과 조합원노동 그리고 실무자노동의 관계'를 설명한다. 한살림에서는 이 글에서 활용한 개념을 번역하여 조직에 적용한 것으로 추정된다.

활동가와 실무자의 노동조건은 어떻게 다를까? 활동가는 실무자에 비해 계약된 노동시간이 짧고^{약 4~8시간}, 직급과 복지 체계도 미비하며 임금도 낮다. 노동의 성격이 있음에도 불구하고 활동 영역으로 분류되어 있기 때문이다. 한살림에서는 2005년부터 노동의 이중구조를 인식하고 이에 대한 고착화를 우려[4]했지만, 15년이 지난 현재도 노동의 이중구조화는 진행 중이다.

조합원노동이 조직에 포함되면서 한살림 노동의 복잡성은 한층 높아졌다. 실무자는 활동가를 어떤 호칭으로 불러야 할지, 어떤 관계성을 갖는지 충분히 이해하지 못한 채 현장에서 부딪힌다. 임금을 받지 않고 '활동하는 조합원'과 임금을 받고 '노동하는 조합원' 사이에서는 활동비와 조합에 대한 이해 등의 차이로 갈등이 일어나기도 한다. 일부 활동가는 자신들의 위치가 '조직 내에서 가장 낮다'고 인식하기도

4-한살림, 2005, 「한살림운동과 조합원노동의 이해」, 30면.

한다. 즉 갈등이 필연적으로 일어날 수밖에 없는 구조인 것이다.

한살림의 초기 구상에 영향을 준 「생명의 세계관 확립과 협동적 생존의 확장(1981년)」에서는 '새로운 노동운동의 시작'이 필요하다고 언급한다. 동시에 1970년대에 진행된 노동조합운동을 비판적으로 바라본다. 전통적인 노동조합운동을 넘어 지역의 민중, 노동자, 부녀자, 영세상인, 다른 계층을 아우르는 총체적인 생존을 위한 생명운동을 전개해야 한다는 의미이다. 생명의 확장을 위해서는 기본적인 노동권이 보장되어야 한다. 한살림에서는 일반적인 노사 관계를 넘어 보다 자율적인 노동에 대한 고민으로 자주관리매장, 워커즈 등을 시도한 사례도 있다. 하지만 지금까지 활성화되지 못하고 있다. 무엇보다 한살림의 생명운동은 자연뿐 아니라 인간 소외를 극복하기 위한 운동이라는 것을 다시 한번 상기할 필요가 있다.

아이쿱생협은 한살림과는 다른 경로를 밟고 있다. 아이쿱생협은 2010년을 기점으로 실무자노동과 조합원활동을 분리하였다. 물론 현재도 조합원들은 활동에 참여하면서 노동이라고 느끼는 부분이 있지만, 한살림과 비교했을 때 상대적으로 그 갈등을 줄일 수 있는 인정·보상 체계(교육·마일리지·장학금 등)가 마련되어 있다. 특히 조합원 이사코스를 개설하여 체계적인 교육을 제공하고, 대학과 연계하여 협동조합 전문가를 양성하는 부분도 주목할 만하다.

또한 협동조합에서 일하는 직원의 주체성 향상과 구조에 대한 고민을 2012년부터 시작한 것으로 보인다. 아이쿱생협은 협동조합 내에서 조합원과 활동가의 책임 강화와 참여 수준의 제고를 위한 정책이 다각적으로 설계되고 추진되는 반면, 직원의 노동과 역할에 대해서는 비교적 논의와 실천이 더딘 편이라는 점을 인지하였다. 이에 직원노동의 지속가능성을 논의했다. 그 과정에서 생협에서 일하는 직원은 단순히 고용된 임금노동자가 아니라 협동조합의 책임 있는 주인으로 참여하게 할 방안이 모색되었다.[5]

5-김대훈, 2012, 「협동조합기본법 시대를 앞두고 노동자협동조합을 생각한다」, 『생협평

현재 아이쿱생협과 자회사, 활동조직 등은 직원이 출자하여 일터를 직접 소유하고 경영하는 노동자협동조합으로 전환 중이다. 아이쿱생협 내 대표적인 사례는 사무행정협동조합과 세이프넷지원센터이다. 사무행정협동조합은 생협의 조합원 관리, 회계, 법인운영 등과 관련된 업무만을 전문적으로 담당하는 조직이다. 지역생협 100여 개를 운영해도 기본적인 조합 관리 업무는 동일하다. 그렇기 때문에 이를 권역별로 설치하여 통합적으로 관리하고 사무행정의 전문성을 키우는 편이 효율적이라고 결론 내렸다.

2019년 기준, 사무행정협동조합은 세 개 권역, 총 12개 사무소에 84명의 직원이 일하고 있다. 사무행정협동조합은 사회적협동조합 형태로 설립되었지만, 직원이 출자뿐 아니라 운영을 책임지는 노동자협동조합인 동시에 아이쿱생협에 참여하는 다중이해관계자 협동조합이기도 하다.

2020년 7월, 아이쿱생협은 세이프넷 협동기업협의회 기업의 최저시급을 1만원으로 실행했다고 발표하였다. 세이프넷은 아이쿱생협 전국 240여 개 자연드림 매장직원, 파머스쿱 생산자협동조합 등 12개 법인직원, 세이프넷협동기업협의회 구례 28개 공방·물류 관련 쿱로지스틱스, 자연드림파크 내 직원 등을 포괄한 법인 네트워크를 지칭한다. 2020년 법정 최저임금은 8,590원이지만 아이쿱생협의 관계 법인은 2014년부터 생활임금을 지향하며 매년 25% 내외 임금을 인상했다. 아이쿱생협연합회는 소비자-생산자의 고전적인 생협 연대뿐 아니라 "노동자에게 질 좋은 일자리를 제공하는 것이 협동조합, 사회적경제가 위기 상황에 자임해야 할 중요한 역할"[6]임을 강조했다.

론』 8호, 118~119면.
[6] 아이쿱생협 홈페이지 '세이프넷 2020년 최저시급 1만원 실현' (2020.7.24.게시)

일본 생협과 '일과 생활의 균형'

일본 생협은 어떤 상황일까. 일본 생협은 1968년 9월, 82개 단위노조에 가입된 6,000여 명이 전국생협노동조합연합회를 설립했다. 2017년 기준, 142개 단위노조의 약 64,000여 명이 노조연합회에 가입되어 있다. 전국생협노동조합연합회에서는 생협에서 일하는 정규직원, 파트타임, 아르바이트 등 노동자의 권리 실현과 생협의 민주주의 강화라는 문제를 지속적으로 제기하고 있다.

일본에서는 생협 내에 노동조합이 설립되는 문제를 둘러싸고 여러 논의가 거듭된 것으로 보인다. 전국생협노동조합연합회가 설립되었음에도 불구하고 한 측에서는 '생협이라는 곳은 노동자와 국민의 삶과 권리, 그리고 평화를 위한 조직이기에 직원의 역할은 생협운동을 발전시키는 것이다'라는 논리를 강조했다. 즉 이들은 생협 내에 노동조합은 필요하지 않다는 '노동조합 무용론·불필요론'을 제기한 것이다. 그럼에도 불구하고 생협노동자연합회는 ILO가 제안한 인간다운 일을 수행하는 일터를 만들기 위해 애쓰고 있다.

생협노동조합연합회에서는 2007년에 '일터로써 생협의 개혁'이라는 주제로 직원들이 활기차게 일할 수 있는 환경을 고민했다. 생협이라는 일터가 다른 기업과 차별성이나 우위성을 가지지 못하고 생협의 가치 자체가 희미해지는 것에 대한 문제, 생협의 가치와 노동 현장의 상이함에 실망하여 퇴직하는 사례 등을 주목하고 있다. 즉 현재 생협이 과거의 성공을 되풀하는 것 외에 일터에서는 그 가치가 연결되지 못하는 점을 일찍부터 인지하고 있었다. 즉 "생협과 생협의 노동자는 조합원의 기대에 부응하려고 노력해왔으며, 그 일 자체는 훌륭한 역사이다. 하지만 이를 금과옥조처럼 여기고 노동 현장과 노동자를 외면한 지 오래되었다."라고 지적한다.[7]

전국생협노동조합연합회는 이와 같은 문제를 거듭 제기하며 일본생

---

[7] -「今後の生協と生協労働組合運動への提言」(2007). wacooplu.jp, www.cwu.jp

협연합회에 꾸준히 목소리를 냈다. 가장 최근 자료인 제7차 중기계획 2015~2017년을 살펴보면 다음과 같다.

전국생협노동조합연합회 제7차 중기계획 요약

1. 평화세계의 실현
   · 헌법 개악 저지를 위한 풀뿌리 활동, 핵무기 근절 노력
2. 공정한 사회의 실현
   · 빈곤과 차별 없는 인권 사회의 실현
   · 최저임금의 전국 실현, 노동법 개악 불허
   · 세금 및 사회보장 개악 투쟁
   · 농업을 지키는 노력
   · 재해 피해지역 지원
   · 지속가능한 생태를 위한 노력
3. 균등 대우의 실현
   · 최저생계비를 보장할 수 있는 임금체계 마련
      시간당 임금 1,500엔, 월수입 23만 엔, 연봉 300만 엔
      목표 및 동일가치 노동임금을 원칙으로 한 임금·인사제도,
      워킹푸어 없애기 캠페인 등
   · 고용 형태와 무관한 임금·노동 조건의 균등화
   · 임금체계 개선 및 재검토
4. 일과 생활이 균형을 이루는 일터 만들기
   · 장시간 과로 해소, 노동시간 단축
   · 모성보호 권리 확충
   · 산재 사고 제로
5. 생협의 사회적 역할 수행을 위한 민주적 노사관계 실현
   · '사람을 소중히 여기는 경영'을 목표로 생협 경영과 신뢰성

향상 등
6. 노동조합의 확대 및 사회적 역할 발휘
　· 조합원 10만 목표
　· 비정규직 노동자의 조직화 운동

일본은 한국과 달리 생협 전반을 아우르는 일본생협연합회가 있기 때문에 노동 문제를 보다 폭넓은 시각으로 바라보고 미래를 대비하고 있다. 생협의 노동 문제는 각 지역생협에서 관리하지만, 전국연합회에서 '일과 생활의 균형'이라는 관점으로 노동자의 근무 환경, 경제적 여건 등 앞으로의 과제를 모색하고 있다. 일본생협총합연구소[이하 생협연구소]에서는 2017년부터 '일과 생활의 균형연구회[이하 연구회]'를 만들어 '지역사회에서 생협의 역할, 고용 환경의 변화와 생협의 대응, 젊은 세대의 연구'라는 세 가지 주제를 다뤘다. 이는 생협의 제8차 중기계획[2017~2019년]에서 중점적으로 다뤄진 주제였다.

생협연구소에서는 인구 감소와 노동력 부족이 일반 기업뿐 아니라 생협에도 영향을 미치고 있다는 점을 인지하고 연구를 진행하고 있다. 일본의 경우 2000년 전에는 정규직 중심의 종신고용이 당연시 되었지만, 그 이후부터는 비정규직[파견사원] 등 비중이 높아지고 있다. 최근에는 구인난이 높아지는 추세로, 기업에서는 적합한 인재를 확보하는데 어려움을 겪고 있다. 생협도 이러한 사회 변화를 비켜갈 수 없기에 생협연구소에서는 중장기적인 관점으로 인재 확보와 일자리 변화를 연구하고 있다.

사회 변화는 지역생협 현장에서 여실히 나타나고 있다. 대표적인 사례가 인력 확보의 어려움이다. 지역생협에서는 '사람을 찾기 어렵다', '일상 업무를 유지하기 힘들다' 등 만성적인 일손 부족이 계속되고 있다. 2019년 일본생협연합회 조사에 따르면 공급사업 영역에서 전국 생협의 인력 부족은 약 400명으로 추산된다. 이는 파트타임까지 포함하여 환산하면 약 1,200명의 인력이 부족하다는 뜻이다. 이러한 상황을 대비하기 위해 몇몇 지역생협에서는 정년을 늘리는 안을 검토 중이다.

또한 일본에서는 신입사원의 3년 내 퇴사율이 약 30%에 달한다. 일본생협도 비슷한 비율로 신입직원이 그만두고 있다. 즉 신입직원의 충성도가 하락하는 동시에 고용 지속성이 떨어지고 있는 것이다. 생협에서는 매장의 고용 안정과 직원^{신입·경력자 포함} 확보가 경영의 중요한 과제로 대두되고 있다. 이에 연구소 및 연합회에서는 지역생협에서 일하는 직원들의 노동 현황을 파악하고, 생협에서 일하는 것이 '일과 가정의 양립'과 '일과 생활의 균형'을 어떻게 만들 수 있을지에 대한 연구를 시작했다.

2017년 4월, 일본생협연합회에서는 2020년 비전-2기 중기계획의 '인재의 확보와 육성' 진행을 위해 전국생협인재양성지원센터를 설립했다. 이 센터에서는 차세대 인재 육성과 관련된 정보를 전국 회원생협에 전달하고, 2019년에는 전국 67개 생협의 노무 실태조사를 진행했다.[8] 실태조사에서는 연구소에서 인식하고 있는 문제가 보다 구체적으로 드러났다. 조사결과에 따르면 전국 생협의 직원수는 12만 1057명이며, 10년 전과 비교했을 때 비정규직, 파트타임 직원이 줄고 정규직이 증가하는 양상을 보이지만 30대 직원의 수가 감소하고 있었다. 정규직원은 남녀 모두 45~49세가 가장 많은 비중을 차지하고 있었지만 35~39세 직원은 점점 감소하는 추세를 보였다. 이 조사를 담당한 콘도^{近藤麻子} 센터장은 "30대 중반인 이 세대는 10년 후에 관리직의 중심이 되는 층인데, 이 세대가 줄어들고 있다는 점이 큰 과제라고 할 수 있다"라고 문제를 지적했다.

신입직원의 퇴사율도 주목할 부분이다. 2018년, 입사 후 1년 이내 퇴사한 직원은 11%이며 3년 이하 근무자는 20%가 퇴사했다. 이는

---

8 - 조사결과와 관련해서는 近藤麻子, 「全国の生協の未来を担う人材の確保·定着·育成に向けた取り組みの全体動向と日本生協連全国生協·人づくり支援センターについて」, 『生活協同組合研究』 2020年 1月号 Vol.528, pp.51~57 참고.

후생노동성이 집계한 젊은 세대의 퇴사율보다는 낮다. 하지만 일본생협에서는 3년 이내에 퇴사하는 직원 비율을 낮추는 문제를 심각하게 고민해야 함을 인지하고 있다.[9] 이 문제는 젊은 직원의 일터 만족도와 연관된다. 조사에 따르면 대학 졸업 후 입사한 25~29세의 경우 평균 3~5년 동안 생협에서 근무했는데, 이들의 업무 만족도가 가장 낮았다. 특히 매장과 배송 등 사업 현장에서 일하는 직원들의 만족도가 특히 낮은 것으로 파악되었다.

더욱 심각하게 볼 부분은 젊은 직원들이 자신의 친구나 지인에게 "일터로써 생협을 추천하지 않겠다"고 응답한 점이다. 젊은 직원들은 "주변 사람들에게 생협에서 일할 것을 추천할 것인가"라는 질문에 단 4%만 권하겠다고 대답했다. 추천하지 않는 이유는 '같은 일을 반복하기 때문에 성장하는 것을 실감할 수 없다', '장래 직업에 대한 전망이 없다'였다. 즉 자기 성장과 전망의 불투명성은 '퇴직 리스크'를 높일 뿐 아니라 지속가능한 생협 경영을 위해서도 큰 걸림돌이다.

긍정적인 부분은 생협 내부에서 장시간 노동을 줄이기 위해 회의 횟수와 회의 시간 단축, 관련 업무와 효율성을 높이는 노력을 하고 있다는 점이다. 또한 일본생협에서는 남성 직원의 비중이 높았으나 점점 여성 정규직 비율도 증가하고 있다. 더불어 소수자를 위한 교육 및 시설(다목적 화장실 등), 이력서에 성별 표기 삭제 등 '사회다양성'을 위한 노력을 기울이고 있다.

9-일본생협연합회의 상황은 지역생협보다 다소 나아보인다. 일본생협연합회의 2018년 3월 데이터를 보면, 입사 3년 이내 직원의 이직률은 1.8%로 낮다. 2017~2019년 54명 기준, 유급휴가 사용률은 81%, 육아휴직 사용률은 남성의 경우 20.5%로 낮으나 여성은 100% 사용하고 있다. 또한 육아휴직 후 여성직원전원이 복직하고 있다. 다만 전체 직원 중 여성의 비중이 23%이며 여성 임원도 13%로 낮은 비중을 차지한다. 일본생협연합회는 복리후생으로 사회보험, 직원공제, 정기건강검진(연 2회), 주택대출, 주택자금대출, 도쿄 및 가나가와 지역 기숙사, 출산휴가(8주, 쌍둥이의 경우 14주), 육아 관련 노동시간 단축, 육아휴직(1년 반), 간호휴직 등이 갖춰져 있다.

직원 성장을 위해 협동조합은 무엇을 하고 있나

소비자협동조합의 노동 문제는 아직 다각도로 탐구되지 않았다. 생협 노동자의 상황을 표면적으로 살펴보면서 드는 근본적인 질문은 '협동조합은 직원 성장을 위해서 노력하고 있는가'이다. 임금, 복지 등 노동자에 대한 처우 개선 외에 '협동조합인'으로 성장하는 과정에 생협은, 생협의 주체인 조합원들은 관심을 기울이고 있을까?

한국 협동조합 역사를 살펴보면 교육에 가장 많은 관심을 갖고 참여한 곳은 신용협동조합이다. 신협은 1960년 설립 당시부터 교육을 가장 중시했다. 당시 신협 교육은 조합원을 향하고 있었다. 부산에서 시작된 협동조합교도봉사회는 지도자강습회와 조합원 교육 등을 필수로 진행했다. 이를 통해 협동조합의 기본적인 이념과 운영방법 등을 전국에 확산시킬 수 있었고, 2년이라는 짧은 기간 동안 전국에 협동조합운동의 씨앗을 뿌렸다.

이후 서울로 이전하여 협동교육연구원으로 명칭을 변경하고, 협동조합운동의 확산을 위한 교육기관으로 기능하였다. 협동교육연구원은 마포구 동교동에 자리 잡고 1972년까지 1,961명에게 교육을 진행하였다. 당시 교육은 단발성 강의가 아니었기 때문에 참여자는 2주에서 5주 가량 연구원에 머물러야 했다. 즉 '시간들임'이 필수였다. 교육에 참여하는 사람들이 노동자가 아닌 조합원, 혹은 일반인이라는 점을 감안한다면 수강생에게도 시간적 할애를 요구한 것이다. 동시에 협동교육연구원에서 한 달 이상의 숙박 강의를 진행할 수 있을 만큼 내용과 진행자[10], 시설(총 130명을 수용할 수 있는 강의실 3개, 25명 수용 가능한 기숙사 및 식당) 등이 준비되어 있다는 점도 눈여겨볼 만한 대

10-1967년 당시, 협동교육연구원의 직원은 13명이었다. 원장(박희섭, 성인교육·협동조합 전공), 부원장(박성호, 사회교육 전공), 국제조정관(메리 코넬 수녀, 사회학 전공), 교도부장(박용덕, 지역사회개발 전공), 조사부장(송보경, 사회학 전공), 총무과장(최병주, 법률 전공), 교도원(김종기, 임업 전공), 대리(황정숙, 비서·타자 담당), 기사(박헌, 김재일, 홍우신으로 운전·설비 담당), 관리책임자(정영태, 경비·시설 담당), 그 외(김남성, 세탁·주방 담당) 참고. 신협중앙회, 2017, 『신용협동조합 교육사』, 34면.

목이다. 진행된 교육내용과 교육과목은 다음과 같다.

1. 협동조합론: 역사, 원리, 원칙, 철학 등
2. 협동조합조직관리론: 조직운영, 관리, 부기, 감사, 교육계획
3. 세계협동조합비교연구: 한국, 이스라엘, 북미, 유럽, 아시아, 아프리카, 남미
4. 지도자론: 원리, 자격, 기술, 효과적인 의사전달법, 아이디어 개발법
5. 지역사회개발론: 원리와 방법
6. 그 외: 회의진행법, 분단토론법, 기초경제학, 기초사회학, 청소년 운동, 소비자보호, 일선조합견학, 기타 교양과목 및 오락

협동교육연구원을 시작할 때에는 졸업생이 27명에 불과했지만, 1970년에는 졸업생이 438명에 이를 만큼 전국에서 많은 사람들이 협동조합 교육을 받았다. 이 교육을 받은 단위조합 임원 및 조합원은 지역으로 돌아가서 강사가 되었다.

이후 교육은 ①직원 공통 지도자교육, ②임원과정-이사장, 신임이사장, 중임이사장, 상임이사장, 이사장리더십 및 조직관리, 이사 교육, 감사 교육, ③직원 과정-협동조합 실천가 양성과정, 실무책임자 교육, 간부·관리직원 코칭, 간부직원 소양교육, 목표에 의한 관리과정^{MBO}, 경영분석과정, 지점장 역량강화교육, 중급직원 교육, 여신 교육, 세무반, 채권 관리, 여신심사역 교육, 금융마케팅 교육, 리스크 관리, 전산, 공제, 홍보 등으로 세분화되었다.

신협의 조합원 중심 교육은 점점 직무교육으로 축소되었다. 신협이 규모화하는 과정에서, 그리고 1989년 신협법 개정 시 경영에 보다 초점을 맞추게 되면서 형식적인 직원교육, 즉 직무교육으로 재편된다. 신협중앙회 설립과 대전 연수원 건립 등 신협의 규모화와 확장에 발맞춰 시설적인 부분이 채워지고, 직원교육도 진행되었지만 1991년에

신협 직원 교육과 관련하여 신협회보[1991.7]에서는 '교육의 체계성과 지속의 부족, 참여식 교육의 어려움, 교육평가와 성과 측정의 어려움, 인간자원의 인식 부족' 등을 지적한다. 아이러니하게도 이 지적은 20년이 지난 지금도 여전히 해결되지 않는 문제라고 볼 수 있다.

  생협의 직원교육은 어떻게 진행되고 있을까? 한살림의 경우 2015년 연수원이 설치되었지만, 직원교육보다는 마음살림이라는 생활수양 프로그램이 중심이다. 마음살림 프로그램은 몸·마음살림 연습, 몸마음정화식, 자연과 하나되기, 마음닦기, 살림행공, 참뜻찾기 연습, 모심과정으로 총 7개 프로그램으로 구성되어 있다. 반면 실무적인 분야를 주로 담당하는 '살림꾼 과정'은 입문과정-신입실무자, 신입활동가, 신임이사, 이사 심화과정, 공통역량과정-갈등관리, 민주적 의사결정 퍼실리테이션, 협동조합, 팀학습과정-실무책임자 문제해결역량 향상과정, 활동역량 강화과정, 해외 기획연수 등이다. 이중 실무자, 활동가가 필수로 참여해야 할 교육 과정은 없다. 자율적인 판단에 맡기는, 긍정적인 의미로 말하면 강제성이 없다. 또한 이 과정을 담당하는 인력도 충분하지 않다. 자율적으로 참여를 독려하는 점은 긍정적으로 볼 수 있으나, 일하는 사람의 입장에서는 아쉬운 부분이 크다. 나의 역량은 스스로 부지런해야 키울 수 있는 것이고, 조합의 지원은 '역량개발비' 등이다. 부지런한 직원들은 외부기관에서 교육을 듣기도 하고, 코칭교육 등을 별도로 받기도 한다. 하지만 생협의 역사와 규모, 예산 등을 감안하면, 일하는 직원의 기본 직무역량 향상 및 교육에 대한 관심은 다소 소홀한 것이 아닐까 생각한다.

  아이쿱생협은 세이프넷지원센터 교육팀에서 조합원과 직원 교육을 담당하고 있다. 또한 2017년부터 세이프넷[아이쿱생협]의 차세대 경영리더십을 구축하기 위한 목적으로 직원경영아카데미가 진행되고 있다. 직원경영아카데미는 아이쿱의 20년 경영을 돌아보고, 새로운 20년을 향한 경험을 바탕으로 성장기 직원의 경영 역량을 개발하는 교육이다. 이를 통해 변화하는 사업 환경에 적극 대응할 수 있는 리더십을 키우고자 한다. 4개월간 진행되는 아카데미는 조직과 정책에 대한 구체적으로 파악하는 경영자 양성과정이기도 하다. 아이쿱생협을 이끌어온 CEO를 중심으로 대화식 수업으로 진행하며 지금까지 총 160여 명이 거쳐 갔다.

일본 생협의 필수 통신교육 프로그램

과정	대상	기간	내용
입문 과정	신입, 내정자	1개월	1. 생협의 기초지식 2. 직장에서의 규칙과 매너
초급 코스	3년 미만, 조합원리더	3개월	1. 생협의 가치와 역할 2. 지역생협의 사업 3. 생협 상품(코프, 산직, 안전)
현장 계수 기초 과정	입사 2~5년차	2개월	1. 기초계수^{計數} 이해·상품관리 2. 현장 계수^{計數}의 활용
중급 코스	입사 2~5년차	3개월	1. 직장 운영과 경영 2. 구매사업의 업무 관리 3. 생협의 사회적 책임
경영 기본	초급관리자	3개월	1. 경영의 기초 2. 경영의 요건 3. 경영 대응력
경영 관리 기초	5~10년차 중견직원	3개월	1. 채산^{採算}에 대한 고려 2. 생협 전체 상황에 대한 고려 3. 경영에 대한 고려
식품 위생	관련 담당자	3개월	식품위생, 관리 시스템
노무 관리	입사 5년 이상 전원	2개월	사회 변화, 괴롭힘·성희롱 및 노무관리
이사 감사	임원	2개월	1. 거버너스와 이사.감사 역할 2. 생협의 회계 등

일본 생협의 경우 일본생협연합회가 기본적인 교육 프로그램을 마련하여 회원생협에게 제공하고 있다. J2[1~2년차], J3[3~4년차], L1[5년차~], L2[임원급] 등으로 분류하여 연차에 따른 인사·교육이 마련되어 있다. 회원생협은 각 조직별로 인사·노무에 관한 별도 규정이 마련되어 있고, 각 회원생협의 역사와 철학 등을 별도로 교육에 포함해서 진행하지만 기본적인 내용은 생협연합회에서 제공하는 프로그램[통신·온라인교육]을 이수하는 방향으로 교육이 이뤄진다.

이 외에 일본생협연합회에 국한하여 직원지원 프로그램을 간략히 살펴보자. 일본생협연합회에서는 자기신고제도를 운영하고 있다. 각 직원이 자신의 업무에 대한 미래 계획과 현재 상황, 하고 싶은 업무 등을 조직에 공유하는 것이다. 조직에서는 이를 인사 이동의 기초자료로 활용한다. 32세와 38세 직원에게는 현재 경력에 대한 방향성과 진로의 장단점을 분석하여 중장기 진로에 참고할 수 있는 프로그램을 제공하고 있다.

일본생협연합회는 남성 직원의 비중이 높기 때문에 여성 직원을 위한 지속가능한 일터 프로그램으로 여자 선후배의 정기 멘토링 등을 제공 중이다. 이 외에 회원생협·해외기관·정부부처 파견을 요청할 수 있는 도전제도[연 1회], 육아교류회, 경영진학습회 등을 진행 중이다.

협동조합의 피고용인, 노동자의 중요성

레이들로는 『21세기의 협동조합』 제4장 '협동조합의 문제점과 취약점'에서 협동조합 사업의 심각한 약점 중 하나로 고용주와 피고용인 사이의 관계를 꼽는다. 그는 일반 기업과 협동조합의 노사관계는 크게 다르지 않다고 말한다. 레이들로 박사는 대다수 협동조합은 전통적인 고용인이 되어보려는 노력 이상을 기울이지 않는다고 지적하며 "협동조합 조직과 직원 간에 새로운 관계 정립을 하기 위해 노력해야 한다"고 언급한다. 그는 협동조합의 피고용인, 즉 직원에게 협동조합은 조합원처럼 잠깐 머무르는 공간이 아닌, 하루에 8시간 일하는 '생계와 안전에 중요한 공간'임을 강조한다.

그는 조합원이 협동조합을 이용하거나 방문할 때 접하는 건 대개 직급이 낮은 직원이기 때문에 직원은 조합원에게 조합의 인상을 결정 짓게 하는 중요한 존재라는 점을 지적하고 있다. 그는 협동조합에 노동조합이 결성되면 조합원 임원과 경영진은 이를 직원만을 위한 조직으로 인식하기 보다 '직원과 좋은 관계를 유지하기 위해 필요한 최소한의 기구'라는 점을 인지해야 함을 강조한다. 또한 협동조합의 직원은 일반기업과 달리 '좋은 동반자', '동료$^{Co\text{-}Worker}$'로 인정해야 함을 강조한다.

협동조합은 '공통의 경제적·사회적·문화적 필요와 열망을 충족시키고자 하는 사람들이 자발적으로 결성한 자율적인 결사체$^{Autonomous\ Association}$'이다. 사람들이 자발적으로 결성한 조직이기 때문에 그 주체는 결성에 참여한 구성원, 즉 조합원이다. 조합원의 필요에 의해 만들어졌기에 협동조합은 조합원의 열망을 실현하는데 도움이 되는 일을 수행해야 한다. 생산자협동조합이나 노동자협동조합은 조합원 멤버십 구성과 이익 공유, 역할 부여의 측면에서 소비자협동조합이나 신용협동조합과는 보다 가까운 거리에 있다고 볼 수 있다. 이 글에서는 논지의 명확성을 위해 이용자협동조합의 대표적인 사례인 소비자생활협동조합으로 대상을 좁혀서 좋은 일자리와 노동자의 위치를 간략히 살펴보았다.

생협은 그동안 여러 문제에 부딪혔고, 앞으로도 그럴 것이다. 코로나19라는 사회 위기 속에서 생협은 매출 증대라는 기회를 맞았다. 잉여금을 어떻게 사용할 것인가를 논의할 때 사업 확장-물품개발, 가격 인하 등-과 직원 포상금 제공이 안건으로 제안되면, 조합원은 어느 쪽을 더 많이 지지할까?

만약 생협에서 일하는 직원 또는 활동가가 노동조합을 만든다면, 조합원과 이사회는 어떻게 반응할까? 노동조합에서 제안한 의견을 논의하는 단위는 당연히 이사회여야 하지만, 이 중간에 위치한 실무책임자 단위는 노동조합과 어떤 관계를 맺어야 하는 걸까. 첨예한 문제에 직면하면 생협 이사회가 명문화된 역할 외에 구성원의 신뢰를 받는 최종 의사결정 조직으로 제대로 작동하고 있는지 드러날 것이다. 즉 노동자들이 이사회를 신임하고 있는지 알 수 있다.

더 나아간다면 '한국 협동조합에서 노동조합이 만들어지는 건 부자연스러운 일일까? 협동조합 노동자들은 어떤 권리와 의무를 가져야할까?' 등의 문제가 깊이 있게 논의될 필요가 있다. 그럼에도 불구하고 현장에서 진행되고 있는 문제에 대해 정리된 글을 찾기는 쉽지 않다. 그 이유가 무엇인지 탐구할 뿐 아니라 현장에서 일어나고 있는 문제를 하나하나씩 꺼내어 서로 합의를 찾아가는 과정이 필요하다.

생협에서 일하는 것은 한국의 경우 유기농업의 확산과 소농의 지원, 그리고 건강한 먹거리 운동에 참여한다는 점에서 그 자체로 가치있는 노동이다. 동시에 또래 친구들보다 낮은 임금과 이직의 어려움을 감당한 진로 선택이기도 하다. 이러한 일터에서 일하는 직원들에게 협동조합은 무엇을 제공해야 할까. 임금 인상이나 휴가일수 조정 외에 보다 노동자가 행복한 일터를 만들기 위해 더욱 본격적인 고민을 시작해야 하지 않을까.

지금, 여기의 생협 활동가

신효진

생협 활동가는 누구인가?

협동조합의 내일을 그리는 과정에는 각 협동조합이 놓여 있는 상황과 맥락에 따라 여러 이슈가 고려될 것이다. 그 여러 이슈 중 '조합원 참여'를 둘러싼 논의는 빠지지 않으리라 생각한다. 협동조합과 조합원의 관계는 당연하게 여겨지기에 소홀해질 수 있지만, 협동조합의 생애주기 단계마다 조합원의 참여는 새롭게 정의되고 해석되고 다뤄질 필요가 있다. 협동조합과 조합원의 관계는 고정되어 있지 않고 끊임없이 변화하기 때문이다.

 협동조합을, 생협을 공부하며 생협과 관련된 여느 행사들에 발도장을 찍었다. 생협 활동가의 대부분은 여성인데 이들이 가득 채운 플로어의 열기가 마냥 좋았다. 생협과 관련된 어느 곳에나 활동가들이 있었다. 대체 왜 이렇게까지 열심인지 의문이 들었다. 참여의 강도나 맡은 역할의 차이는 있으나 활동가가 없는 생협의 모습이 잘 그려지지 않았다. 그렇게 '생협'이란 말이 입에 붙기 시작하면서 자연스럽게 생협의 '활동가'에 대한 관심을 가졌다. 생협과 조합원 활동가 사이의 역동성에 물음이 생겼다.

활동가는 누구인가? 일반적으로 활동가는 시민사회 영역에서, 혹은 노동의 영역에서 인지한 문제를 해결하기 위해 기획을 하고, 다양한 도구로 이를 사회에 알리고 변화를 실천하는 당사자로 이해된다. 활동가를 직업으로 삼고 일을 하는 사람도 있고, 자신의 정체성 중 하나로 활동가를 선택하는 이들도 있다. 생협의 활동가는 어떨까? 수십만 명의 생협 조합원 중 특히 생협과 긴밀한 관계를 맺고 자신을 활동가로 호명하는 조합원들이 있다.

조합원 활동가는 생협 이용을 위해 생협에 가입한 일반 조합원이었지만 이용 과정에서 점차 생협 조직을 알아가고, 내부의 다양한 활동에 참여하면서 즐거움과 보람을, 한편으로는 잠재되어 있던 자신의 필요와 욕구를 발견하게 된 이들이며,[1] 생협의 충성스러운 소비자로 생협의 철학에 동의하고, 생협 활동에 적극적으로 참여하는 생협의 핵심 소비자이기도 하다.[2]

4곳의 생협연합회 두레생협연합회·아이쿱생협연합회·한살림소비자생협연합회·행복중심생협연합회 중 조합원 활동가의 활동이 상대적으로 두드러지는 두 곳의 조합원 활동가에 관한 정의를 살펴보았다. 아이쿱생협에서는 활동가를 '조합의 목적을 달성하기 위해 자발적으로 시간과 에너지, 지혜를 내어 적극적으로 조합 활동에 참여하고 주도하는 조합원'이라고 정의한다.[3] 한살림의 경우 명확한 조합원 활동가에 대한 정의를 찾기 어려웠는데, 조합원활동과 노동이라는 개념 정의에서 활동가를 명명하고 있었다. 조합원활동은 '생협을 매개로 생활영역에서 자발성을 바탕으로 펼쳐지는 생명활동들'로 정의되며, 조합원노동은 '조합원과 조합원활동을 지원하고 돕는 것을 주요 역할'로 이해된다.[4] 자발적인 조합원활동에 참

---

[1] 이현진. 2015, 「지역생협 복지운동 사례연구-서울 울림두레생협을 중심으로」, 원광대학교 석사학위논문.
[2] 허미영. 2008, 「생협의 대안적 소비문화의 성격과 그 함의-여성민우회생협을 중심으로」 『농촌사회』18(2), 7~36면.
[3] 아이쿱협동조합연구소, 2016, 「한국생활협동조합운동의 역사와 특징」, 『iCOOP 생협 2016년 입문 협동조합』, 알마.

여할 때는 자원활동가로, 조합원노동의 경우 상근 유상활동으로 구분되어 매장활동가, 조직활동가로 불린다. 그러니까 한살림이 조합원 모임 활동을 지원하며 4대 보험을 받는 상근직원으로서의 조직활동가와 그렇게 구성된 모임에 참여하며 개별 위원회의 주체로 결합하는 자원활동가[활동조합원]로 활동가를 구분한다면, 아이쿱생협은 소액의 활동비를 받는 자원활동가들이 각 법인격을 갖춘 지역생협의 이사장, 이사로 참여하고 있다는 것이다. 이를 거칠게 구분하면 아래 표와 같다. 각 생협연합회마다 활동기에 대한 정의는 미묘한 차이를 보인다. 이는 소식의 정책, 거버넌스 등 복합적인 원인이 있을 터이다.

아이쿱생협과 한살림 활동가 참여 구조

구분		활동 참여			운영 참여	
		기획	실행	행정	지부 운영 위원회	이사회
한살림	조직활동가	•	•	•		
	자원활동가 (위원장, 지부장)	•	•		•	•
아이쿱 생협	자원활동가 (이사, 이사장)	•	•	•	해당 없음	•

이러한 배경에 따르면 누군가에게 활동가는 직업이고, 또 누군가에겐 자신이 추구하는 가치를 오롯이 담아낼 방법일 수 있다. 후자의 경우 자발적 참여라는 단어 뒤에 무급 자원봉사의 의미가 덧대어져 있기도 하다. 정의 내려졌지만, 여전히 어딘가 모호한 활동가의 상(像)은 그 자체로 생협에서 활동가의 위치를 보여주는 것은 아닐까. 이들은 생협의 성장 과정에 당연하게 생협의 주인으로 참여하였고, 활동과 노

4-한살림 노동에 대한 이해와 접근(모심과살림연구소, 2018).

동의 경계에 걸쳐진 활동, 혹은 일을 도맡았다. 부정할 수 없는 사실이다. 필요로 하고 존재하지만, 생협이 규모화되고 전문화될수록 활동가의 역할을 증명하고 규명하는 것은 활동가 자신의 몫이 된다. 그 존재가 너무도 당연해서 생협에서 활동가의 의미를 확인하고, 그 역할이 무엇인지 살펴보는 것은 불필요한 일이 된 것일까? 그래서 생협의 활동가를 들여다봐야겠다고 생각했다. 생협의 내일 속에 조합원 활동가와의 관계는 어떻게 설정될 것인지 물음이 생겼기 때문이다. 생협 활동가를 텍스트로 정의한 자료들을 살펴보기에 앞서 당사자들의 이야기를 먼저 듣고 싶었다.

일반 유통업체와 비교할 때 생협의 차별점은 조합원 활동가의 존재 그 자체에서 비롯된다는 개인적인 믿음은 지금, 현재 이 자리의 활동가는 누구인지 물음을 갖게 했다. 그 물음에 대한 답을 활동가들은 갖고 있으리란 확신, 그런 것이 있었다. 생협 활동가는 생협의 정체성을 체득하고 있을 뿐만 아니라 이를 활동 혹은 노동에 녹여내 일종의 프로그램을 만든다. 캠페인 활동, 교육 프로그램, 마을모임·위원회의 아이템 등 생협을 머리말 삼아 다양한 모양으로 활동이 써지고 있다. 이를 비용으로 환산한다면 얼마나 될까? 요즘 빈번하게 이야기되는 사회적 가치 Social Value까지 고려하지 않아도, 자본의 논리를 갖다 대어 활동가의 역할을 각각 마케터가 도맡는다면 말이다.

생협의 활동가는 일반 기업에서 탐내는 존재 그 자체다. 지역 곳곳에서 생협을 위해 자발적으로 참여하며 활동하다니! 큰 비용과 오랜 시간을 투입해서야 겨우 얻을 수 있는 충성도 높은 소비자가 생협에선 같은 소비자인 활동가가 발굴한다. 최근엔 생협 활동가들처럼 기업 활동에 적극적으로 참여하는 소비자 집단을 '소비자 커뮤니티'라 부르며 커뮤니티에 기반을 둔 기업 전략을 어떻게 효과적으로 전개할 수 있을지 고심하는 기업들이 여럿이다. 때론 커뮤니티 자체가 비즈니스 아이템이 되기도 한다. 물론 이러한 고민은 소비자가 아니라 기업의 몫이다. 생협의 경우는 어떠한지 묻지 않을 수 없다.

매장에서 또 온라인 플랫폼에서 조합원을 묶고 연결하는 시도에 여념 없는 조합원 활동가의 활동은 활동 이상으로 무불노동^{無拂勞動}, Free Labor으로 읽힌다. 생산과 소비, 일과 활동 사이의 구분이 점차 흐릿해지는 사회의 변화 속에서 생협 활동가 각자의 자발적 참여에 바탕을 둔 활동은 새로운 가치와 문화적, 정동적 노동의 실험이지 않냐는 거창한 의미 부여를 할 수도 있다. 하지만 그에 앞서 이러한 구조가 앞으로도 계속될 수 있을까 걱정이 되기도 한다.

요 몇 년 사이 새로운 활동가들의 참여가 줄어들고 있다는 우려의 소리를 종종 들었다. 여성의 사회 참여가 활발해지고 1~2인 가구를 중심으로 삶의 구조가 변화해가는 등 사회 변화의 흐름 속에 마주하게 되는 당연한 현실이라 할 수 있다. 여기에 더해 생협이 가진 어떤 특징이 활동가 유입의 정체를 가져왔을지 모른다. 서로 어울리며 공통의 가치를 만들어가는 사람들이 줄었다고 말하지만, 여전히 자신의 관심사를 중심으로 모여 판을 짜고 그 커뮤니티에 아낌없이 자신의 것을 내놓는 사람들이 존재한다.

사람들은 다양한 사람들을 만나 영감을, 도움을 주고받으며 그 안에서 성장할 수 있기를 원한다. 빠르게 개인화되는 시대를 살고 있지만, 우리가 여전히 관계의 본질로부터 기대하는 바는 크게 다르지 않은지 모른다. 생협과 조합원을 연결하는 중간 매개체로 역할을 하고 있는 조합원 활동가들이야말로 조합원의 변화와 생협의 변화를 직접 체감하며, 현재 상황을 자세히 짚고 있는 이들이라고 생각했다. 그래서 조합원 활동가들을 만나 이야기를 들어보았다. 앞으로 생협과 조합원 활동가를 그리기에 앞서 조합원 활동가의 정체성을 스스로 어떻게 정의하고 있는지, 또 활동이 갖는 의미는 무엇인지 그리고 조합원 활동가를 둘러싼 지형 변화를 어떻게 읽고 있는지 살펴보았다.[5]

---

[5] 본 원고에 담긴 활동가 인터뷰와 설문조사는 2019년 9월~10월 사이 학위논문을 위해 이루어진 작업에서 발췌하였다. 한살림서울의 조직활동가·자원활동가, 서울권역 아이쿱생협 이사장 및 이사를 대상자로 전체 작업이 진행됐다. 마을모임, 동아리 등 조합원 모임지기는 인터뷰하지 않았다.

생협 활동가의 정체성을 묻다

'조합의 목적을 달성하기 위해', '생협을 매개로 생활영역에서', '지원하고 돕는 것' 등 생협 조합원 활동가를 정의하려는 표현은 있지만, 그 정의가 어딘가 모호하다는 느낌을 받았다. 이 느낌적인 느낌의 이유는 생협에서 조합원 활동가의 활동을 일방적인 틀에서 이해하려 하기 때문이 아닐까? 생협에서 정의하고 있듯이 조합원 활동이 생협을 중심으로, 생협이 추구하는 목적 달성을 위해 시작됐을 수 있으나 그것만으로 조합원 활동가를 이해하기는 어렵다. 생협과 조합원 사이에 있는 조합원 활동가는 소비자^{조합원}와 조직^{생협}의 위치를 자유롭게 넘나들며 이중의 정체성을 갖고 있다. 상황에 따라 어느 한쪽으로 무게 중심이 쏠릴 수 있지만, 기본적으로 양자의 균형을 유지하고 있는 당사자이다. 양손잡이$^{Both-Handed}$ 조합원이라고 불러야 하는지 모르겠다.

활동가들은 스스로를 생협^{조직}과 조합원을 연결 짓고, 조합원들이 활동할 수 있도록 지원하는 조력자로 이해하고 있었다. 꼭 필요한 존재, 생협의 뿌리가 되는 존재, 행동대장, 호스트, 총감독, 마중물, 조합원과 함께하는 안내자, 조합원 활동의 서포터, 생협의 가치를 발산·수렴하는 코디네이터, 촉진자 등으로 활동가의 역할이 갖는 의미를 부여하며 조합원 활동가는 생협과 조합원 사이에 존재한다고 이야기하였다. 생협 활동가들은 생협의 대사회 캠페인, 서명운동 등은 물론 신제품 시식행사, 물품 체험, 물품 기획 및 평가 등 생협의 소비와 직접 관련된 지점에서도 역할을 하고 있다. 생협-조합원, 사업-운동이라는 사뭇 상충할 수 있는 영역 간 경계를 유연하게 넘나들며 접점을 만들고 있는 조합원 활동가들은 앞서 조합원 활동가들 스스로가 언급한 다양한 역할을 각자의 맥락 속에 자연스럽게 담고 있다. 실제로 그 역할에서 비롯된 조합원 활동가의 활동이 멈춘다면 그 공백은 여실히 드러날 것이다.

활동가들이 속한 생협 조직이 활동가에 대한 구체적이고 명확한 정의를 전달하지 않거나 못하는 상황에서 활동가들은 각자 자신의 경험에 근거해 자신의 정체성을 이해하고 있었다. 스스로 활동가의 정의를 만들어가고 있는 것이다. 앞서 언급한 활동가의 정체성과 관련된 키워드-촉진자·코디네이터·조력자·서포터 등-는 사실상 전문성을 갖춘 역할이다.

"우리가 하는 일들이 시간이 남아서 할 수 있는 일들은 아니거든요. 서툴기도 하지만 뭔가를 하나 계획해서 마무리까지 하는데 전문성이 요구되기도 하고요. 그래서 활동가를 전문가로 보는 새로운 관점이 필요하다고 봐요. (중략) 저는 제 스스로 노동자라고 생각해요. 10시부터 4시까지 일을 하는 건, 일자리 나눔, 그러니까 적정기술 같은 것이라고 생각해요. 적정한 시간 안에 주어진 일을 하고 또 다른 사람과 일자리를 나눈다는 거죠."

— 한살림 조직활동가

"직업란에 저는 활동가라고 쓰거든요. 아이들한테도 엄마는 직업이 있어, 엄마는 활동가라는 직업을 갖고 있고, 일하는 엄마라고 말하죠."

— 아이쿱 지역생협 이사장

인터뷰에서도 전문성에 대한 인식이 드러난다. 자발적인 참여, 자원활동이란 관점에서 조합원 활동가의 역할을 이해하고 있지만, 활동을 둘러싼 다양한 맥락에서 비롯된 활동가에 대한 다채로운 역할에 대한 요구는 자발성이란 단어로 납작하게 해석할 수 없는 한계가 있다. 활동 경험의 축적과 그 과정에서의 자기 고민에서 비롯된 활동가의 위치 설정은, 프로와 아마추어의 구분에서 어떠한 전문성을 담보한 프로의 방향으로 이동해가고 있는 상황으로 보였다. 여기서 '어떠한 전문성'이라고 다소 뭉뚱그려 표현한 것에는 활동가 각자의 경험 속에서 가져가려는 전문성의 내용이 달랐기 때문이다. 한편, 자원활동으로 생협에 참여하는 아이쿱 활동가들에겐 꾸준히 '보상'의 필요성에 대한 문제 제기가 있다. 그 근간에는 활동의 대가가 필요하다는 견해만이 아니라 활동의 전문성을 조직^{생협}이 인지해야 한다는 의미가 담겨 있는 것이 아닐까?

전문성은 활동가의 다음 단계에 대한 고민과도 연결된다. 생협 활동 과정에서 활동가들은 협동조합, 먹거리 등 생협과 관련된 주제는 물론 다양한 교육으로 지식을 쌓고, 동료들과의 관계나 조합원, 대중 대상의 활동을 통해 꾸준히 유무형의 자기 역량을 축적한다. 활동가 임기 종료 등 여러 이유로 생협에서의 활동 이후를 생각할 때, 자연스럽게 활동에서 쌓은 전문성을 발판 삼아 다음 단계를 고민한다. 생협 이사장 출신으로 외부기관의 센터장, 기관장이 되거나 임기제 공무원 혹은 다른 방식으로 생협의 울타리를 넘어 활동을 이어가는 사례들이 나타나고 있다. 활동가들에겐 그런 사례가 생협 활동가로서의 경험이 멈추지 않고 다른 기회로 연결되어 확장될 가능성으로 읽히기도 한다. 한편에선 조합원 활동가들이 다음 단계로 나아갈 수 있도록 생협 차원의 지원이 필요하다고도 말한다.

조합원 활동가들이 스스로 정리한 활동가의 정체성에는 '전문성'을 둘러싼 그들의 니즈^{Needs}가, 만들어가고 싶은 상^{象}이 담겨 있다. 그렇다면 조합원 활동가가 인지하고 있는 정체성과 생협 조직이 바라보는 조합원 활동가의 정체성은 얼마나 일치할까? 생협에서 어떤 역할을 맡아 활동하는 이들로 조합원 활동가를 이해하는 일반적인 견해에 대한 조합원 활동가의 의견은 어떠한지 물음이 필요한 시점이다.

조합원 활동가의 정체성에 대한 의견을 생협과 활동가가 어느 정도 통일되게 가져가는 것은 사실 생협 입장에서 유리하다. 정체성의 일치 정도가 높을수록 활동 참여의 양적·질적 강화가 나타날 수 있기 때문이다. 이는 생협 조직 차원에서 볼 때, 조합원 활동가, 나아가 조합원의 내부 응집력을 높이고 생협 활동 몰입에 대한 긍정적인 영향을 기대할 수 있다. 이를 위해선 우선 생협 조직이 생협 활동가의 존재 의미는 무엇이며, 무엇을 위해 역할을 하고 있는지 명확히 활동가들에게 전달할 필요가 있다. 그래야 활동가들은 자신의 욕구와 이를 비교하며 얼마나 부합하는지를 견주어 볼 수 있다. 생협과 조합원 활동가 모두의 관점에서 시행착오를 줄일 수 있고, 만족감을 높일 방법이다. 생협은 조합원 활동가의 의미와 목적에 대한 구체적인 논의를 당사자들과 얼마나 충실히 나누고 있는지 점검이 필요하다.

일부 활동가들은 활동가의 존재가 생협의 사업을 위한 홍보용 도구혹은 대체 가능한 소모품이라고 말하기도 했다. 쉽게 단정할 순 없지만, 인터뷰를 통해선 조합원 활동가의 의미에 대해 생협과 조합원 활동가 사이의 커뮤니케이션이 충분하지 않다는 느낌을 받았다. 현재 생협의 조합원 활동가인 이들의 경험에서 비롯된 이야기이기 때문에 주관적인 판단, 혹은 개인적인 견해로 좁게 볼 수도 있으나 이러한 경험은 생협 안팎의 사회적 관계와 사회적 맥락 내에 존재한다. 그리고 무엇보다 경험은 다른 경험에서 비롯되고 또 다른 경험을 끌어낸다는 사실을 고려할 때 생협 활동가의 본질적인 고민에 귀를 기울여야 한다는 다소 뻔한 이야기를 하지 않을 수 없다. 생협과 조합원 활동가들간 열린 커뮤니케이션이 지금, 이 순간 꼭 필요하다는 생각을 지울 수 없다.

생협 활동의 의미를 찾다

생협의 조합원 활동가는 생협을 중심으로 한 활동-총회·모임·조합원 교육·캠페인·홍보 활동 등-에 참여하는 것은 물론 생산, 유통, 지역, 환경 문제 등 생활에 관련된 이슈와 연결하여 활동의 범위를 넓혀 왔다(조합원 활동가의 주요 활동 내용은 다음의 〈표〉를 참고).

활동가들은 활동의 의미를 개인의 변화와 사회를 바라보는 관점의 변화 모두에서 찾고 있었다. 다양한 사람들을 만나고 그렇게 확산한 관계 속에서 사회를 보는 또 다른 관점을 갖게 된 것이다. 나와 우리 가족의 변화를 만드는 기회를 얻게 되는 것이 전자라면, 생협 활동이 조합원은 물론 지역, 더 넓게는 우리 사회를 대상으로 하면서 나타난 변화를 후자라 할 수 있다.

생협 활동을 둘러싸고 같은 활동가뿐만 아니라 다양한 이해관계자들과 관계 맺으며 얻게 되는 충족감은 활동가들의 참여를 촉진했다. 또한, 관계를 바탕에 둔 활동이 사사로운 활동이 아니라 공익성을 갖고 있다는 사실은 활동의 의미를 강화했다. 실제로 학교 무상급식, 우리밀살리기운동, 유기농업 장려, 플라스틱 정책, 탈핵운동 등 사회 이슈와 결합한 생협 활동이 가장 기억에 남고 의미를 갖는다고 활동가들은 답하고 있다.

조합원 활동가의 주요 활동 내용

구분		활동내용
생협 내부	정기적 활동	신규 조합원 만남
		매장모임, 마을모임, 소모임
		위원회, 이사회, 총회
		식생활 활동: 급식, 식품안전 등
		물품 활동: 물품심의·결정 등
		캠페인 활동
	비정기적 활동	나눔과 지역 연대 활동
		교육, 생산지 교류·생산자 간담회
생협 외부	사회 참여	무상급식운동, 핵발전소 반대운동, Non-GMO, 세월호 추모 등등

생협의 활동은 본질적으로 사회적 가치를 담고 있다. 논지엠오$^{Non-GMO}$의 의미를 알리는 것만이 아니라 이를 물품개발에 반영하고, 자원 재

순환의 필요성을 강조하는 것만이 아니라 관련된 다양한 활동을 추진하고, 논과 밭이 가진 생태적 가치를 보여줄 뿐만 아니라 사회적 연대로 그 가치를 확장해 나간다. 생협의 활동가들은 변화의 물꼬를 만들어내고 그러한 변화가 가능하다는 것을 사회에 알리고 함께 변화를 끌어낼 것을 요구한다. 이는 활동가들의 많은 활동을 필요로 한다.

한살림서울은 이러한 상황에서 조합원활동을 지원하는 조직활동가를 상근·유상 활동의 형태로 두고 있다. 앞서 언급한 조합원 활동가의 '전문성'에 좀 더 초점을 둔 형태의 활동가라 할 수 있다. 생협 활동 자체에서 가치와 의미를 찾고 있다는 점에서 조직활동가와 자원활동가의 차이는 거의 없었지만, 활동에 대한 의견에선 차이가 있었다.

예를 들면 이런 것이다. A 행사를 기획할 때 행사 당일에는 자원활동가(운영위원 등)가 진행을 하지만 A 행사의 준비와 마무리, 그리고 서류작업은 모두 조직활동가의 몫이다. '월급'을 받는 조직활동가이기 때문에 당연하다고 생각할 수 있으나 이와 같은 구조에서 정말 조합원이 필요로 하는 새로운, 다양한 활동을 추진하는 것은 때론 조직활동가에게 커다란 자기희생을 요구한다. 자치구 등 행정에서 진행하는 다양한 공모사업에 지원하거나 지역 간, 생협 간 연대 활동을 추진할 경우 조합원 활동가는 물론 조합원들에게도 새로운 기회와 가능성이 만들어질 수 있다. 이때 조직활동가는 선택을 놓고 갈등하게 된다. 사업을 진행하겠다는 본인의 선택이 조합원 활동 차원에서 갖는 의미는 크지만, 선을 넘어선 업무가 부여될 때의 책임 역시 오롯이 스스로가 부담해야 하기 때문이다.

물론 이상적으로는 조직활동가의 근무조건-예를 들어, 오전 10시부터 오후 4시까지 근무하는 것-만을 보고 일로 들어온 이들이 생협 활동을 경험하면서 자연스럽게 '활동'의 의미를 체득하고, 친환경 유기농산물을 구입할 수 있는 여느 마트가 아니라 생협이 가진 운동성을, 그 가치를 알리고 확산하는 당사자로 역할 할 것을 기대할 수 있다. 하지만 조직활동가에 대한 생협 내부의 입장이 모호한 상황에서 자부심을 품고 맡은 역할에 충실하기 쉽지 않아 보였다.

조직활동가를 인터뷰했을 때 본인의 경우는 아니지만, 때론 자원활동가들의 무심한 발언-돈을 받는 만큼 일하는 것이 당연하지 않냐는 뉘앙스의 표현-이나 조직활동가를 하대하는 듯한 행동에서 상처를 받는 경우도 왕왕 있다는 사실을 전해 들었다고 이야기했다. 한편, 조직 내부에서 앞으로 조직활동가가 필요한지에 대한 부정적인 견해의 이야기가 나온다고 전하며, 조직활동가 사이에서도 이에 대한 의견이 서로 다르다고 덧붙였다.

급격한 사회 변화와 그에 맞춘 생협의 정책 변화에 따라 조직활동가의 역할과 일의 내용이 계속 바뀌는 상황에 놓이면서 조직활동가들은 스스로의 활동에 높은 만족감을 느끼기 어려운 상황이다. 조직활동가로선 사회적 가치만으로 활동하는 것이 아니기에 일에 치이면서 오히려 운동성이 조금씩 마모되는 듯한 느낌을 받기도 하였다. 완벽한 것은 아니지만 어느 정도 경력을 쌓으면 기대되는 완숙미를 느낄 사이도 없이 변화에 대응해 무언가를 스스로 채워야만 하는 상황에서 느끼는 부정적인 감정을 오롯 개인이 감당하도록 두는 것이 적절한지 의문이 들었다.

조합원 활동가로서 찾는 활동의 의미는 동질적이었지만 활동가가 놓여 있는 구조적 차이에서 활동의 경험에 대한 해석은 달랐다. 경험과 경험이 누적되며 활동은 만들어진다. 조합원 활동가들이 느끼는 생협 활동 경험의 질을 높이기 위해서 조합원 활동가들의 활동 경험을 살펴보고, 이를 분석할 필요가 있다. 그 결과물이 활동가들을 이해할 수 있는 중요한 단서가 될 수 있다.

생협 활동가의 변화를 발견하다

인터뷰에 응한 조합원 활동가들은 현재의 활동가와 비교해 과거의 조합원 활동가들이 자신들의 역할에 대한 책임감과 의무감이 높았다고 말한다. 과거 활동가들의 경우 생협 활동이 일상의 중심에 있었고, 나머지-심지어 개인의 사생활까지도-를 후순위에 두었지만, 지금은 그렇지 않다고 한목소리로 말했다.

"지금의 활동가들은 생협 활동이 주가 아닌 거예요. 저도 그것에 대해 더 푸시^{Push}를 못 하는 거죠. 생협 활동에 대해 왜 좀 더 관심을 갖고 깊게 발을 못 담그는 것인지 물어보지 못해요. 본인의 선택이니까요. 활동을 하다 보면 재미를 느끼게 되고 가치를 느끼게 되고, 그러면 점점 더 깊이 빠져들 수 있거든요. 하지만 나는 여기까지만 활동할 거라고 선을 긋는 분들한테 더 말을 못하죠."

- 아이쿱 지역생협 이사장

현재 아이쿱생협연합회 소속 지역생협과 한살림서울의 이사장 임기는 2년이다. 여기에 한 차례 연임이 가능하다. 아이쿱생협의 경우 2015~2016년 사이 이사장의 임기를 3년에서 2년으로 단축했다. 연임하는 때도 있지만 2년 후 퇴임하는 경우도 빈번하다. 조합원 활동가의 세대교체가 빨라지고 있다.

생협이 등장했던 초기와 현재 상황은 다르다. 협동의 결과물을 함께 만든 경험을 가진 경우와 협동을 추상적으로 인식하는 경우로 구분할 수 있다. 공동구매 형태로 생협의 물품을 공급받다 매장 설립이 필요해지면서 자발적인 차입으로 매장 설립에 기여한 소위 조합원 1세대, 그렇게 만들어진 매장을 통해 생협에 가입했고 이후 몇 번의 조합 활동에 구체적으로 참여하며$^{예를~들어,~아이쿱생협의~경우~자연드림파크~설립~과정에~참여}$, 그 결과물을 눈으로 확인한 1.5세대 혹은 2세대, 그리고 생협이 현재와 같이 규모화된 상태에서 조합원 활동가로 참여한 경우^{3세대}는 분명 다르다.

여기에 사회적 변화도 언급하지 않을 수 없다. 이제는 온·오프라인의 다양한 유통채널에서 편리하게 친환경 농산물을 구입할 수 있을 만큼 시장이 커졌다. 그 과정에서 생협이 친환경 농산물 시장에 대한 이해와 인식을 높이며, 시장의 크기를 키우는 데 일정한 기여를 한 것은 사실이다. 이와 별개로 생협을 차별화하는 노력이 충분하지 못했던 것도 사실이다. 이러한 구조적 상황 속에서 과거와 현재 조합원 활동가 사이에 생협에 대한 애정, 조직에 대한 신뢰는 차이를 보일 수밖에 없다. 한편, 행정이나 일반 기업체에서 무료로, 혹은 무료에 가까운 아주 적은 비용으로 양질의 인문학 교육이나 교양 강좌를 충분히 제공하는 상황도 영향을 주었다. 과거 생협이 진행한 다양한 프로그램이 경쟁력을 잃었기 때문이다. 조합원에서 조합원 활동가로의 유입이 과거에도 쉬웠다고 단정할 수 없으나 그 통로가 더 좁아졌다.

조합원 활동가들의 참여 강도가 예전 같지 않고, 새로운 조합원 활동가를 찾는 일도 쉽지 않다. 이러한 상황은 남아 있는 조합원 활동가들에게 부담이 된다. 해야 하는 일의 총량은 정해져 있는데 이를 나눌 수 있는 활동가들은 많지 않기 때문이다. 생협 활동가로서의 결합은 부담스러운 일로 이해되기 쉽다. 자원활동가들에게 어디까지 역할을 요구할 수 있을까? 자기 돈과 시간을 써서 다른 조합원들에게 연락을 돌리고 문서 작업을 하는 것이 어디까지 가능할까? 사회가 변화하고 있고 그만큼 세대별 차이도 벌어지고 있다. 과거의 조합원 활동가들이 대의나 의리를 중요시했다면 지금의 활동가들은 개인화되고 개별화되었다는 젊은 세대의 특징을 고스란히 갖고 있어 개인의 이해득실을 따진다는 것이다. 인터뷰이 대부분이 자신의 경우 생협의 요구를 수용할 수 있지만, 다른 사람들은 그렇지 않을 것이라고 답했다. 이를 어떻게 해석할 수 있을까?

사회구조의 변화를 들여다봐야 한다는 필요성이 제기되기도 하였다. 여성들의 대학 진출이 높아지고 노동시장 진출이 본격화됐으나 결혼 후 자연스럽게 육아와 살림을 도맡으면서 상당수는 직장에 자리 잡지 못하고 가정에 머물렀다. 그렇게 능력을 지닌 이들이 안전한 먹거리로 가족의 건강을 챙기려는 계기로 생협과 인연을 맺고, 생협 안에서 역량을 발휘하게 됐다는 것이다. 하지만 여성들이 자기 일을 결혼과 출산, 육아와 상관없이 할 수 있는 사회적 환경이었다면 이처럼 많은 고학력의 경력 단절 여성들이 생협 활동가로 참여했었겠냐는 물음이다. 1990년대 중반 이후 가정은 물론 지역과 공동체의 살림을 맡는다는 개념의 '사회주부'라는 단어가 등장한다. 생협 운동을 비롯해 평화운동, 환경운동 등에 적극적으로 참여하는 전업주부들을 사회주부로 불렸는데 앞서 언급한 1세대, 2세대 조합원 활동가들이 여기에 포함될 것이다.

대부분 경력 단절을 겪은 전업주부들 중심이었던 활동가풀^{Pool}에도 조금씩 변화가 나타나고 있다. 이제 안정적인 수입이 확보된 외벌이 가족, 가사와 육아를 전담하는 전업주부가 있는 가정의 모습을 그리기 어려워졌고, 과거와 같이 활동가풀을 구성하기가 쉽지 않다. 한 인터뷰이는 활동 참여 독려를 위해 생협 가입 3~4년차 조합원들을 대상으로 전화 통화를 하는 과정에서 통화가 가능했던 조합원 전원이 어떤 형태로든 일을 하고 있다는 사실을 확인하고 놀랐다고 말한다. 이러한 변화를 반영하듯 그 수가 많지는 않지만, 오랜 직장생활 경험을 갖고 어느 정도 자녀를 양육한 뒤에 활동가로 결합하거나 새로운 삶의 방식으로 활동가를 선택하는 경우가 등장하고 있다. 실제로 인터뷰이 중 3명이 여기에 해당했다.

직장을 다녀도 통장 잔고가 크게 변하지 않는 현실에서 나 자신이 만족스럽고 보람을 느낄 수 있는 일을 하겠다는 삶의 방식을 선택한 것이다. 개인의 삶을 책임진 평생직장의 개념이 사라진 자리에 어떻게 살아가야 할 것인지에 대한 고민, 자신이 추구하는 삶의 방향과 일의 간극을 어떻게 좁힐 수 있을지에 대한 고민이 생긴다. 생협 활동가들을 인터뷰하면서 이들이 자신의 가치관을 어떻게 일상 속에서 실현할 수 있을지 고민하고 있으며, 자아실현의 욕구가 크다는 것을 느낄 수 있었다.

　직장을 포함해 사회에서 일상적으로 만나는 사람들과 어딘가 다른 생협의 구성원들, 여기에 매력을 느낀 사람들에게는 생협 구성원들과의 만남과 관계, 그 자체가 충분히 활동의 동기 부여가 된다. 하지만 활동가로서의 생활을 선택한다는 것은 경제적인 어려움을 어느 정도 감수하겠다는 다짐이기도 하다. 때로는 상대적으로 더 높은 수준의 비금전적인 만족감을 기대하기도 한다. 관계의 풍성함, 개인적인 성장, 공익적인 가치 등 비금전적 만족감의 내용은 사람마다 다양할 것이다. 결국, 생협이 추구하는 가치관과 같은 결을 가진 개인의 참여가 이어질 수 있도록 생협 활동가의 존재와 역할을 구체적으로 외부에 드러내는 작업이 필요하다.

　조합원 활동가들의 새로운 유입을 위해 다소 낯설게 들릴 수 있으나 조합원 활동가 체험 트랙을 운영해볼 수도 있겠다. 조합에서 진행하는 캠페인이나 행사에 참여하면서 이를 주도하는 사람들의 모습에 호기심을 느낄 수 있으나 활동가로 결합한다는 결정을 내린다는 것이 쉽지 않을 수 있다. 그래서 생협 활동을 좀 더 가까이에서 경험해볼 수 있는 여지를 만드는 것이다. 소수만이 참여하더라도 조합원 활동가의 활동을 확실하게 경험할 수 있다면 그것은 그 나름의 성과가 될 수 있다.

앞으로의 생협 활동가를 고민하다

　생협수도권사업연합회, 현재의 두레생협연합회에서 2005년 발행한 『나에게서 너에게서 생명을 본다 1 : 새로운 생협운동의 정체성에 대하여』에는 이런 구절이 있다. "조합원 활동가들은 이제까지 생협^{운동}에 있어서 가장 중요한 위치와 역할을 가지고 있음에도 불구하고 주인공으로 출현하지 못하고 언제나 조연의 역할을 하는 것에 머물러 왔습니다. 그동안 조합원 활동가들이 생협운동에서 소외되어 왔던 것은 의식적으로든 무의식적으로든 '조합원 활동가'의 진정한 지위에 대하여 생협이 무관심하였음을 말해주고 있습니다." 15년이란 시간이 흐른 지금, 조합원 활동가의 존재, 역할에 대한 논의가 충분히 쌓여 왔을까?

생협 조합원 활동가를 앞으로 어떤 방식으로 가져갈 것인지에 대해 정답은 없다. 소비자 기업가$^{Consumer\ Entrepreneur}$의 발굴이란 측면에서 자원활동가에게 일종의 기업가정신을 불어넣을 수도 있을 것이고, 조합원 노동의 의미를 현재 상황에 맞춰 재점검하며 가다듬을 수도 있다. 각 생협 조직이 추구하는 가치와 방향에 따라 조합원 활동가의 존재 의미와 역할이 정리될 것이다. 무엇이 옳고 그르다고 할 수 없다. 중요한 것은 그동안 생협 활동가의 역할과 의미가 주는 무게감에 비해 그 본질을 이야기하려는 움직임이 많지 않았다는 것이다. 생협의 가치관과 정체성을 사업에 반영하는 것만큼 이를 조합원 접점에서 구체적인 활동으로 전달하는 조합원 활동가는 누구인지를 구체적으로 조명할 필요가 있다. 조합원 활동가의 활동 가치는 유지하되 어느 정도의 시스템을 갖춰야 한다.

생협의 규모가 커지면서 조합원 활동가를 둘러싼 환경이 변화하고 있고, 이들의 전체적인 몰입도나 소속감이 떨어질 수 있다. 그래서 조합원 활동가를 생협 조직 차원에서 어떻게 가져갈 것인지에 대한 내부의 논의가 필요하다. 예를 들어, 조합원 활동가의 비중을 전체 조합원 대비 어느 정도로 설정할 것인지, 조합원 활동가 참여의 층위를 두어 느슨하고 유연한 방식으로 결합하는 경우까지 포함할 것인지 등 조합원 활동가를 둘러싼 구체적인 전략들을 정리할 필요가 있다. 가능하다면 그렇게 선택한 전략을 전체적으로 적용하기에 앞서 일부 지역 조합을 대상으로 A·B 테스트[6]를 진행하여 그 가능성을 현실적으로 점검하는 작업이 필요하다. 조합원 활동가를 둘러싼 다양한 맥락을 파악하고 조정할 수 있기 때문이다.

---

6 - A와 B로 각각 변형된 형태를 사용하는 종합 대조 실험이라 할 수 있다.

어찌 보면 지금이야말로 조합원 활동가를 돌아볼 기회일지 모른다. 기술의 발달로 제품이 상향 평준화되면서, 기업들은 차별화의 어려움을 겪고 있다. 그래서 브랜드의 핵심가치나 철학을 차별화하려 한다. 제품을 일회적으로 구입하는 소비자가 아니라 지속해서 브랜드의 가치를 공유하고 이를 함께 확산시켜줄 수 있는 소비자 집단을 원한다. 특히 저성장 시대에 새로운 고객을 발굴하기가 쉽지 않기에 브랜드를 지속적으로 좋아해 줄 '팬'을 만들고 그들의 커뮤니티를 유지하는 것이 기업으로서는 하나의 돌파구로 이해된다. 소비자들 역시 자신과 취향과 가치관이 맞는 사람들과 관계를 맺는 것에 자유롭다.

생협이 그동안 꾸준히 축적해왔고 경험해온, 또 지금도 경험하고 있는 조합원 활동가의 힘이 어떤 의미가 있으며 어떤 가치가 있는지를 제대로 분석하고 새로운 가능성을 확인할 필요가 여기에 있다. 생협은 이미 생협의 '팬'들과 함께 20~30여 년간 운영되어왔기 때문이다. 이 자체가 생협이 앞으로 나아가게 하는 동력이 될 수 있다. 그리고 조합원 활동가의 존재가 생협의 차별화 된 특징이라는 사실에 대한 생협 조직 내부의 공감이 필요하다.

인터뷰를 통해 만난 조합원 활동가들은 소속된 생협이나 활동하는 방식이 달랐지만, 한목소리로 생협 내부에 조합원 활동가를 포함해 조합원들과 더 빈번히 소통할 수 있는 방식이 마련되어야 한다고 말했다. 온라인에 조합원 모임을 만들거나 조합원 활동이 활성화되지 않은 지역에 조합원의 관심사나 필요와 밀접한 교육 프로그램을 계획하는 등 대면·비대면 접점을 만들기 위한 다양한 채널이 필요하다고 강조했다. 사실 누구보다 다음 세대 활동가를 고민하는 이들이 바로 지금의 조합원 활동가들이었다.

생협이 아니어도 친환경 유기농산물을 소비할 방법은 많고, 오히려 생협보다 편리하다. 조합원 활동가들은 생활 속에서 생협이 필요하고, 그래서 생협의 지속가능성을 진지하게 고민하고 있으며, 그 지속가능성을 담보하는 차원에서 조합원 활동가의 역할과 의미를 고민하고 있다. 생협이 추구하는 이 좋은 가치를 좋은 사람들과 나누는 것이 생협을 유지할 수 있게 하는 기본이란 생각을 하고 있기도 했다.

어쩌면 생협에서 활동가는 생협이 협동조합의 운동성을 꾸준히 실천할 수 있는 최소한의 방어선이 되어주고 있는지 모른다. 조합원 활동가는 다른 조합원들에게 생협에 대한 이해와 경험의 지도를 그려주는 역할을 하고 있다. 그 역할이 갖는 힘이 지금 당장 눈에 보이지 않을 수 있으나 조합원 활동가들이 생협 안팎에서 든든한 주춧돌이 되고 있음을 부정할 수 없다.

생협 조합원 활동가를 만나 그들의 이야기를 들으면서 생협이 그들이 믿는 가치의 플랫폼 역할을 한다는 생각을 했다. 자신들이 옳다고 믿는 가치를 투영하는 거울로 생협을 선택했고, 그 가치를 위해 활동하고 있다. 생협 조직 입장에서 그들의 가치를 좀 더 뾰족하게 다듬는 동시에 조합원 활동가들이 그 가치의 촉진자이자 확산자로 역할을 한다는 어떤 명확한 조합원 활동가 포지셔닝이 이루어져야 한다. 그리고 생협을 함께 만들어가는 당사자란 사실을 전달할 필요가 있다.

가정이 아닌 생협이라는 공동체에서 어머니 노동을 강화하는 것을 정당화하는 모호한 관념적 접근을 변화시켜야 한다. 앞으로의 조합원 활동가는 생협의 중심축으로 능동적으로 생협의 가치를 생산하고 확장하는 당사자로 바로 서야 한다. 그러한 역할 정의 속에서 만들어지는 조합원 활동가와 생협, 조합원과 새로운 관계 설정이 향후 생협의 지속가능성에 일정한 제 몫을 하리라 생각한다. 물론 변화는 한 방향에서만 일어나는 것이 아니기에 어떤 예측을 함부로 할 수 없다. 하지만 조합원 활동가의 어제와 오늘의 모습을 주의 깊게 들여다보며 그 다양성을 확인하고 앞으로를 그려나가는 작업이 긍정적인 생협의 미래를 조망하는 데 꼭 필요하다고 덧붙이고 싶다.

생활협동조합
경영 혁신의 조건[*]

서동재

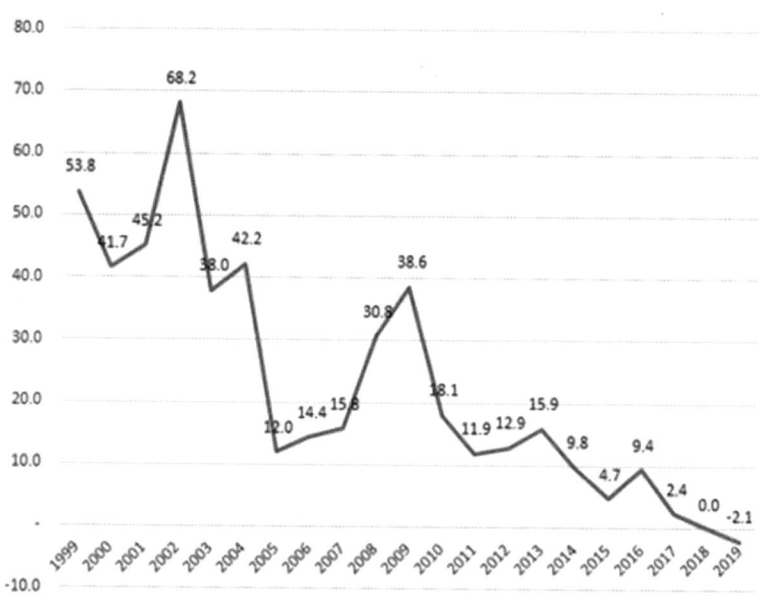

『모심과 살림』 통권 14호(2020년)에 필자가 기고한 글을 보완, 확장하여 쓴 글이다.

이 그래프[1]는 1999년부터 2019년까지 4대 생협연합회의 사업성장률을 비교한 것이다. 생협들은 한국 사회의 고도 성장기에 협동조합운동과 사업을 시작했다. 역설적이게도 고도 경제성장의 그늘에서 함께 클 수 있었다. 경제성장의 이면에는 생산량 증대를 위한 농업정책과 농약과 비료의 과다 투입으로 오염된 환경, 그로 인해 농민의 건강이 위협받는 일들이 발생했다. 생협들은 이러한 현실을 바꾸고 싶었고, 시민들은 소득 수준 향상에 따라 삶의 질에 대한 관심, 건강한 먹을거리에 대한 관심과 이용으로 이어졌다. 4개 생협연합회는 전국 127만 여 명의 조합원과 160개의 회원조직, 605개[2]의 매장을 운영 중이고, 1조 1567억 원의 공급고[3]가 그간의 성공을 대변하는 듯하다. 실제로 물품의 차별성을 바탕으로 조합원 이용을 결집했고, 조합원수와 매장의 증가, 생산의 증가를 통한 선순환 구조를 이루어냈다. 하지만 2010년대에 들어서면서 조합원 이용액 증가가 정체되는 현상이 나타나기 시작했다. 매년 대체로 전년 대비 두 자릿수로 성장했던 그래프가 2015년부터 한 자릿수로 돌아섰고, 높은 기술력과 자본, 그리고 생산·유통 인프라를 바탕으로 유사한 가치를 제공하는 경쟁자들이 등장하기 시작했다. 서동재, 주영호, 2020

이제 한국 경제의 저성장 흐름이 장기화될 것이라는 전망 속에서, 한국 생협은 이대로라면 생존하는 것도 버거울 것이라는 우려의 목소리도 흘러나온다. 저성장, 경쟁 심화, 불확실성 증대, 산업 간 경계 약화와 같은 거시적인 흐름뿐만 아니라 조합원, 생산자의 고령화, 인구 감소와 가구 구성의 변화, 디지털 혁신이 빠르게 적용되는 소매유통시장의 변화, 새로운 경쟁자들의 출현, 식생활 습관의 변화, 먹을거리 안전 담론의 보편화와 같은 새로운 환경에 생협들의 준비는 부족한 상태다.[4] 내부적인 요인도 있다. 생협의 가치, 운영체제와 구조들은

---

[1] -이은정, 2019, 「리뷰, 한국 생협의 궤적」, 아이쿱협동조합연구소.
[2] -2020년 8월 현재 기준
[3] -2019년 기준
[4] -김형미, 2020, 「저성장시대, 생협운동의 전망과 과제 : 일본 생협 '90년대 위기'의 교훈」, 『모심과 살림』14, 모심과살림연구소.

비교적 규모가 작았을 때 만들어진 것들이다. 규모가 작았을 때는 핵심가치를 중심으로 한 구심력이 작동했지만 조직이 커진 만큼 조합원의 욕구도 다양해지고 복잡해지면서 생협의 지속가능성에 대한 고민은 더욱 깊고 넓어졌다. 어쩌면 생협들의 이러한 고민은 규모화된 기업들이 겪는 보편적인 문제일 수 있다.

넷플릭스[5]는 "조직이 규모가 커질수록 직원의 자유는 줄어들고, 그 빈틈을 관료주의가 메운다"고 말한다. 점차 복잡해진 비즈니스 환경을 극복할 역량은 떨어지고 뛰어난 직원의 비율이 줄어든다. 많은 기업들은 이러한 혼돈을 줄이기 위해 절차를 만들고 규칙과 단기적 성과에 집중하는 경향이 있다. 하지만 조직의 유연성이 떨어지고 혁신적인 구성원의 비율은 더욱 줄어든다. 그래도 지속적으로 사업이 성장한다면 문제가 발생하지 않겠지만 문제는 그 이후다. 시장이 움직이기 때문이다. 새로운 사업 모델과 기술, 경쟁자들이 출현하면서 조직은 시장 변화에 적응하기에는 이미 몸이 둔해진다. 직원의 자율성은 낮아지고 경영적인 난이도는 더 높아졌다. 규모화 과정을 거치며 질적 성숙기에 접어든 생협들의 고민도 이와 다르지 않다. 아니, 어쩌면 오히려 고려할 변수가 더 많아졌다.

필자는 지난 10여 년간 생협에서 일하면서 어떻게 하면 일이 되고, 어떻게 하면 안 되는지를 체험하고 관찰해왔다. 이러한 경험을 바탕으로 생협이 내년이 아니라 바로 내일 아침부터 해야 할 일로 다음과 같은 6가지 혁신과제를 제안하고자 한다.

1. 직원의 주체성 - 직원이 협동의 대리인에서 협동의 주체가 되기 위한 논의를 시작하자.
2. 일하는 방식 - 요즘 가장 몰두하고 있는 과제에 대해 구성원과

---

[5]-넷플릭스 컬처데크(Netflix Culture Deck)는 실리콘밸리 역사상 가장 중요한 문건이라고 일컬어진다. 넷플릭스는 비즈니스 복잡성의 증가보다 재능의 밀집도를 더 빠른 속도로 끌어올리면 관료화의 문제에 대응할 수 있을 거라고 본다. 이 때문에 높은 수준의 임금과 채용 프로세스, 직원의 자율과 책임에 기반한 기민한(Agile) 문화가 강조된다. 자세한 내용은 단행본으로 출판된 『파워풀』을 참고하기 바란다.

직책자는 일대일로 대화하자.
3. 조직풍토와 리더십 - 조직풍토, 리더십스타일을 측정하고 피드백 하자.
4. 인사시스템 - 구성원과 함께 직무가치$^{일의\ 크기}$ 중심으로 인사제도를 개선하자.
5. 전략과 거버넌스 - 조합원 경험을 끌어올리기 위한 전략을 수립하고 조정해 나가자.
6. 성과관리 - 모두가 함께 바라보아야 하는 계기판을 마련하자.

'직원의 주체성, 일하는 방식, 조직풍토와 리더십, 인사시스템, 전략과 거버넌스, 성과관리'라는 6가지 개념의 상호 작용에 의해서 오늘날 생협 경영이 이루어진다. 그리고 이 6가지 개념 중 가장 취약한 개념에 의해 제약을 받으므로, 상호 균형 잡힌 질적 수준을 유지하는 것이 중요하다. 제약을 받는다는 것은 마치 쇠사슬을 양끝에서 세게 당기면 가장 약한 고리 하나가 끊어지는 것처럼 상대적으로 약한 고리가 경영의 제약 요인이 된다는 것을 의미한다.

직원의 주체성 : 직원이 협동의 대리인에서 협동의 주체가 되기 위한 논의를 시작하자

협동조합의 직원이 공무원이나 정당의 당직자와 다른 점은 무엇일까? 협동조합 사업은 공공기관 등과 달리 시장에서 경쟁을 한다. 특히 현재 국내 생협계의 주요 사업영역인 친환경, 프리미엄 먹을거리 시장은 시장의 성장 속도보다 경쟁자의 유입 속도가 더 빠르다. 이에 협동조합 직원은 조합원에 의해 위임된 실무노동 성격의 매개자이면서 동시에 많은 정보를 토대로 시장 내에서 가치를 창출해야 하는 전문노동의 특성이 중첩되어 나타난다. 이 때문에 생협은 조합원 주권의 실현과 직원의 주체성이 상충하지 않게끔 조율하는 과제가 필연적으로 발생하게 된다. 생협에서 직원의 주체성은 역사 속에서 계속해서 변해왔고, 이를 극복하고 개선하기 위한 다양한 노력들을 해왔다. 몇 가지 대표적인 사례들을 확인해보자.

첫 번째로 일본 생협의 워커즈 콜렉티브[6]가 있다. 임금노동과 자원활동 사이 중간지대를 단계적으로 확장함으로써 '노동의 시민성'을 회복하는 운동이다. 후쿠오카 지역을 중심으로 한 그린코프생협의 경우 워커즈 현황을 나열해보면 이렇다. 매장, 킵앤샵, 사무국, 식생활교육, 섬유 재활용, 헌옷 수거 판매, 공급, 복지, 빵, 반찬, 고기 부문별 워커즈가 있고(이러한 사업별, 지역별 챕터를 통해 정보교류를 활발히 해나가고 있다), 크게는 복지^{개호보험}워커즈와 생협위탁워커즈로 구분된다. 그린코프생협에서 워커즈가 시작된 기원은 반이용 정책^{일종의 공동체공급}이 개인배달 정책으로 변화되면서 공급 수요에 대응하기 위해 공급 워커즈를 고안하는 과정에서 탄생되었다. 워커즈는 일하고 싶다는 마음, 아이를 키우고 있어도 일할 수 있는 여성, 일하는 사람들끼리 서로 도우면서 일할 수 있는 것을 지향한다. 20대부터 70대까지 다양한 연령대가 함께 일하고 있다.

한국 생협의 활동 구조나 자주관리매장의 실험을 떠올리면서, 무엇이 다르기에 일본은 워커즈가 이렇게 자주적으로 운영될 수 있는 것인지 궁금해 한다. 핵심은 워커들의 재량권이다. 물론 워커즈는 위탁받은 일들을 수행한다. 중요한 것은 공유와 대화를 통해 답을 찾아가는 재량권이다. 하지만 한국 생협이 워커즈를 이해하는 방식은 임노동이라는 틀에 갇혀 있는 경향이 있는데, 이는 임노동^{Labor} 이외의 노동에 대한 상상력을 허용하는 공간이 그다지 넓지 않고, 우리의 인식도 일·활동^{Work}이나 자원활동^{Activity}으로 나아가지 않음을 의미한다.

워커즈의 재량권에서 한걸음 더 들어가 워커즈를 제대로 이해하려면 워커즈만의 고용 개념을 이해하는 것이 필요하다. 기본적으로 워커

---

[6] 생협조합원에 의한 자주관리형 노동자협동조합

즈에서의 고용 개념은 고용의 주체이자 객체가 되는 개념이다. 즉 '고용하기=고용되기'인 셈이다. 이는 생협과 대등한 관계로 운영되는 것을 전제한다. 일방향적으로 고용되는 것이 아니라 스스로 일을 만들어 낸다는 것이며, 위탁료를 받긴 하지만 스스로 급여를 결정하고, 일하는 방식도 결정한다는 것을 의미한다. 심지어 워커즈는 함께 일할 동료도 스스로 채용한다. 워커즈는 실무 구조와 달리 지시, 명령이 아닌 합의를 통해 움직인다고 표현한다. 그러기 위한 대전제는 자신의 의견을 제대로 말하고 어떠한 의견이라도 듣는 원칙이 있다. 그린코프생협에서 워커즈는 임노동과 비견될 만큼 성장했다. 생협 권력과도 대등한 권력을 갖게 되었다.[7] 이것은 그린코프 스스로가 의도했던 전략이다. 앞으로 그린코프가 만들어갈 현실들이 더 기대된다.

두 번째는 대리인으로서의 협동조합 직원의 주체성, 자율성과 책임성을 높이기 위해 직원의 책임노동 영역을 직원협동조합이나 자회사 등을 통해 책임 운영하면서 거버넌스 체계에서 조합원 권한과 연계 맺도록 하는 방식이다. 아이쿱생협이 '출자하면서 경영하고 일하는 사람'을 오너파트너로 정의하고 '주인의식'이 아닌 구성원 스스로가 '주인'이 되어 조직과 이익과 손해를 나누는 협동조합 복합체를 만들겠다는 비전을 공식화[8]하고 있는 게 그 예이다. 이해관계 동기화를 통하여 자기경영을 실현하고자 하는 오너파트너십 정책은 계약관계를 통해 생산주체 간 거래비용을 줄이고 내부화하면서 협동을 이끌어내고자 한다.

세 번째는 직원이 운영에 참여하는 방식이다. 지역 내 조합원수에 비례해서 대의원을 선출하는 것처럼 일하는 사람의 몫, 쿼터를 두는 방식이다. 한살림수원은 대의원회와 중기계획수립을 위한 챔피언팀에 일하는 사람의 몫을 둠으로서 직원의 자율성과 책임성을 높이고자 한다. 장기적으로 서울시 산하기관의 사례처럼 노동이사제로 직원의 경

---

[7] 2018년 10월 사단법인 그린코프워커즈연합회를 설립했으며 모두 3,900명의 워커(이 중 복지워커즈에 700명이 활동하고 있다.)들이 연합회 거버넌스를 통해 경영현황을 공유한다.

[8] 아이쿱생협 2018 오너파트너십 대회 '100명의 주인이 함께 만든다.' 세이프넷 홈페이지 (2018.06.18.)

영 참여를 확장해나가는 것도 검토해볼 수 있다.

이처럼 '주체성'이라는 키워드를 중심으로 생협의 노동을 보면 일반적인 기업보다 그 논의가 다층적이고 정치적[9]이라는 것을 알 수 있다. 한국의 생협들은 직원의 주체성에 대한 문제를 효과적으로 다루고 있다고 보기 어렵다. 마치 방안의 코끼리처럼 모든 구성원들이 잘 알고 있지만 쉽게 이야기를 꺼내기 어려운 문제처럼 다뤄지기도 한다. 하지만 생협에서의 직원의 주체성에 대한 이슈는 전략의 실행, 가치사슬, 핵심 역량의 확보와 밀접한 연관성을 띄기에 현실을 직시할 필요가 있다. 현재의 운영체계와 기존의 가정들이 유효한지 검증하고 전략과 더불어 구체적인 대안을 논의하는 장이 필요하다.

일하는 방식 : 요즘 가장 몰두하고 있는 과제에 대해 구성원과 직책자는 일대일로 대화하자

일본은 구직난이 아니라 구인난을 겪고 있다. 2019년 4월 일본 후생노동성이 발표한 유효구인배율^{구직자 1인당 일자리 수}은 1.63이었다. 일자리가 3개라면 지원하는 사람이 2명이라는 뜻이다. 직종 간 편차는 더 심하다. 유통업의 경우 대졸자 기준 1인당 제공되는 일자리수가 11.32개^{2018년 기준}이다. 그렇다면 한국은 어떨까? 한국의 유효구인배율은 0.6이다. 하나의 일자리에 2명이 지원한다는 뜻이다. 하지만 이런 현상은 그리 오래 지속되지는 않을 전망이다. 베이비부머 세대의 대규모 은퇴 예측에 비해 이를 채워줄 2030세대의 노동인구는 그 수가 적으므로 5~10년 사이 일본과 같은 현상이 발생될 것이라는 관측[10]도 나온다.

9- 협동조합의 민주적 관리 및 운영에 직원참여 문제가 본격적으로 제기된 것은 1992년 ICA대회에서 '뵈크 보고서'를 통해서다. 이후 조합원 조직에서 직원의 참여가 협동조합 원칙을 근본부터 흔들 것이라는 주장과 현실에서 직원의 역할을 고려한 당연한 권리라는 주장을 놓고 논쟁이 있었다. 이런 논쟁은 협동조합 노동자의 주체성 확립과 민주적 운영 과정에 대한 참여의 중요성을 인식하는 계기가 되었다. '한살림 노동에 대한 이해와 접근' 참고.

최근 노동환경 변화에 따른 근로시간 단축, 일과 가정의 양립, 노경^{勞經} 화합과 같은 새로운 노동정책 흐름들은 일하는 방식의 변화, 자율적인 조직문화의 강조로 나타난다. 최근 몇 년간 직장생활, 워라벨$^{Work\ and\ Life\ Balance}$, 퇴사와 관련 책이나 콘텐츠들이 기획되고 소비되는 것도 일상의 민주주의, 개인의 다양성에 대한 욕구를 대변하는 듯하다.

이러한 변화에 한살림의 고민도 깊어졌다. 2017년, 명확한 현실인식을 위해 인사제도 전반과 우리가 어떻게 일하고 있는지를 진단했다. 진단 결과 피터드러커$^{Peter\ Drucker}$가 언급했던 '활동의 덫', 즉 관리자가 일상 업무에 너무 깊이 개입하면서 일의 목적을 잊을 수 있는 위험 요소가 발견되었다. 달리 표현하자면 일을 하면서 어떤 가치를 창출하는 것이 바람직한가에 대한 대화를 충분히 나누지 않는 경향이 있었다. 한살림연합회는 2017년 7월 인사관리개선 프로젝트를 시작하며 이런 목소리를 생생하게 들을 수 있었다.

"재미를 느끼며 일할 수 있는 분위기는 아니에요. 새로운 일에 도전하기보다 계획된 일을 수행하는 모습을 많이 볼 수 있죠"
"닥쳐오는 업무를 치러내기에 바쁘지만 객관적으로 일을 정리하고 직책자와 논의하는 시간은 부족해요"
"구체적인 업무에 대해서 일상적으로 소통하지만 적절하게 피드백을 하고 있는 건지에 대한 확신이 없어요"
  － 2017년 인사관리 개선 실무자 인터뷰

일반 사업체와 마찬가지로 한살림 역시 규모가 확대되고 복잡해지면서 기능이 분업화됨에 따라 영역 간 장벽이 생기고 활력이 저하되고 있었다. 업무 소통을 할 때 일을 잘한다는 것이 무엇인가에 대한 대화나 토론보다 업무 진행 정도에 대한 확인이 주를 이루었다. 일은 각자

10-2018 인적자원개발 컨퍼런스 롯데인재개발원 전영민 부원장 'Digital Transformation To People Transformation'(2018.9.10.)

바쁘게 돌아갔지만 옆 팀은 무슨 일을 하는지, 내가 하는 구체적인 이 업무가 조직 미션에 어떻게 기여하는지 알아차리기 어려웠다. 당연히 직무 몰입은 떨어지고 있었다. 변화가 필요했다.

2017년 연말, 팀장과 팀원이 일대일로 한해를 돌아보며 개인의 성장과 조직에 기여, 경력 개발에 대해 대화하는 성과[11] 리뷰를 실험하기로 했다. 결과는 긍정적이었다. 90% 이상의 구성원들이 성과리뷰에 참여했고 성과의 명확화, 역량 개발에 대한 동기, 팀장과 팀원의 상호 신뢰감이 9.7% 향상되는 유의미한 변화가 있었다. 2018년부터 경영진에서부터 팀원들까지 모든 단위조직이 참여에 기반한 성과관리를 통해 조직을 보다 투명하고 활력 있게 만드는 실험을 진행하고 있다.

흔히 목표관리로 오해받는 MBO$^{\text{Management by Objectives and Self Control}}$를 피터드러커가 강조[12]했던 본래 취지대로 운영될 수 있도록 구성원이 일의 주도권을 회복하면서 과제를 적극 해결해나가는 문화를 안착하는데 중점을 두고 있다. 한살림은 이에 착안해 일상적으로 운영되는 세 가지 대화 프로세스를 '한살림 성과관리'라고 부르고 있다.

세 가지 대화 프로세스는 단위조직 리더들이 일종의 페이스메이커, 전략가, 코치와 같은 역할을 해나간다는 것을 의미한다. 처음에는 "이런 대화가 어색하다, 업무하느라 바빠서 시간이 없다, 직책자의 코칭 역량이 아쉽다"는 피드백도 있었다. 이러한 방식의 성과관리가 왜 필요한가에 대한 공감대 확대와 더불어 좋은 코칭은 좋은 코칭에 대한 경험에서부터 나오기에 코칭이 가능한 환경을 조성하는 것도 중요하

---

[11] -성과리뷰는 어떻게 하면 일을 더 잘할 수 있을지 논의하고 실행에 옮기는 과정이다. 성과는 관리되어야 하는가, 보다 더 구체적으로 표현하면 성과는 개선되어야 하는가에 대한 답을 구하는 것이 성과리뷰를 이해하는 데 있어 중요한 첫 단계라고 볼 수 있다. 성과리뷰가 감독이나 통제 또는 평가를 위해서 운영된다면 조직발전을 저해할 가능성이 있지만 현재와 미래를 중심으로 대화하고 성장을 위한 발판으로 활용된다면 조직발전에 중요한 도구가 될 수 있다.

[12] -드러커가 『경영의 실제 The practice of Management』에서 언급한 MBO는 단순한 목표관리가 아닌 목표와 자기통제에 기반한 경영이다. 자기통제(Self Control)를 생략한 MBO는 현실에서 힘을 잃어갔다. 이러한 맥락에서 드러커의 문제의식을 이어받았던 인텔의 앤드루S.그로브가 iMBO라고 명명하여 인텔에 적용하였고, 이를 그와 함께 일했던 존도어가 구글에 전파하면서 OKR(Objective and Key Results)이 대두되었다.

다. 이와 함께 조직풍토와 리더십, 인사시스템, 전략, 성과측정과 긴밀하게 연계성을 맺는 것이 필요하다.

한살림 성과관리 캠페인 포스터

우리가 일을 잘한다고 할 때, 그 '잘한다'는 것은 무엇을 뜻하는 것일까? 이는 구성원과 직책자가 '대화'로 규명해나갈 수 있고, 그 과정이 구성원의 동기, 성장과 밀접하다는 것을 알아가는 것을 의미한다. 생협들이 그간 공동으로 소유하고 민주적으로 운영해가면서 대안적인 사업 모델을 제시해왔던 것처럼 일하고 학습하는 방식에 있어서의 조직 운영도 하나의 대안적인 모델을 만들어가길 희망한다. 아래는 성과미팅에 참여한 한살림의 한 직책자의 인터뷰 내용이다. 성과미팅은 어렵거나 복잡하지 않다. 내일 아침 일대일 미팅 약속을 잡아보는 건 어떨까?

"성과관리를 통해서 성과를 내기 위해서는 성과목표에 대한 합의를 명확하게 설정하고 구성원과 합의를 해야 한다는 점을 깨달았습니다." - 직책자A

"업무가 담당실무자 개인의 것으로 매몰되지 않도록 팀에서 함께 점검하며 조직 차원의 중요성을 부여받고, 나의 상태를 객관적으로 확인할 수 있는 자리가 된다고 생각해요. 너무 필요한 자리입

니다." - 팀원B

- 2019년 성과관리 참여경험 인터뷰

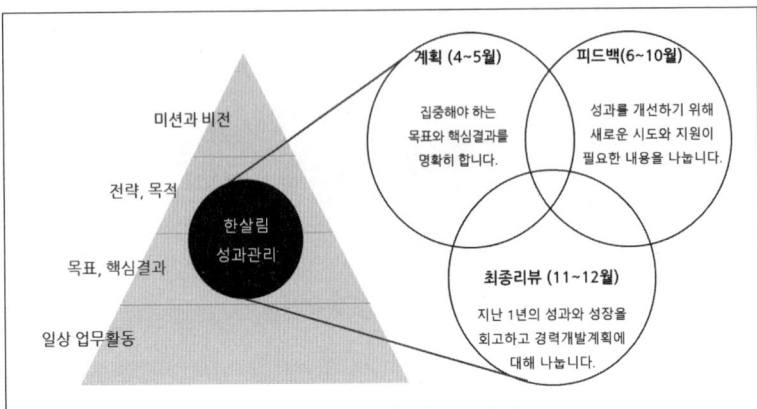

한살림 성과관리 '대화 프로세스'

1) 기대^{계획} 미팅 - 팀장과 팀원이 기대하는 결과물과 목표에 대해 명확히 하는 시간이다. 주로 어떤 시도를 하고 싶은지, 어떤 방향으로 가고 싶은지에 대해 이야기 나누고 그곳에 도달했는지, 그리고 이를 어떻게 알 수 있는지에 대해서 팀원 주도로 대화를 진행한다.

2) 피드백^{중간리뷰} 미팅 - 기대하는 내용이 어떻게 진행되고 있는지 파악하고 기대 수준을 개선하기 위해 팀원, 팀장이 서로 건설적인 피드백을 진행한다. 주로 목표 달성 과정상의 어려움이 무엇인지, 지원해야 하는 것이 있다면 무엇인지를 나누고 목표, 핵심결과에 대한 수정 및 반영, 추가들이 자유롭게 이루어진다.

3) 성장^{성과리뷰} 미팅 - 팀원이 한 해 동안 진행한 일에 대한 성과, 학습, 경험을 회고하고, 이를 통해 내년 계획, 경력개발계획과 연결시킨다.

조직풍토와 리더십 :
조직풍토, 리더십스타일을 측정하고 피드백하자

조직풍토나 리더십은 굉장히 도전적인 주제다. 눈에 보이지 않지만 구성원의 일상과 조직의 성과에 커다란 영향을 미친다. 한꺼번에 변화하긴 어렵지만 가만히 있으면 더 나빠질 뿐이다. 한살림 연합·사업연합은 2017년부터 '일하는 마음'이라는 이름으로 정기적으로 조직풍토, 리더십스타일 조사를 실시하고 그 결과를 각 단위조직 리더에게 피드백하고 있다. 조직풍토는 '일을 열심히 할 만한 분위기인가?'에 대한 대답으로 구성원의 느낌이면서 동시에 직무 몰입과 직접적인 연관이 있는 지표로 조직성과에 30%의 영향이 있다고 알려져 있다.

리더십스타일[13]은 리더가 자주 보이는 행동 패턴으로 조직풍토에 70% 가량 영향을 미친다고 한다.[14] 따라서 이 두 가지를 측정하는 것은 인사관리 개선에 필요한 것이 무엇인지 인식하면서 실천해나감에 있어서 중요한 시사점을 제공할 수 있다.

3년 동안 조사를 진행한 결과 조직풍토는 공정성, 리스크 감당, 자율성, 허용, 조직미션에 대한 이해가 개선이 필요하다고 나타났다. 공정성은 창출하는 가치에 대한 대가가 충분하고 합리적인지에 관한 개념으로 '인사제도'와 관련 있다. 자율성은 자신의 생각대로 자유롭게 일할 수 있는가에 관한 개념으로, '일하는 방식'과 관련 있다. 조직미션, 개인 역할의 명확함은 우리가 추구해야 할 공동의 목적과 각자의 역할이 명확하게 인식되고 있는지에 관한 개념으로 '성과관리 시스템'과 관련 있다.

13-리더십스타일은 다니엘골먼(Daniel Goleman)이 제시한 개념으로 민주형(구성원의 의견을 모으고, 의사결정과정에 참여시켜 합의를 이룸), 솔선형(스스로 모범사례가 되어 구성원들을 이끌어감), 비전형(조직이 나아가야 할 장기적 방향과 비전을 제시하고 공유함), 관계중시형(조직구성원들과의 조화로운 관계를 형성함), 코칭형(구성원의 장기적인 성장에 관심을 가짐), 지시형(구체적인 지시와 실행을 중요시함) 6가지 스타일로 리더십스타일을 구분하였다.
14-포춘 100대 기업 중 93개 기업의 인재전략 파트너인 글로벌 인사조직 컨설팅 업체 '콘페리'에서 수십 년간의 조사와 데이터를 통해 밝혔다.

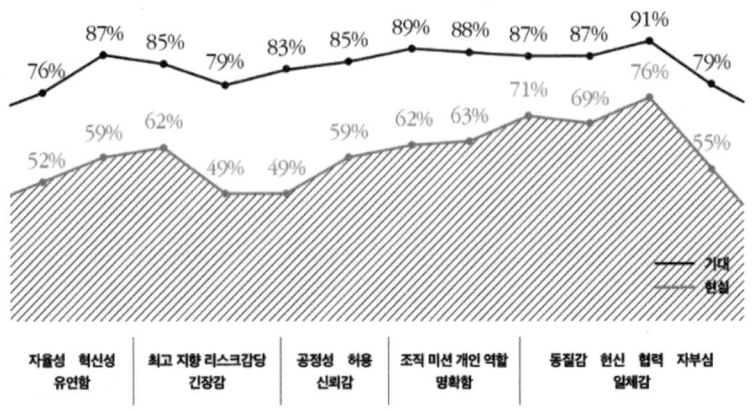

리더십스타일과 함께 결과를 살펴보면 이러한 경향이 더욱 뚜렷하게 나타난다. 비전형 리더십에 대한 욕구는 조직풍토 중 명확성에 대한 욕구, 코칭형 리더십은 유연함과 밀접한 관련이 있다. 이런 경향은 특히 2030세대일수록 더 강했다. 직무 몰입도와 리더십스타일의 상관성을 살펴보면 같이 일하고 있는 리더가 비전형 또는 코칭형이라고 응답한 구성원의 직무 몰입도가 가장 높았고, 지시형이라고 응답한 구성원의 직무 몰입도가 가장 낮게 나타났다. 6가지 리더십스타일을 처음 제시했던 다니엘 골먼Daniel Goleman도 지시형과 솔선형은 조직풍토에 미치는 전반적인 영향이 음의 방향이고, 비전형·코칭형· 관계중시형·민주형 네 가지 스타일은 모두 긍정적이라고 보았다. 특히 이 네 개의 리더십스타일을 한 리더가 두루 활용하는 것이 중요하다고 강조한다.[15] 2018년부터 한살림은 특히 비전형과 코칭형이 바람직한 리더십스타일이라고 보고 이를 위한 직책자 코칭교육을 강화해오고 있다.

15-Goleman (2000), Leadership That Gets Results, HBR

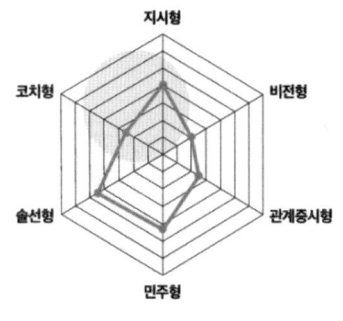
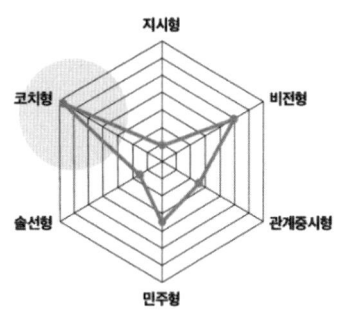

직책자의 대표적인 리더십스타일   보완해야 할 리더십스타일

조직풍토, 리더십스타일 조사를 통해 얻은 시사점은 성과관리 프로세스를 운영하면서 받았던 아래의 피드백과 맥이 닿아 있다.

"성과미팅에 참여해서 가치를 창출하면 나에게 무엇이 좋습니까?"
"내가 어디에, 어떻게 기여하는지 충분히 대화하고 싶어요. 성과미팅을 잘하고 싶지만 대화를 나눌 콘텐츠가 없습니다. 조직이 나아가고자 하는 방향을 잘 모르겠어요."
　　　　　　　　　　　　　- 2018년 인사관리개선 실무자 인터뷰

이처럼 일하는 방식의 변화, 조직풍토, 리더십스타일의 개선은 보상, 승진, 이동배치, 직책자 선발과 같은 공정성을 확보하기 위한 인사제도 개선이 병행되어야 한다. 그리고 명확성을 높이기 위한 전략 수립, 조직 수준의 성과 측정과 피드백이 강조된다. 조직풍토와 리더십스타일을 개선하고 싶다면 우선 측정하자. 측정하지 않으면 더 나아지고 있는지 인식할 수 없다.

인사시스템 :
구성원과 함께 직무가치 중심으로 인사제도를 개선하자

협동조합은 성과와 가치를 창출해야 하는가? 혁신이 필요한가? 성장해야 하는가? 당연히 그렇다. 더 많은 조합원이 협동조합의 미션에 공감하고 제공하는 다양한 서비스를 이용하고 운영에 참여할 수 있는 구조를 만들어야 한다.

성과 창출이 중요하다는 메시지를 구성원들과 어떻게 공유할 수 있을까? 제도를 통해 그 기반을 마련할 수 있다. 특히 공정성이 중요하다. 공정성이라는 개념은 창출하는 가치에 기반해서 합당한 처우를 받고 있다는 느낌이다. 느낌은 주관적이지만 느끼는 만큼 행동하기 때문에 성과와 밀접한 연관을 갖는다. 결국 이 느낌들을 객관화하기 위해서는 여러 주관들을 합의해가는 과정이 중요하다. 변화 수용성을 확보하기 위해서 충분한 대화를 갖는 것이 변화된 제도가 작동하는데 유리하다.

공정성을 중심으로 한 인사제도 개선의 열쇠는 직무가치$^{일의\ 크기}$ 중심의 인사제도다. 영리, 비영리를 막론하고 많은 조직들이 직급이라는 개념을 '일의 크기'와 무관하게 활용한다. 직급체계를 간단명료하게 직무가치를 중심으로 정리하려는 노력이 필요하다. 직급체계 개편을 한다고 가정했을 때 두 가지 질문이 생긴다.
① 직무관리는 어떻게 하나?
   자격요건, 업무프로세스, 창출해야 할 책임이 있는 성과,
   직위 수와 직급 결정
② 직무관리는 누가 하나?

이 두 가지 질문에 답하기 위해서는 직급별 직무가치를 정립하고 성과가 인식되어지는 구조를 마련하는 것이 중요하다. 앞서 언급했던 성과관리 프로세스에 몰입할 수 있는 환경을 갖춰야 한다. 직무가치에

기반한 직급체계는 단순명료할수록 좋다. 이 개념이 자리 잡게 되면 기대성과가 높고 역량을 갖춘 적임자가 빠르게 조직장[16]이 될 수 있는 기반을 마련할 수 있다. 더불어 각 단계는 서열관계가 아닌 역할단계에 따른 구분이라는 인식 조성이 매우 중요하다. 두 번째 질문에 대한 답은 이미 나왔다. 직무관리는 조직장이 한다. 구성원의 기대성과를 예측하고 필요 역량을 가장 잘 알 수 있는 사람이 조직장이기 때문에 직무관리의 주체는 조직장이 되어야 한다. 즉, 인사관리 권한을 조직장으로, 더 나아가 구성원 개개인에게 확대하는 것이 중요하다. 급여나 이동배치, 직위공모제, 평가제도는 직급체계 개편을 한다고 했을 때 그 방향에 맞춰서 일관된 원칙으로 조직장이 리더십을 발휘할 수 있는 기회를 주어야 한다.

전략과 거버넌스 :
조합원 경험을 끌어올리기 위한 전략을 수립하고 조정해나가자

전략은 우선순위다. 전략을 배치하는 맥락과 계획의 결합, 순서가 성공 가능성을 상당부분 결정한다. 생협의 전략을 논의함에 있어서 가장 앞 페이지에 놓아야 하는 것이 있다면 '조합원 경험'이라고 말하고 싶다. 협동조합에서 조합원의 의무라면 이용, 출자, 운영을 이야기한다. 생협은 조합원을 이용의 주체로서 대접하고 있을까? 협동조합은 조합원의 필요를 스스로 해결하려고 만든 조직이다. 조합원의 필요에 응답하는 조합원가치는 물품만으로 설명될 수는 없다. 편의성, 신뢰성, 자부심 등 무형적인 가치를 고려해야 하기에 가치를 잘 엮어내는 것이 중요하다.

---

[16] 피터드러커에 의하면 조직장은 경영의 주체로 다음과 같은 역할을 수행한다. ①조직장은 공동의 목표를 향해 구성원을 통합하고 성장하고 발전할 수 있도록 돕는다. ②커뮤니케이션과 개인의 책임을 바탕으로 조직화 한다. ③성과를 구체화하고 측정해서 개선한다.

마이클 트레이시는 『마켓리더의 전략』에서 '제품리더십, 운영탁월성, 고객밀착'이라는 세 가지 전략을 제시한다. 제품리더십이란 연구개발을 통해서 시장을 선도하는 전략이다. 흔히 업계 선구자 전략으로 애플과 삼성의 전략이 이에 해당된다. 운영탁월성은 높은 품질, 저비용, 빠른 납기와 같은 운영효율성을 높이기 위한 전략으로 도요타, 아마존, 팍스콘 등이 쓰는 전략이다. 고객밀착은 고객의 아픈 곳을 솔루션을 통해 긁어주는 것이다. 흔히 컨설팅회사를 예로 드는데 대표적인 기업으로 통합솔루션을 제공하는 IBM이 있다. 트레이시는 셋 중 어느 하나에 탁월해야 하고, 나머지 두 가지는 동종 업계에서 평균 이상은 해야 한다고 조언한다. 하나의 탁월성이 구매할 이유를 제공한다면 나머지 두 가지는 구매하지 않을 이유를 제거해야 하는 영역인 것이다.

생협은 과거 유정란만으로도 시장을 선도할 수 있을 정도로 물품리더십 전략이 강했다. 현재는 이 가치는 평준화되고 운영탁월성은 다른 업체나 단체에 비하여 낮다. 조합원이 물품 이용에서 이탈하는 이유가 바로 여기에 있다. 조합원 편의성과 적정한 가격, 일정한 품질 등에 이르기까지 조합원이 '이것 때문에 생협을 이용하지 않는다'라는 조건을 없애는데 주력해야 한다. 고객밀착 전략을 생협에 적용해보면 마케팅 퍼널Marketing Funnel17에서 아래로 넘어갈 때 도움을 주는 것이다.

생협은 앞으로 식생활, 공제, 육아, 돌봄, 복지, 헬스케어, 일자리 등 조합원의 생활에 필요한 솔루션을 어떻게 제공할 수 있을지에 대해 고민하고 가치를 창출할 수 있게끔 대비해야 한다.

정리해보자면 사업의 규모화는 시장 성장을 전제하게 되고, 경쟁자의 유입을 유도한다. 조합원에게 가치를 주지 못하면 무임승차했던 조합원들일수록 전환에 따른 기회비용이 적으므로 조합을 떠날 것이다.

17-흔히 '마케팅 깔때기'라고도 한다. 조합원은 브랜드 인지(Awareness) → 관심과 흥미(Interest) → 고려와 바람(Desire) → 이용·반복이용(Action)의 과정을 거치게 된다. 이를테면 건강한 먹을거리에 관심 있는 시민, 잠재조합원에서부터 이용을 반복적으로 하는 조합원까지 그 사이에 대한 과정을 관리하는 것이다. 잠재조합원을 확보하는 것, 이용으로 이루어질 확률, 반복이용이 이루어지는 정도 등 조합원 전체 스펙트럼에서 어디에 집중할 것인가, 취약한 연결고리를 발견하는 것은 중요한 문제이다.

성장률은 점차 둔화되고 조합 내 이해관계의 셈법은 복잡해진다. 이럴 때일수록 힘들지만 모든 역량을 집중해서 전략의 해상도를 높이는 것이 필요하다. 지도를 구체적으로 그리는 작업에 에너지를 쏟고, 그 과정을 충분히 조합원과 가져가는 것이 중요하다.

협동조합은 이해관계가 복잡하고 의사소통 비용이 높기에 전략을 수립하고 추진하기까지 민첩성을 갖추기 어려운 특성이 있다. 이는 전략이 갖고 있는 특성 때문인데, 전략적 의사결정은 필연적으로 트레이드 오프$^{Trade\ Off}$, 즉 '선택과 포기'를 요구한다. 이에 많은 협동조합을 비롯한 비영리조직들이 전략적 의사결정보다 운영효율성에 초점을 맞추거나, 전략을 결과와 혼동한다. 지나치게 포괄적이고 정체성과 무관한 것들을 나열하면서 전략으로 오인하곤 한다. 나쁜 전략은 좋은 전략의 출현을 방해한다. 완벽한 전략을 하루아침에 만들고 커뮤니케이션 할 수 있는 것은 아니지만 분명한 것은 혁신을 고려한다면 생협 내 전략 실행을 모니터링하는 단위를 꾸리고 전략을 발전시키는 논의를 시작해야 한다.

가치는 조합원이 정한다. 여전히 많은 생협들이 공급자 중심의 관점으로 할 수 있는 것들을 하고 있다. 조합원 관점을 갖는다는 것은 할 수 있는 것을 하는 것이 아니라 이해관계자 모두 하나의 방향, 조합원을 바라보면서 해야 하는 것을 한다는 것을 의미한다. 그것은 조합원 경험에 집중하는 것이다. 이것이 가능하려면 조합원을 바라보는 관점의 변화도 수반되어야 한다. 조합원은 생협의 가치를 공유하는 대상이기 이전에 자기 삶에 좋은 것을 행하는 과정에서 생협을 찾는 존재다. 우리는 조합원의 삶과 필요에 귀를 기울이는 것이지 조합원이 어떠하길 바라는 것이야말로 대상화가 될 수 있음을 경계할 필요가 있다. 앞서 한살림의 경험 속에서 명확한 조직풍토, 비전형·코칭형 리더십에 대한 구성원의 요구는 전략과 조직문화가 다르지 않음을 대변하고 있다. 구성원들은 의미 있는 전략이라면 기여하고 싶어 하고, 그 기여를 통해 성장하고 싶어 한다.

일본의 협동조합들은 FEC$^{푸드·에너지·케어}$의 가치와 SDGs^{지속가능발전목표}를 지향점으로 삼아서 전략의 명확성과 사회적 책임성을 강조하고 있고, 생활클럽같은 생협들은 육아세대에 집중을 통해 물품사업 전략과 생활지원을 강조하고 있다. 한국의 생협들은 '누구'를 위해 '무엇'을 할 것인가? 조합원에게 생협이 있다는 현실을 어떻게 쌓아갈 것인가? 조합원 경험을 끌어올리기 위한 전략에 대한 논의를 시작하자.

성과관리 :
모두가 함께 바라보아야 하는 계기판을 마련하자

성과는 미션, 비전에 닿는 정도이자, 고객의 입장에서 가치 있는 결과물이다. 즉 우리가 수행하는 다양한 사업과 활동들이 가치라는 렌즈를 통화해야만 성과가 될 수 있다. 이처럼 성과관리는 가치라는 측면에서 주관을 합의해나가는 과정 그 자체다. 많은 생협들이 성과측정을 어려워한다. 영리기업처럼 매출액이나 영업이익률과 같은 결과 중심의 지표들이 아닌 사회적 가치도 지향해야 하다 보니 성과를 측정하고 인식하는 것이 더 복잡하고 어렵게 느껴진다. 이런 어려움을 해소하기 위해 사회적 회계나 BSC^{균형성과표}, 지속가능성 지표들을 참고하거나 영리기업에서 적용하고 있는 하향식 목표 수립$^{Top-Down}$, 순차적 세분화^{Cascading} 과정을 강조하면서 수많은 지표들을 관리하는 조직들도 있다.

하지만 흥미롭게도 2010년대 들어서서 GE, 마이크로소프트, 어도비 등 많은 글로벌 기업들은 하향식 목표관리, 평가를 통한 등급화와 상대평가, 성과에 따른 인센티브를 폐지하는 경향이 강해졌다. 이러한 균열의 중심에 '평가'가 있다. 지표를 할당하고, 숫자를 채우고, 등급을 산정하고, 급여를 지급하는 방식이 자발성을 떨어뜨리고 협업을 저해한다는 비판의 목소리가 높아지게 된 것이다. 이는 측정에 관한 모순과 관련이 있다. 업무평가를 당한다고 생각하면 마음이 불편하지만 볼링, 야구, 마라톤을 할 때 기록을 살펴보는 게 당연한 것과 같은 이치다.[18] 무언가를 측정하겠다고 하면 그 자체로 목표와 지향점에 대한 메시지가 되기도 한다.

 성과관리는 잘했는지 못했는지 평가하는 것이 아닌 개선을 위한 지속적인 피드백이다. 측정은 잘하고 있는지 인식하고 소통하기 위한 것이면서 동시에 가장 큰 동기유발의 요소다. 측정은 마치 계기판과 같은 것이어서 조직에서 관리하는 핵심 성과지표는 너무 많을 필요도, 구성원에게 할당할 필요도 없다. 구성원들은 복합적$^{Cross\ Functional}$으로 해당 지표에 기여하고 있다는 느낌만 가지면 된다. 평가는 의식적으로 하지 않아도 평가된다. 그동안 평가의 객관성을 확보하느라 피드백의 기회와 리더십을 잃어버렸는지도 모른다. 진정한 의미의 성과관리가 자리 잡으려면 측정과 피드백을 평가와 구분하는데서 시작되어야 할 것이다. 전략을 어떻게 실행하고 관리하고 구성원과 공유해나갈 것인가? 구성원들이 바라보아야 하는 하나의 페이지를 마련하기 위한 논의를 지금 당장 시작해야 한다.

포스트코로나 :
더 나은 방식은 늘 있다

코로나19로 인한 팬데믹 상황은 식품 유통, 공공 보건의료체계, 사회서비스, 일자리, 교통시스템, 교육 등의 위기를 가져왔다. 역사적으로 그래왔던 것처럼 협동조합의 협력·연대·공생의 가치는 세계 곳곳에서 구심점 역할을 하고 있다. 한국의 한살림, 아이쿱생협, 두레생협, 행복중심생협과 같은 생협들도 취약계층을 위한 먹을거리 나눔을 적극적으로 실천했다. 한편, 그 어느 때 보다 불확실한 시대다. 코로나 이후 생협이 한국 사회에 유효한가에 대한 질문은 더욱 가속화될 것이라는

18-딘 R 스피처, 이규장 역, 2008, 『KPI 이노베이션 조직』, 한국경제신문사, 11면.

전망도 있다. 통계청에 따르면 2020년 6월 식품 부문의 온라인 거래액은 1조 8,664억 원으로 전년 동월 대비 43.8% 증가했다. 구매력의 약화와 더불어 유통영역의 디지털 혁신을 경험한 시민들이 돌아오지 않는 잠금 효과Lock-In가 우려된다. 코로나19가 우리에게 던지는 질문은 예측할 수 없는 사회라는 것이다. 불확실성과 변동성이 크고 복잡하고 모호한 '정답이 없는' 사회다. 리스크를 관리해 나가면서 동시에 변화를 관리해 나가야만 한다. 빠르게 시도하고 시행착오를 통해 학습하고 다음으로 나아갈 수 있는 협업구조가 더욱 강조된다. 다리를 세우고 건너는 것이 아니라 다리를 놓으면서 건너는 노력이 필요한 것이다.[19]

한국의 생협들은 성장기를 지나 성숙기에 접어들었다. 생협의 가치들은 이제 더이상 생협만의 고유한 것이라기보다 사회 속에서 보편화되었다. 가치의 보편화는 역설적으로 위기를 가져왔다. 생협의 가치가 앞으로도 유효하기 위해서는 고통에 가까운 혁신이 필요하다. 피터드러커는 1981년 잭웰치에게 이런 두 가지 질문을 했다고 한다.

"이 사업을 하지 않았더라면, 지금 시점에서 이 사업에 뛰어들 것인가?" 대답이 아니라면, 두 번째 질문, "앞으로 어떻게 할 것인가?"

꼭 사업의 업태만이 아니라 앞서 우리가 살펴본 경영의 요소들을 모두 낯설게 바라보지 않으면 더 나은 미래를 장담하기 어렵다. 조직은 가만히 있으면 나빠질 뿐이다. 옳은 것을 쫓기보다 실시간으로 좋다고 생각되는 것을 좋은 이유로 선택하고, 실행하면서 피드백을 통해 학습해가는 조직. 중요한 것은 옳다고 생각되는 고정된 상에 닿는 것이 아니라, 지금 여기에서 좀 더 기민하게 무엇을 시도할 것인지에 대한 것이다.

이 글은 비판하기 전에 이해하려고 쓴 글이다. 오늘날 한국의 생협

---

[19] 서동재, 주영호, '협동일구기 : 협동조합에서 협동은 어떻게 학습되는가', 2020.

을 이해하는 차원을 탐구하고자 하였지만 아쉽게도 지면의 한계로 문제의식 수준으로 나열된 주제들도 있다. 다만 한편의 글에서 반드시 대안까지 함께 제시해야 하는 것은 아니라고 생각한다. 오히려 그러한 의식들이 모르는 사람의 입을 막게 되는 부작용을 낳거나 조직 내부에 심리적 안전감을 떨어뜨린다. 나쁜 질문을 하면 바로 답을 할 수 있을지 몰라도 멀리 갈 수 없다. 좋은 질문은 지금은 답을 내릴 수 없을지라도 답을 찾는 과정에서 멀리 갈 수 있는 가능성을 높여준다고 믿는다.

지금 우리에게 필요한 것은 좋은 질문을 공유하고 오늘 할 수 있는 일을 하는 것이다. 행동하는 조직만이 나아질 수 있다.

불안을 딛고
함께 만드는 돌봄

조유성

당신의 몸과 마음, 지금 건강한가요

코로나 시대, 최근 친구들과의 카톡방. 최대의 화두는 건강과 돈이다. 우울감이 심해져 정신과 상담을 신청했다, 업무 스트레스로 원형탈모가 왔다, 아빠 암 보험을 왜 안 들어놨을까 후회한다, 등등. 이제는 살아내야 할 시간에 대한 두려움이 화두에 오른다. 다가올 미래에 대한 불안이 그림자처럼 드리워진다. 아래는, 내 주위 친구들의, 오늘을 살아가는 이야기이다.

갑작스런 질병으로 삶을 기획할 수 없다

A는 30대 초반의 나이에 암이란 진단을 받았다. 멀쩡하게 아침이면 출근하고 저녁이면 퇴근하던 그는, 의무적으로 하는 건강검진을 위해 가벼운 마음으로 병원을 찾았다가 암이란 진단을 받아들고 휴직에 들

어갔다. 그리고는, 삶의 풍경이 바뀌었다. 꿈꾸던 미래, 가족계획 이야기는 이제 할 수 없다. 당장 오늘 내일의 삶을 예측하기가 어렵다.

젊다고 질병의 타겟이 되지 않는 것은 아니다. 우리나라 암 환자 12명 중 1명은 20~30대이다. 암으로 인한 30대 사망자는 교통사고 사망자 수의 두 배이다. 20대는 자살과 교통사고 다음으로 암 때문에 죽는다.[1] 자살과 교통사고 등과 다르게 암이 발생하는 정확한 원인은 정확히 알기 어렵다. 과로, 스트레스, 가족력, 불규칙한 생활습관, 흡연, 음주, 비만 등이 주원인으로 꼽히고 있지만, 이에 해당되지 않는 사람도 발병될 수 있다. 소리소문 없이 다가오는 질병을 경험하게 된 개인에게, 미래의 삶을 기획한다는 것이 얼마나 힘든 일일까.

유성아. 너는. 행복하니?

오밤중에 이런 메시지가 뜨면, 가슴이 철렁하다. 디자인을 전공한 친구 B는 대학 졸업 후 직장을 네 번 옮겼다. 첫 번째 직장은 잦은 야근에 몸이 남아나질 않아서, 두 번째 직장은 들어가 보니 가족 회사여서. 세 번째 직장은 딱 2년 계약직 끝날 때 그대로 아웃. 이제 더이상 스트레스 받는 일은 하지 않겠다며 디자인을 관두고, 네 번째는 간호조무사로 취직을 했다. 이를 위해, 세 번째 직장을 다니는 와중에 잠을 쪼개가며 간호조무사 자격증을 땄다. 허나, 코로나19 상황에서 일의 범위가 갑자기 늘어나는 통에, 업무를 조정해달라고 주장했다가 권고사직. B의 마음 날씨는 어떨까. 몇 번이고 직장을 갈아타며 버텨왔건만. 시간이 지나면 지날수록 미래가 선명히 보인다고 했다. '지금보다 암울한 미래'가. 그래서 이런 질문이 머릿속에서 떠나질 않는단다. '왜 살아야 하는 걸까? 유성아. 너는. 행복하니?'

우울증 환자가 눈에 띠게 늘고 있다. 20대의 경우 2012년 5만

---

[1] 보건복지부·국립암정보센터(2019), '한국인 암 등록 조사'

2,700명 가량이던 우울증 환자가 2018년에는 9만 8,400명대를 기록하며 86%나 증가했고, 30대의 경우 2012년 7만 4,700명 가량이던 우울증 환자가 2018년에는 9만 3,400명대로 25% 증가했다.[2] 2020년, 코로나19로 전 세계적으로 우울증 유병률이 급속히 늘어나는 가운데에서도 한국은 압도적인 증가세를 보이며 OECD 1위를 기록했다.[3] 또한 스스로 목숨을 끊는 이는 얼마나 많은가. 최근 13년간 한 해를 제외하고는, OECD 회원국 평균의 두 배가 넘는 수치[4]를 계속 보여주는 자살공화국 우리나라. 푸를 '청'자를 붙여 신체적·정신적으로 한창 성장하거나 무르익은 시기에 있는 사람을 뜻하는 말인 청년靑年. 그러나 몸과 마음은 이미 멍들어 있는 이들을, 과연 청년靑年이라 부를 수 있는 걸까.

불확실한 시대의 불건전한 일자리

계급사회는 물러갔지만 현대판 자칭 상노예들은 아침이면 지옥철을 타고 주인의 집으로 출근을 한다. 회사생활이 노예생활과 다름이 없다는 C. 사람은 평생 어떤 형태로든 일을 하며 시간을 보낸다. '일'이라고 했을 때 머리 속에 떠오르는 이미지는 무엇일까. '직무, 경력, 천직'으로 일의 의미를 구분[5]한 사람도, '개인이 사회와 경제에 의미 있는 생산 활동을 통해 자신의 정체성을 표현하는 것[6]'이라는 사람도,

---

2-건강보험심사평가원(2019), '우울증 환자 통계'
3-OECD 국가별 우울증 유병률(2020) 통계에 따르면, 한국은 36.8%을 기록하며 국민 10명 중 4명이 우울증 또는 우울감을 느끼는 것으로 나타났다. 참고로 2위인 스웨덴은 30%를 기록하였다.
4-통계청(2019), '자살률(인구 10만 명당 자살자수)'. 2018년 한국의 자살자 수는 1만 3670명을 기록하며 전년 대비 9.7% 증가했다.
5-Baumeister, R. F.(1991). Meaning of life. New York: The Guilford Press
6-Bluestin, D. L.,A.C. Kenna, N.Gill, and J.E. DeVoy(2008). "The psychoLogy of working : A new framework for counseling practice and public policy", Career Development Quarterly 56 : 294~308.

일은 '자신을 창조하는 행위이기 때문에 가치를 가지고 커뮤니티와 연결하고자 하는 의미[7]'라는 사람도 있다. 요즘엔 '일'이라 하면 가장 먼저 심리적 소진을 떠올리는 사람도 수두룩하게 있다. 청년 고용률이 악화일로인 상황이지만, 취업이란 바늘구멍을 뚫었다고 해서 탄탄대로가 펼쳐지는 것은 아닌 모양새다. 청년 취업자의 43%, 절반가량은 입사 후 2년을 채우지 못하고 그만둔다. 첫 직장을 4년 이상 다니는 비율은 또 뚝 떨어져 33.3%, 3명 중 1명에 불과하다.[8] 일에 대해 강박적 특성이 높고 일을 즐기지 못하는 이른바 '환멸을 느낀 노동자 Disenchanted Workers'를 주위에서 어렵지 않게 찾아볼 수 있다.

내 삶에서 노예생활은 언제까지 이어질까. 나이가 들면 일하지 않고 살 수 있을까. 안타깝지만, 그렇지 않을 가능성이 높아지고 있다. 예전보다 더 오래 일하는 사회가 된 것이다. 노후에 시간 활용을 고민할 수 있는 경제적인 여유가 있는 노인이 아니라면, 생계를 꾸리는 기본적인 욕구 충족을 위해 아픈 몸을 이끌고 노동 현장으로 나서야 한다. 한국의 노인빈곤율은 OECD 국가 중 1위다. 노인 상대빈곤율은 50%에 달하는데, 다른 선진국들과 비교하면 복지시스템이 우수하게 마련되지 않은 미국보다도 두 배 이상 높은 수치이다.[9] 이렇게 눈물 나는 노년이 펼쳐진다면, 젊음이라는 자산이 있는 시절에 뭘 준비해야 하는 것일까. 영혼까지 몽땅 끌어서라도 서울에 아파트 한 채 정도는 마련할 수 있도록 노력해야 하는 것일까.

---

[7]-Ferrari, L.,L. Nota, S. Soresi, D.L. Blustein, K.A. Murphy, and A.C. Kenna (2009). "Constructions of work among adolescents in transition.", Journal of Career Assesment 17 : 99~115.
[8]-2019년 한국고용정보원 조사 결과
[9]-OECD(2016), "Status of poverty rate among senior citizens by country"

간병인을 고용하려면 얼마를 모아야 할까

D는 '무조건 비혼, 닥치고 저축'이란 카드를 꺼내들었다. '건강하지 않은 상태가 되었을 때 어떻게 남에게 폐를 끼치지 않을 수 있을까'라는 질문 속에서, 부단한 저축으로 간병인을 고용하여 황금빛 노년을 맞이하겠노라는. 결혼해서, 혹여나 아이라도 낳아 투자할 수 있는 여유자금은 없다.

'비혼 친구들끼리 같은 동네, 같은 아파트의 위아래 호수나 옆집에 살면 좋겠지. 비상벨이 있어서 바로 달려와 줄 수 있으면 좋겠지. 그래도 혼자 생활하기 어려운 수준이 되면 친구에게도 폐가 되니 간병인이 필요할 텐데... 간병인을 한 20년 고용해야 할 텐데 얼마나 모아야 할까. 그만한 돈을 마련하려면 죽어라 일하고 숨만 쉬어야겠네. 한 달에 이백만 원정도 필요하려나? 24시간 간병이 필요하면 더 큰 일이네. 하하하.'

이것이 60대가 아니라 지극히 평범한 30대들의 대화라니. 안타깝게도 간병인을 고용하려면 생각한 것보다 더 많이 일하고 아껴야 한다. 월 이백만 원으로는 턱도 없기 때문이다. 개인 간병인을 고용했을 경우, 환자부담은 1일 8만 원 이상이 든다.[10] 물론 낮시간 한정으로만. 야간간병 및 주말간병 등을 가족이 감당하기 어렵다면 더 올라간다. 하지만 경제적인 부분보다 더 큰 난제가 있다. 치매를 앓는다면 혼자 있을 수 없다는 것이다. 치매환자는 증상이 처음 나타난 때로부터 평균 12년 6개월 동안 투병생활을 하게 된다.[11] 배우자나 자녀도 그 시간을 버티기 어려워 '가정파괴 질환'으로 불리는데, 그 시간을 버티려면 얼마나 많은 간병비, 그리고 그보다 더한 몸과 마음의 준비가 필요할까.

10-통계청(2018), '간병인 비용'
11-Go, Seok Min, et al. 'Survival of Alzheimer's disease patients in Korea.' Dementia and geriatric cognitive disorders 35.3-4 (2013): 219~228.

내가 나이가 들면 어떻게 될까

25년 후, 한국은 전 세계에서 가장 많은 노인 인구 비율을 보유한 국가가 된다. 2020년 만 65세 이상의 고령인구 비중은 16.4%, 합계출산율은 0.84명을 기록하며 인구절벽에 따른 대대적인 충격이 예상되고 있다.[12] 이 같은 흐름이라면, 2045년에는 37%의 고령인구를 보유하며 우리보다 앞서 늙어간 일본을 제치게 된다.[13] 그리고 지금의 30대들이 본격 노인이 되어 있을 2067년경에는 46.5%[14]를 기록하며 두 명중 한 명이 노인인 나라가 되어 있을 것이다. 지금은 젊은 사람 다섯 명이 한 명의 노인을 부양하고 있지만, 내가 노인이 되면 한 명의 젊은이가 한 명의 노인을 온전히 감당해내야 한다. 내가 경험할, 다가올 미래이다.

대한민국의 지방은 소멸되고 있다. 어린이집이었던 곳들은 이미 데이케어센터, 요양원으로 탈바꿈했다. 거리에는 노랑버스 대신 '자식의 마음으로 부모님을 돌보겠습니다'라는 광고 문구가 적힌 스타렉스가 돌아다닌다. 아침·저녁, '우리 지역이 늙어가는구나'를 체감할 수 있다. 내가 노인이 되어 있을 무렵에는 얼마나 많은 데이케어센터 버스들이 분주히 도로를 달리고 있을까. 아니, 그렇게 노인이 많은 세상에서 내 몸 누일 병상 하나는 확보할 수 있을까. 아차, 내가 늙는 문제보다 더 빠르게, 곧 찾아올 우리 부모님의 돌봄은 어떻게 해야 할까.

내가 누리고 싶은 돌봄, 다수의 힘을 모아 실현하기

나와 내 주위의 친구들이 주로 고민하고 있는 늙어감, 건강, 돌봄 등의 '보이지 않는 불안'을 어떻게 조금이라도 보다 나은 방법으로 준비

---
[12] 통계청(2021), 고령인구율 및 합계출산율
[13] UN(2019), '세계 인구 전망'
[14] 통계청(2017), '2017~2067년 장래인구 특별추계'

하거나 해결해볼 수 있을까. 백지장도 맞들면 낫다고 했던가. 다수의 시민이 모인 힘은 개인보다 강하기에, 우리에게는 협동조합이 있다. '돌봄'을 떠올릴 때 연상되는, 종교법인, 사회복지법인 등의 전통적인 제공자들이 우리 주변에 있다. 하지만 과연 그와 같은 제공방식만으로 충분한가. 사회적경제를 통해 공공성을 높인 새로운 민간의 참여를 이끌어 낸 영국 및 일본의 사례처럼, 협동의 방식이 지니는 정체성이 사회서비스[15]라는 영역에서 제대로 발현된다면 이용자 입장에서 보다 질 좋은 서비스를 제공받을 수 있는 하나의 선택지가 될 수 있다.

협동조합의 정체성에 대한 논의에서 대표적으로 언급되는 레이들로 박사의 '협동조합의 정체성에 관한 ICA의 성명(1995)'은, 전 세계적인 위기에 대한 진단 하에 협동조합 조직의 필요성 및 협동조합이 공통적으로 추구해야 할 구체적인 내용에 대해 밝히고 있다. ICA에서 명시한 협동조합의 정의에서 포착되는 특성이, 사회서비스가 제공되는 현장에 적용된다면 다음과 같은 강점이 나타날 것으로 기대된다.

ICA 협동조합 정의와 사회서비스 제공과의 관계

협동조합의 정의	협동조합에 의한 사회서비스 제공 시 기대되는 강점
공동으로 소유하고	다자성, 주체성
민주적으로 통제하는	민주성, 투명성, 자주관리
사업체를 통해	창의성, 실험, 혁신
공동의 경제적 사회적 문화적 욕구와 갈망을 충족하고자	이용자 권리 옹호, 돌봄의 질 향상
자발적으로 단결한 사람들의 자율적인 결사체이다	적극성, 참여성

15-2013년 1월 시행된 사회보장기본법에서는 '사회서비스'의 개념을 '국가·지방자치단체 및 민간부문의 도움이 필요한 모든 국민에게 복지, 보건의료, 교육, 고용, 주거, 문화, 환경 등의 분야에서 인간다운 생활을 보장하고 상담, 재활, 돌봄, 정보의 제공, 관련시설의 이용, 역량 개발, 사회참여 지원 등을 통하여 국민의 삶의 질이 향상되도록 지원하는 제도'로 규정하였다.

저성장 시대에 돌입하며 새로운 도전을 받고 있는 복지국가들은, 현금 급여 제공 방식에서 사회서비스 중심으로 변화하고 있는 모양새다. 이때 정부의 예산을 정책 기조에 맞추어 투명하게 집행하면서도, 더욱 창의적으로 지역 밀착 서비스를 제공할 수 있는 민간의 파트너로 협동조합 등의 사회적경제에 대한 기대가 높아지고 있다. 특히 협동조합 원칙에 비추어 볼 때에도 '조합원의 민주적 통제, 협동조합 간 협동, 커뮤니티 관여' 등에서 도출되는 민주적 거버넌스, 민·관, 민·민 사이의 네트워크 활성화, 지역주민의 필요 내용과 지역의 특수성을 반영한 서비스가 실현될 것을 기대해볼 수 있다. 또한 자율과 독립의 원칙에 입각한 사업체로 운영되므로, 전통적인 제공기관들에 의해 수행된 사회서비스 전달체계 방식에 균열을 내며 다양한 실험을 시도하는 주체가 될 것으로 예상된다.

넉넉하지 않은 복지 지출

한편, 현재 한국의 복지체계는 어떠할까. 기존 체계에서 누릴 수 있는 돌봄의 선택지에 대해 살펴보자. 당신이 만약 재정적으로 걱정없는 풍족한 상황이라면, 너도나도 선호하는 대기업 브랜드의 친절·깔끔·럭셔리한 고급 서비스를 이용하면 될 것이다. 한편, 중위소득 50% 이하의 빈곤한 상태에 놓여 있거나, 갑작스런 실업, 질병 등의 위험에 처해 있다면, 국민을 보호하기 위해서 정부가 제공하는 급여를 신청해서 받을 권리가 있다.

    국가의 사회보장제도는 고정되어 있는 것이 아니다. 사회에 대한 정부의 철학과 당대 시민들의 정치적 행동에 의해 다양한 정책과 서비스가 마련된다. 한국은 국민의 삶의 보장을 위해, 어느 정도의 지갑을 마련해 놓았을까. 이 지갑을 채우는 국민의 조세 부담은 어느 수준일까. 2019년 한국의 공공사회복지지출은 GDP의 12.2% 정도로, OECD

평균의 절반 수준이다. 이에 비해 조세 부담은 GDP의 26.7% 수준으로 OECD 평균인 34%에 견주어볼 때[16], 조세 부담 수준에 비해 사회복지에 지출하는 비중이 낮은 편이다.

세금을 어떻게 걷고 어디에 적절하게 집행할 것인가는 늘 골머리를 앓는 과제일 수밖에 없다. 2020년 초유의 코로나 시국이 펼쳐졌을 때, 한국은 온 국민을 대상으로 보편적인 재난지원금을 집행하기도, 타깃을 정해 더 필요한 곳에 핀셋 지원하자는 결정을 내리기도 했다. 누구나 나이가 들기에 내 삶에 찾아올 수밖에 없는 돌봄의 순간에 국가는 어떤 실질적인 도움을 줄 수 있을까. 모든 정책의 의사결정에는 우선순위가 있고, 특히 돌봄과 관련해서는 당장 죽어가는 사람, 어려운 사람을 먼저 일으켜야 하기 때문에 나의 자산과 소득, 건강 상태와 가족구성원의 상황에 따라 각기 다른 지원을 받는다.

하지만 기초생활 수급자나 아동폭력 피해자와 같이 긴급하게 전적으로 국가가 나서줘야 하는 상황을 제외하고, 스스로의 자산을 동원해 필요한 모든 서비스를 구매해서 향유할 수 있는 형편이 아니고서는, 항상 '빈틈'이 있고 그 빈틈에는 돌보는 가족의 절망이 자리한다. 돌봄이 필요하지 않는 현재에는 불안이 삶을 감싸고, 돌봄이 필요한 현재에는 절망이 자리한다. 이 같은 불안과 절망을 중위소득 플러스마이너스의 삶을 영위하는 보통의 시민들이 어떻게 대비할 수 있을까. 이때, '협동의 방식에 의한 사회서비스 제공'이라는 선택지를 떠올려본다. 공통의 '보이지 않는 미래의 불안'에 대한 필요와 욕구를, 자발적으로 참여하는 자율적인 조직을 통해 충족해보는 것이다. 정부 정책보다 빠른 걸음으로 새로운 것을 만들어보거나, 정부가 제시한 내용에서 더 나아간 내용으로 실천해보는 것도 가능하지 않을까.

구체적으로 어떻게 나타날 수 있을까. 백 점짜리 답안지를 얻을 수는 없더라도, 힌트를 얻을 수는 있지 않을까. 그래서 우리보다 먼저 나이든 사회, 고령사회에 관한 한 살아있는 인류학 교과서를 보여주는

---

[16] OECD(2019), Social Expenditure Database

일본의 한 사례를 살펴보자.

생활클럽 '바람의 마을'의 고집

사회의 흐름, 내 삶의 변화에 의해 협동의 풍경도 변한다. 우리보다 앞서 1994년 고령인구 비율 14%를 기록하며, 고령사회를 맞이한 일본. 이 같은 흐름 속에서, 안전한 먹을거리 문제에 대응하던 생협이 점차 지역사회 중심 돌봄서비스 제공에까지 나아간 사례가 있다. 발 빠르게 인구 변화의 흐름을 포착하고, 지역의 다양한 분야에서 대책을 세워 사업을 전개한 곳 중 하나는 생활클럽생협이다.

생활클럽 생활협동조합은 1965년 도쿄에서 '스스로의 생활방식을 바꾸어 풍요로운 지역을 만들어가자'는 생각을 가진 여성들의 활동에서 출발하였다. 특히 '반별 예약 공동구입'이란 모델을 확산하기도 하였다. '반班'은 여러 가정이 모여 함께 주문하고 물품을 받는 구조였는데, 이를 통해 이웃과의 관계가 소원한 도시 지역에서 친구를 만들고, 지역사회 문제에 대해 서로 상의하는 관계가 맺어졌다. 반별 공동구입을 계기로 함께 차를 마시거나, 아이를 돌봐주거나, 아플 때는 집안일을 도와주는 활동을 자연스럽게 만들어 왔다. 또한 반은 조직 단위이기도 했기에 생협의 활동방침에 대해 함께 논의하고, 민주적으로 결정하는 문화가 이루어졌다.

점차 참여하는 조합원이 증가하면서, 활동 영역을 넓히게 되었다. 안심하고 안전한 먹을거리를 적정한 가격으로 구입하고 싶다는 생각에서 출발했지만 점차 한 발 나아간 협동이 필요한 지점들을 확인해 나가며, 지속가능한 환경보호를 위한 활동, 그리고 믿을 수 있는 돌봄서비스 제공으로까지 그 영역이 확장된 것이다.

생활클럽생협에서 돌봄 분야의 협동에 있어 먼저 움직인 곳, 현재도 사업의 규모와 깊이에 있어 독보적인 곳은 치바이다. '생활클럽 바람의 마을'은 1976년 시작된 생활클럽치바를 모체로 하여 1998년에 설립되었다. 먹을거리 공급을 주 사업으로 하던 생활클럽은 왜 '돌봄'에 관심을 가지게 되었을까. 1994년, 생활클럽치바는 제4차 중기계획을 수립하면서 '새로운 협동조합'으로 자리매김할 것을 선언했다. 농협, 생협 등이 사업 규모를 확장해나가면서 현실 개혁을 위한 운동성이 약해지고 있다는 비판에 맞서 '앞으로는 지역사회에서, 사람을 중심으로, 변화하는 협동조합이고 싶다'는 바람이 있었다.

가정방문형 가사서비스 제공이 주가 되는 재택돌봄사업을 개시한 다음 해인 1995년, '고령자복지시설건설준비회'가 발족되었다. '자신이 살고 싶다고 생각하는 시설을 만든다'는 컨셉으로, 5년의 준비 끝에 특별양호노인홈 '바람의 마을'을 설립하였다. 모든 이용자가 1인실을 이용하고, 개인실의 중앙에 소그룹 거실을 두어 살아온 집과 비슷한 생활을 영위할 수 있도록 했다. 일본 최초로 본격적인 유닛형 특별양호노인홈을 구현했으며, 이 모델은 곧 국가 표준이 되어 전국에 보급되었다. 생협 조합원의 바람이 사업화로 이어졌고, 이를 정부가 정책화하여, 사회 보편적인 내용으로 확산된 것이다.

처음부터 순조롭게 일이 진행된 것은 아니었다. 건립 준비 시절, 조합원들이 흔쾌히 새로운 사업, 노인시설을 건설하는 것에 동의한 것은 아니었다. '생협의 많은 돈을 기부해서 특별양호노인홈을 만들어도 입주할 수 있는 사람은 50여 명 남짓이고 조합원이 우선순위로 입소할 수 있는 것도 아닌데, 이렇게 지어도 되는 걸까'라고 질문하는 조합원들도 많았다. 이 같은 물음에 건설준비위원회는 "들어갈 수 있는 사람은 소수에 불과하지만, 이 시설이 전국적인 모델이 된다면 정부, 지자체의 정책에도 영향을 줄 수 있고, 그렇게 되면 결과적으로 많은 사람들이 이와 같은 시설에 들어갈 수 있다"라고 설득하였다. 그리고 그 생각은 현실이 되었다. 바람의 마을이 꿈을 이룰 수 있던 것은, '내가 살고 싶다고 생각하는 것'을 끝까지 붙들고 실체로 만들어 낸 고집이 있었기 때문이다. 그리고 이러한 실천이 가능했던 것은 '조합원 스스로 출자·이용·운영에 참여하여 생활의 문제를 해결한다'는, 생활클럽 생협에서 쌓아온 협동운동의 저력이 있었기 때문이다. 이런 경험을 바탕으로, 정부의 사회복지 정책에만 기대는 방식을 넘어, '우리가 필요한 서비스를 우리가 만든다'는 생각을 모아 추진해간다. 컨설팅 비용을 들여 전문가들에게 사업계획을 맡기는 형식이 아니라, 비전문가인 조합원과 지역주민의 요구를 담아 스스로 하나하나 만들어갔다. 나의 부모 그리고 내가 살고 싶은 삶의 모습을 힘을 모아 만들어내는 것이다.

그로부터 이십여 년이 지난 현재, 연매출 약 70억 엔, 직원 1,800여 명이 참여하는 규모로 성장했다. 노인·아동·장애인·간호·상담 등의 분야에서 93개의 사업소를 운영하며 지역에 굳건히 뿌리내렸다.

협동조합의 틀을 벗어나 지역사회를 향하여

바람의 마을을 포함하여 치바 지역에는 '생활클럽 치바그룹'으로 불리는 아홉 단체가 있다. 생활클럽치바를 모체로 하여 탄생한 조직들로, NPO, 사회복지법인 등 다양한 법인격을 통해 지역에서 필요한 사업들을 민첩하게 만들어간다. 먹을거리에서 시작한 생협에서의 고민은 지역의 필요에 의해 환경보호, 개발도상국 지원, 보람 있는 일자리 창출, 육아지원, 노인돌봄, 아동학대 대응, 빈곤대책, 장애인 취업 지원 등 다양한 분야로 확장되었다.

'생활클럽 치바그룹'은 또한 일본판 커뮤니티케어 정책이라 할 수 있는 '지역포괄케어'의 실천 모델이 되고 있다. 특별양호노인홈이 쏘아올린 공은 시간이 지남에 따라 새로운 분야로도 확산되고 있다. 생활에 필요한 서비스가 일상 생활권역에서 적절하게 제공될 수 있도록 '지역포괄케어시스템의 허브'가 되는 것이다. 모든 사람이 살던 곳에서 떠나지 않고, 계속 살아갈 수 있는 시스템을 조성하고 있다.

생활클럽치바그룹의 주요활동 내용

단체명	주요 내용
생활클럽생활협동조합 (생활클럽 무지개 마을)	조합원이 출자, 이용, 운영을 통해 식·에너지·돌봄의 사회문제에 대응하는 생활협동조합
사회복지법인 생활클럽(생활클럽 바람의 마을)	지역을 중심으로 '누구도 있는 그대로 사람답게 정든 지역에서 살아가기'라는 이념을 가지고 고령자, 장애인, 아동 등 전 분야에 걸친 사회복지사업 등을 실천
NPO법인 비누의 마을	지역주민 참가를 통해 환경보전형 마을만들기를 실현, 리사이클 비누사업 및 마을만들기 사업 등을 전개
NPO법인 워커즈콜렉티브치바현연합회	작은 사업소들이 공동으로 연대하여 풍부한 지역사회를 만들어감, 출자·운영·노동의 협동이 중심이 되는 워커즈콜렉티브들의 연합회
특정NPO법인 커뮤니티케어마을넷	안심하고 살아갈 수 있는 지역 협동사회 만들기를 위해 생활지원서비스, 육아지원사업, 상담, 지역 교류사업 및 카페운영, 복지서비스 평가조사사업 등을 수행
NPO법인 지구시민교류기금EARTHIAN	얼굴이 보이는 교류와 지원을 수행함. 파키스탄 카라치시의 알카일아카데미의 직업훈련소 지원, 라오스의 삼림보전 및 농업개발 등을 지원
특정NPO법인 치바시민활동·시민사업서포트클럽(NPO클럽)	시민 주체의 지역 만들기를 실현하기 위한 상담, NPO 지원, 지역코디네이팅, 홍보사업 등을 전개
NPO법인 기름의 숲을 지지하는 모임	모든 어린이가 웃을 수 있도록, 사회적 양호시설과 그 이후의 삶을 물심양면으로 지지하는 모임, 생활 지원 및 자립지원사업을 운영
NPO법인 유니버셜취로네트워크치바	누구라도 당연하게 지역에 참가할 수 있는 사회를 위해, 장애가 있거나 생활 곤궁 등으로 일하기 어려운 사람들이 일할 수 있도록 지원. 직업훈련 및 취업 지원, 기업지원 등을 수행

예를 들어, 지역 거점에서는 주민 교류의 장이 열리고, 독거노인들과 워커즈콜렉티브에서 만든 저녁 도시락을 나눈다. 자원봉사자 양성강좌를 열고, 과정을 수료한 이들은 살롱에서 활동하기도 한다. 이 같은 사례는 지역포괄케어를 생활클럽 치바그룹의 방식으로 펼쳐가는 '안심 시스템 제도' 중의 하나이다. 돌봄시설이나 서비스 관련 이용계약을 맺은 경우뿐만 아니라, 지역의 누구라도 소외되지 않고 안심하고 살아갈 수 있는 체계를 마련해간다.

돌봄이란 키워드로 삶의 어려운 장면에 대응해가는 모습은 변화무쌍하다. 정부 수가와 지원금만을 바라는 모습이 아니다. 정부 및 지자체와 협력할 부분은 협력하고, 역으로 먼저 실천해서 제안하기도 하며, 기존의 제도를 취지를 살려 멋지게 운영해버린다. 제도의 안과 밖에서 돌봄이 벌어지고 조직되며 변화된다. 무늬만 사회적경제, 겉모습만 협동을 부르짖는 것이 아니라 '돌봄'을 재료로 삼아 실질적으로 더불어 사는 지역사회를 만들고자 움직인다.

이를 가능하게 만든 건 지역사회를 기반으로 한 탄탄한 네트워크이다. 생활클럽생협이라는 든든한 지역조직, 그리고 지역주민들이 각기 다른 목적을 가지고 모여 만든 단체들이 협력하여 '돌봄이 필요한 지역주민'을 둘러싸고 있다. 이러한 사례를 통해 살펴보니, '지역포괄케어'라는 것이 정부가 발표한 문서 안에서만 존재하는 것이 아니었다. 진정한 참여를 통해 치바에서 살아가는 주민의 손에 쥐어지게 된 것이다.[17]

좋은 돌봄의 모습은 무엇인가

생활클럽 바람의 마을에서 구상하고 현실화 한 돌봄의 구체적 모습은

---

[17] 카제노무라의 역사와 전체의 상, 앞으로의 지향을 추가적으로 살펴보고 싶다면 『挑戦を続ける生活クラブ風の村』(池田 徹, 2015)를 참고.

'누구나 자신다운 모습을 잃지 않으면서, 지역에서 살아갈 수 있도록 하는 것'이다. 이 같은 바람이 구체적인 실천의 형태로 나타날 때, 질 높은 돌봄은 어떻게 형성될까.

돌봄 제공기관이나 제공자에 대한 매뉴얼을 제정하고 감독하는 것만으로, 돌봄 대상자에게 다양한 선택권을 주는 것만으로 좋은 돌봄이 제공되기는 어렵다. 좋은 돌봄은 돌봄 대상자와 돌봄 제공자 간 좋은 관계에서 가능하다.[18] 화폐를 통해 거래되는 교환, 위로부터 아래로 전달되는 행정적인 관리의 영역을 뛰어넘는 무언가가 있다. 돌봄의 순간에 마주 앉은 당사자 사이의 좋은 관계가 좋은 돌봄의 제1의 조건이라는 명제는 대단히 중요하다.

요양보호사들을 대상으로 한 그룹인터뷰를 통해 '좋은 돌봄'의 필요조건으로 다섯 개의 핵심 개념이 도출되었다. 그것은 '소통과 교감, 인격적 만남과 확대된 가족, 민감한 살핌과 맞춤 서비스를 제공하는 전문적이고 유연한 종합 판단력, 관리자의 적절한 중재, 가족·노인·요양보호사의 삼각 파트너십'이었다. 전국적으로 재가 장기요양서비스의 급여체계가 유사한 상황에서, '보다 좋은 돌봄'은 결국 돌봄을 제공받고 제공하는 주체들의 관계 속에서 형성되고 있었다. 이는 돌봄을 제공하는 자가 지속적으로 전문성을 발휘하고, 돌봄을 제공받는 자가 자기답게 존재하게 하는 실천의 핵심이 된다.

내 삶의 현장에 좋은 돌봄 실현하기

그렇다면, 이제 궁금해진다. 이러한 좋은 돌봄을 내 삶의 현장에서 만들기 위해서는 어떻게 해야 할까. 뉴스에서 대변인이 떠드는 보기 좋

18-'좋은 돌봄'에 대해 돌봄 제공자의 인식에 기반을 두어 연구한 결과는 아래의 두 연구를 참고. 최희경. '노인요양시설 요양보호사가 인식하는 좋은 돌봄에 대한 연구' (노인복지연구 48.1 (2010): 31~58). 석재은. '장기요양서비스의 질 개념 정립과 향상 방안: 현행 전략의 한계와 좋은 돌봄을 위한 현장의 목소리' 한국사회복지학 66.1 (2014): 221~249.

은 문서에서 나아가, 실질적으로 내가 그런 서비스를 받을 수 있으려면 어떻게 해야 할까?

앞서 언급한 생활클럽의 조합원들이 '건립위원회'를 구성하여 함께 공부하고 홈헬퍼^{가사관리사}가 되기 위한 자격을 취득한 것처럼, 개호보험제도가 제정되기 전부터 이웃의 가정을 방문하여 설거지, 병원동행, 아이돌봄 등을 '서로 돕는 활동^{助け合い活動}'으로 실천한 것처럼 일단 서로 필요하다고 생각하는 것을 해 보는 '연습'이 중요하다. 건강한 몸을 만들기 위해서는 꾸준한 운동이 필요한 것처럼, 건강한 돌봄을 만들기 위해서는 견디면서 꾸준히 실천하는 행동이 필요하다. 가설수립과 검증이라는 절차보다는 우리 동네에서 살아가는 한 사람 한 사람이 마주하고 있는 어려움에 대해 응답해나가는 것이 중요하다.

내 조직에서, 내 현장에서 무언가 해보려는 마음을 먹었지만 그 다음 단계는 어찌해야 할까. 실체를 만들어 갈 때에, 버젓한 비전과 전략수립이 필수라고 믿고 있지는 않은지. 혹은 몇 년째 구체적인 방법을 찾기 위한 학습회와 회의만 줄곧 이어가고 있지는 않은지. 이에 대해 바람의 마을 미요시 전무이사는 다음과 같이 이야기하고 있다.

지금까지 복지사업을 해오면서 전략적 구상이 없었다고 해도 과언은 아닙니다. 재생산을 생각해 본적도 없습니다. 눈앞의 만남, 요청과 부탁 등을 진지하게 받아들여서 하다 보니 여기까지 왔습니다.[19]

가볍게 시작해 볼 수 있다. 서울시 은평구에 위치한 살림의료복지사회적협동조합^{이하 살림의료사협}처럼. 살림의료사협은 여성주의를 모토로 삼아 2012년 시작해 조합원 약 3,500명이 참여하고 있다. 모두가 평등하고 건강한 삶을 지향하며 가정의학과, 정신의학과, 부인과 협진의원과 치과를 운영해 왔고, 최근에는 방문요양과 방문간호서비스도 시작

---

[19] 「지역 협동조합 복지사업, 사회 건전성의 출발」, 이로운넷(2019. 7. 24)

했다. 협동의 사업체를 운영할 때에는 생각을 모으고 자본을 모으고 사람도 모아야겠지만, 좋은 돌봄을 위해 가장 기본적으로 준비되어야 할 것은 '돌볼 사람'이다. 삶의 경험을 바탕으로 한 전문성을 가지고, 돌봄이 필요한 이와 교감할 의지를 지닌 사람이다.

돌볼 의지가 있는 사람을 어떻게 모으고, 만나며, 양성할 수 있는가. 이 또한 관계를 바탕으로 이뤄진다. 돌봄을 제공하는 사람과 돌봄을 받는 사람이 부담 없이 가볍게 만나는 계기를 만드는 것이다.

오는 사람이 부담스럽지 않게 누구나 편하게 드나들어 차를 마시고 대화를 나누는 카페를 만든다. 그 카페에는 지역주민인 조합원들이 하고 싶은 일을 하고 싶은 만큼 한다. 주문을 받고, 차를 만들며, 어르신과 대화를 하거나 고스톱을 치고, 공연을 열기도 한다. 돌봄을 제공하는 이는 보통의 지역주민이고 돌봄을 받는 이는 치매가 있는 어르신과 그 배우자·자녀와 같은 보호자이다. 매주 토요일, 서울 구산역 인근의 작은 카페에서는 이러한 돌봄이 자발적으로, 그리고 부담되지 않는 선에서 이루어진다. 그 이름은 '서로 돌봄 카페'.

치매가 있는 A할아버지는 도미노 게임을 좋아한다. 그는 기억이 가물가물하여 이것이 파란색인지 초록색인지, 색깔은 맞추지 못하지만 숫자 세기는 30대인 나보다도 빠르다. 코로나19 감염 우려로 오랜 시간 복지관이 문을 닫은 상황. 24시간 할아버지를 돌보는 70대 후반의 할머니는 이 카페에 와서야 한숨 돌린다. 할아버지와 멀찌감치 떨어진 테이블에서 동네 사람들과 원 없이 고스톱을 치면서 말이다. 그저 도미노를 같이 쌓고, 고스톱을 치고, 옛날에 이사했던 이야기, 아들 장가갔던 이야기를 할 뿐인데도 네 시간이 후딱 간다.

치매환자와 그 보호자에 대한 각종 안타까운 사연들. 신문기사나 드라마에서의 묘사들에 사로잡혀 있을 필요가 없다. 그저 토요일이 오면, 그 카페에 모여들어 사람과 사람으로 어르신들을 만나고, 이야기를 듣고, 내 이야기도 할 뿐. 가끔 불쑥 화를 내거나 같은 이야기를 반복하실 때가 있지만, 돌봄단은 알고 있다. 그것이 너무나 자연스러운 현상이라는 것을. 어르신이 돌아가신 후, 돌봄단과 오늘 나눈 대화들, 어르신의 상황, 느낀 점들을 공유한다. 이 과정 속에서 어르신이 좋아하는 놀이를 더 알게 되고, 어르신의 삶을 더 이해하게 되고, 이 카페에서 더 준비해야 할 것들을 챙기게 된다. 그리고 서로 돌봄 카페 활동이 마무리되고, 집에 돌아가는 길. 치매를 앓고 있는 전주에 있는 우리 할머니는 어찌 지내실지 문득 궁금해지고, 환갑이 가까워 자주 시리다고 했던 엄마의 무릎도 생각이 나고, 그리고 자녀 없는 삶을 살게 될 친구들의 미래의 모습도 생각해 본다.

　시간이 지나면 지날수록 자연스럽게 확장될 수 있다. 이렇게 가볍게 '서로 돌봄 카페'를 운영하면서, 차를 마시면서 관계를 맺은 이 어르신이 조금 더 전문적인 돌봄이 필요한 시기가 되었을 때 이용할 수 있는 '데이케어센터'에 대해서, 또한 '요양원'은 어떤 모습이어야 할까 상상해본다. 그 상상이 구체적으로 발전해서 구체화가 되면 십시일반 조합원의 출자로 공간도 마련하고 본격적인 노인복지사업을 시작할 수 있게 된다. 토요일에 만나는 어르신과 보호자의 삶을 떠올리고, 이분들이 필요한 것들을 하나하나 마련해보는 경험이 쌓이면 그 결과가 어떻게 될까. 처음부터 거창한 전략이 있어서 움직이는 것이 아니라 이렇게 가볍게 할 수 있는 것부터 실천해보는 경험이 하나하나 쌓인다면, 그리고 확산되고 연결된다면, 현재의 사회복지 전달체계에 작은 반향을 일으킬 수 있지 않을까.

돌봄, 그건 국가가 해야 할 일 아니야?

이렇게 묻는 당신에게 질문해본다. '국가가 하는 돌봄'이라고 할 때 국가는 무엇을, 어떻게 해야 한다고 생각하는가. '국가가 하는 돌봄'이라고 할 때, 떠오르는 구체적인 장면이 있는가. 결국 돌봄은 돌봄이 필요한 사람을 '손과 눈, 사람의 감정을 통해서 돕는 것'인데, 그 '손길'을 떠올려보자. 국가가 하는 손길은 어떤 돌봄일까? 반대로 국가가 하지 않는 돌봄의 손길은 다른 느낌일까? 또 한 가지. 돌봄을 위해서는 돌보는 사람이 필수조건으로 있어야 하고, 이에 서비스에 대한 비용이 필요할진데 '비용'에 대해 국가가 책임지는 것이 당연하다고 생각하는가? 돌봄에 대한 비용을 국가가 전적으로 부담해야 한다고 생각한다면, 출산시기부터 영유아, 학령기, 청년, 중장년, 노년에 이르기까지 생애주기의 수많은 장면에서 돌봄 비용을 국가가 높은 수준으로 부담해야 할까?

문재인 정부가 대선 공약으로 야심차게 내세웠던 '치매 국가책임제'를 두고 국가의 역할을 생각해본다. 65세 이상 노인의 10명 중 한 명은 이미 치매를 앓고 있다. 고령사회로 빠르게 진입함에 따라 20년 후에는 현재보다 치매인구가 3배 이상 늘어날 것이다.[20] 가족 중 부모님 또는 조부모님이 치매를 앓고 있는 경우는 '보편적인 현상'이 되었다. 그렇기 때문에 '우리 집에 치매환자 있다'고 할 때의 그 부담을 '이제는 조금 내려놓을 수 있으려나' 하는 기대가 많았다. 서로 돌봄 카페에 가면 매주 치매환자와 그 보호자를 본다. 그분들의 삶이 증명하고 있다. 국가란 존재는 치매를 완벽히 책임져줄 수 없다는 것을. 우리의 조세 부담 현실과 선별 지원의 벽 앞에서, 모든 의료비 및 서비스를 제공해줄 수 없기 때문이다. 한 발 더 들어가면 매뉴얼에 명시되어 있는 존엄이 지켜지는 돌봄을 흉내 낼 수는 있지만, 실제화 되기 위해서는 정책 이외에도 현실적인 예산편성 등의 여러 조건들이 마련되어야 한다. 또한 서비스를 제공하고 인력을 양성 및 관리하는 기관, 서비스를 제공하는 사람, 즉 서비스를 전달하는 '조직과 사람'의 실력과 마음가짐, 운영철학에 따라 서비스의 내용은 천차만별로 나타난다.

---

[20] 2018년 기준 65세 이상 전체 노인 738만 명 중 치매환자는 75만 명(10.16%)을 기록하였으며, 2030년에는 137만 명, 2040년은 218만 명이 될 것으로 전망된다(통계청, 2018).

정책 수립의 기저에는 시민의 행동이 전제된다

그렇다면 무늬만 국공립, 무늬만 국가 책임이 아니라 국민의 정치적 참여를 통해 수립된 사회서비스 정책이 우리 아이, 부모님에게 '손끝까지 실질적으로' 올바르게 전해지기 위해서는, 실질적으로 정책 효과를 얻기 위해서는 어떻게 해야 할까.

'내가 원하는 사회의 모습, 내가 바라는 돌봄의 모습'을 만들기 위해, 직접 움직여야 한다. 공동육아 운동처럼. 시민의 실천이 확장되면 정부의 정책으로 반영되고, 확산될 수 있다. '공동육아 운동' 덕분에 척박했던 한국의 보육생태계에서, '사회적 육아'라는 꽃이 피어날 수 있었다. '우리의 아이를 마을에서 함께 키우는' 공동육아 문화 확산과 활동을 지속해 온 배경 속에서, 이웃 간의 공동육아 문화를 제도적으로 제안하여 정주성이 낮은 서울시 내의 커뮤니티를 조성했던 '서울시 공동육아 활성화 사업', 보건복지부가 규정하는 어린이집의 공식 유형에 포함하게 된, 부모의 출자와 참여를 바탕으로 주로 조합형으로 운영되는 '협동 어린이집'의 확산, 부모와 교사, 지역주민이 조합원이 되는 사회적 협동조합을 구성하여 그 협동조합에서 국공립 어린이집을 운영하는 모델 등이 있다. 또한 유아교육의 내용적으로도, 공동육아 현장에서의 '유아가 주체가 되는 놀이 중심 교육' 방향이 모델이 되어 2019년 누리과정 개정 시 관계 중심 교육과 자유놀이의 중요성이 포함되었다. 궁극적으로 공동육아는 보육과 유아교육 분야에만 한정된 활동을 하는 것이 아니라, 함께 키우는 문화를 토대로 한 더불어 사는 삶의 모습을 지향한다. 이 지향은, 하나의 국가 정책, 넓게는 UN의 SDGs 등 세계의 시민들이 협력하여 사회에 존재하는 위험을 함께 해결하고자 하는 정책의 목표와도 다르지 않다.

국가의 제도는 그 사회 시민들의 실천을 통한 외침에 의해, 또한 그 사회의 인구 사회학적 변화와 필요에 의해, 이 같은 흐름 속에서 축적된 경험을 토대로 형성된다. 따라서 '내 아이 육아는 어떻게 하나, 교육은 어떻게 하나, 우리 부모님 돌봄은 어떻게 하나'라는 보이지 않는 불안을 안고 있는 한 명 한 명의 개인은 움직여야 한다. 참여와 실천을 통해 내가 불안해하는 현실이 바뀌도록 내가 원하는 모습이 구현되도록 함께 힘을 모아야 한다. 직접 참여해서 조그마한 실천을 해봄으로써 이를 토대로 국가에서 제도화하고 확산할 수 있도록 제안해야 한다. 예산을 책정하고, 전달체계 내에 '질적으로 투명하고 내실 있게 잘 운영하는, 믿을 수 있는' 조직과 사람들이 사회서비스를 제공하고 인력을 양성하며 발전할 수 있도록, 힘을 모아야 한다.

신사회의 위험 돌봄, 커뮤니티 케어로 헤쳐 가 보자

이심전심이라고 했던가. 140년 전 독일에서 살던 사람들은 일하다가 아프게 되어 삶이 끝나버릴까 두려워, 사회보험을 탄생시켰다. 사람들이 불안에 떨던 것들을 하나하나 꺼내 보니 일하다 다치는 것, 질병에 걸리는 것, 늙는 것 등이 있었다. 이를 사회 속에서 함께 해결하기 위해 국가에게 요구하였고, 그 흐름을 읽은 각국의 정부는 사회보험이란 제도를 정착시켰다. 구사회의 위험으로 일컬어지는 산업재해, 노령, 질병에 대해 사회안전망이 작동한 순간이다. 한국에서는 IMF 사태로 촉발되고 송파 세 모녀 사건 등을 계기로 강화된, 국민기초생활보호법 등 사회안전망 관련 제도 정착의 경험이 있다.

    시간은 흐르고, 대두하는 위험의 내용도 변화한다. 고용 없는 성장이 지속되면서 실업자가 양산되고, 노동자라 불리던 사람들 외에도 자유롭지 않은 프리랜서, 예술가, 플랫폼노동을 하지만 자영업자로 분류되는 긱노동자[Gig Worker][21] 등 보호받아야 할 특수 고용형의 사람들이

21-긱노동자란 비정규직 프리랜서의 일종으로 확산세가 가파른 디지털(온라인) 플랫폼을 통해 단발성 업무를 찾아 수행하는 근로자들을 의미한다. 일시적인 업무를 의미하는 '긱(Gig)'은 1920년대 미국 재즈클럽에서 단기로 고용한 연주자를 '긱'이라고 부른 데서 유래했다. 코로나19로 디지털 플랫폼에 대한 중요성이 커지면서 관심을 받는 근로 형태다. 코로나19 타격으로 재택근무 등 업무 형태가 급변하면서 긱 워커에 대한 수요

늘어나 고용보험의 보장성도 더욱 확대될 필요성이 제기되고 있다. 그리고 돌봄. 가족이 책임지던, 사적 영역의 역할로 인식되던 '돌봄'을 이제는 사회적 차원에서 책임져야 한다는 목소리가 커진다.

최근 코로나19로 인해 '이쯤하면 돌봄이 각 가정에 잘 전달되고 있겠지'라고 여기던 것이 와장창 무너졌다. 복지관과 도서관, 학교는 문을 닫았고 다시 어르신과 장애인, 아이들의 돌봄은 가족, 특히 여성의 몫이 됐다. 보건복지부에서 2018년 지역사회 통합돌봄 기본계획을 발표하며 영국과 일본에서 주로 언급되던 '커뮤니티 케어'를 입에 올렸을 때는 이만큼 절절하게 느끼지 못했다. 시설에 들어가 케어를 받는 예산이 아까워 지역사회에 책임을 전가하는 속 보이는 처사라 생각하는 여론도 있었다.

하지만 우리 동네의 데이케어센터, 노인복지관, 발달장애인 주간보호센터, 종합복지관이 축소 운영하는 상황에 놓여 있는 오늘. 하루 종일 집안에 갇혀 있어 걷지 못하기에 관절 건강이 더욱 악화되고 친구와 가족들을 만나지 못해 우울한 어르신들은 토요일에 문을 활짝 열어 둔 '서로 돌봄 카페'에 마스크를 단정히 하고 찾아온다. 우리는 손 소독을 한 후, 마스크를 썼지만 '웃고 있는 눈'을 보면서 어르신의 안부와 고민을 조잘조잘 나눈다. 소소하면서도 한 걸음 한 걸음, '커뮤니티 케어'가 무엇인지 눈빛으로 또한 몸으로 알아간다. 공급자 중심 사고로 지역사회를 활용한 정부와 지자체의 예산 절감 꼼수가 아니라, 지역사회 안에서, 지역사회를 위해, 지역사회의 힘으로 움직인다. 풀타임 직장인이라 시간이 없다고 입버릇처럼 말하는 나 같은 사람도 일주일에 술자리 하나 줄이고 자원활동을, 한 달에 커피 한 잔 덜 먹는 셈 치고 조합비 납부를 한다. 스스로 부담스럽지 않은 수준의 협동을 해본다. 움직여 봄으로써 모델을 만들고 정부에 요구한다. 최근 살림의료사협에서는 실천 속에서 얻은 인사이트를 바탕으로 실제 정책에 반영되었으면 하는 시민 참여 사업을 제안했다. 병원에서 퇴원했지

와 공급도 늘어나고 있다.

만 여전히 회복이 필요한 환자들의 지역사회 복귀를 지원하는, 단기 입주형 재활서비스인 일명 '케어B&B'. 시민 투표에 부쳐져 많은 표를 얻었고 본격적으로 실행할 수 있게 됐다. 실행을 통해 더 나은 방법을 찾을 것이고, 가능하면 더 확산될 수 있도록 실천의 공유도 다양하게 이루어질 것이다. 무엇보다 자발적으로 움직이는 건강돌봄자원활동단 등의 조합원이 필요한 활동에 너도나도 나설 것이다.

   나도 어느 날 갑자기 암 환자가 될 수 있고, 위궤양이 심해져 수술을 받을 수도 있다. 그러니 '이런 돌봄서비스를 받을 수 있는 곳이 집 근처에 있다면 이사를 가지 말아야겠다'고 다짐해본다. 나의 무언가가 돌봄이 필요한 이웃에게 도움이 된다면 가볍게 손을 먼저 뻗어보리라 생각해본다. 이런 행동이 작아 보일지 모른다. 하지만 미래의 불안 앞에서 발버둥 쳐보고자 로또를 열심히 사고 코인 투자에 운을 걸어보는 것보다는, 조금이나마 내일을 겸허히 준비해보는 무언가이지 않을까.